民國權貴的私密檔案

序

最近幾十年，我一直致力於民國史研究，自然，十分關注海內外相關學者的動態。例如，他們有何出版的新著，發現了什麼新資料，提出了什麼新觀點，在哪些方面推進了相關領域的研究等等。其中，香港中文大學中國文化研究所名譽高級研究員鄭會欣教授是我十分關注的學人之一。

我之所以十分關注會欣教授的研究，原因很多。其一是他研究專長為民國時期的財政經濟史。如所周知，經濟活動是人類社會最基礎，也是最重要的活動，人類社會的其他活動，例如政治、軍事、外交、文化諸種類型的活動都建築於經濟活動的基礎之上，受制於經濟和財政狀況。不了解經濟史、財政史，就無法深入地了解和研究人在其他領域的活動。無法了解一個集團、黨派、政權的生存、發展與興衰。我自己在大學時期學的是中國文學，畢業後有十年左右的時間研究中國哲學，後來由於命運安排，踏上史學研究之途，可以說「勾掛三方來闖蕩」了，但是，我絕不敢踏入經濟史、財政史領域，大大小小、林林總總的著作和文章雖然寫了不少，但是，卻基本沒有寫過經濟史、財政史的文章，無他，自知學養不足，「藏拙」而已。然而，研究民國史，不了解經濟史、財政史又不行。例如，不了解辛亥革命時期，以孫中山為代表的革命黨人的財政困難，就無法理解他們何以未能長驅北上，「直搗黃龍」？不了解上一世紀二十年代江浙金融集團和廣東、兩湖等地民族資產階級的狀況，就無法深入理解蔣介石在上海發動的「清黨」和南京國民政府的成立。至於其他一系列全域性的、關鍵性的重大問題，例如，所謂蔣、宋、孔、陳「四大家族」，所謂「三座大山」之一的「官僚資本主義」等等，恐怕更無從置喙，只能人云亦云了。會欣教授是研究民國時期財政經濟史的專家，著有《改革與困擾：三十年代國民政府的嘗試》（香港：教育圖書公司，一九九八年）、《從投資公司到「官辦商行」：中國建設銀公司及其經營活動》（香港：中文大學出版社，二〇〇一年）、《國民政府戰時統制經濟貿易研究》（中國：上海社會科學院出版社，二〇〇九年）等書，他的這些著作都能匡我不逮，引我思考。

原因之二是會欣教授曾在南京中國第二歷史檔案館工作七年，高度熟悉民國檔案，善於發現並利用珍貴檔案，解決疑難問題。

歷史研究是實證科學，需要從史實出發，靠史實立論。史實已逝，需要靠史料還原、重建。在眾多的史料中，檔案最為重要。有些歷史事件，當時就撲朔迷離，事後更眾說紛紜，莫衷一是。這就要查找可靠的、有權威的檔案資料加以論列。會欣教授由於熟悉檔案，因此常能利用這一優勢，解決民國史上一些不易解決的問題。以一九四七年孔、宋家族套購外匯一案為例。當年七月二十九日，國民黨中央的機關報——南京《中央日報》刊載消息：聲稱財政、經濟兩部奉令查明：自一九四六年三月政府開放外匯市場到同年十一月修正進出口條例，強化管制的八個半月中，孚中實業公司共結外匯一億五千三百七十七萬八千七百二十三美元，揚子建業公司共結匯一億八千零六十九萬一千零六十九美元，中國建設銀公司結匯八萬七千七百六十二美元，三者相加，共達三億三千餘萬美元，占同一時期中央銀行售出外匯三億八千萬美元的百分之八十八弱。這三家公司分別是宋子良、孔令侃、宋子文創辦的，屬於豪門資本。消息刊出後，立即引起社會的強烈憤慨。但是，兩天以後，《中央日報》卻又刊登〈孚中、揚子等公司結購外匯之實數〉，說明前登消息，有「數處漏列小數點」。按照新公布的「實數」計算，三公司的結匯數字僅為三百三十餘萬美元，原報導誇大了一百倍。但是，這一更正不能為人取信，被認為是官方的庇護、掩飾，社會的憤怒和聲討更烈。甚至在多年後，原報導人、《中央日報》記者陸鏗仍堅持舊說，並稱「漏列小數點」是國民黨中宣部副部長兼《中央日報》總主筆陶希聖為化解危機而採取的高招。這樣看來，孔宋豪門套購巨額外匯一案似乎已成鐵案，無可懷疑了。然而事實真相到底如何呢？會欣教授從當時經營進口的商品機構、進口貨品的種類、價格等方面分析，認為《中央日報》最初報導的數位顯然過於誇大，與事實「相差實在太遠」。不僅如此，會欣教授更從中國第二歷史檔案館保存的檔案中找到當年財政部的《簽呈》和經濟部的《會呈》，證明原文確有「小數點」，《中央日報》在據以報導時確實將之漏掉了。這就為解決這一多年疑案提供了無可辯駁的鐵證。

這樣的情況非僅一例。抗戰時期，孔祥熙的美金公債舞弊案，我曾根據蔣介石日記、國民黨黨史館檔案、傅斯年檔案等多種資料，論證其事，並且仔細闡述了蔣介石查處此案的經過。拙文發表後，《歷史研究》雜誌轉來了會欣教授的同一主題的文章，要我提出意見。我讀後發覺會欣教授的文章由於有二檔館等處的資料支撐，因此比拙文更詳實、更豐富，便大力推薦此文。收在本書中的〈唐紹儀被刺的原因〉和我的一篇舊文所述大體相同，甚至利用的主要檔案也大致相同，但是，拜讀後，我仍然感到，會欣教授的文章所引用的資料比我豐富。在若干方面的論述比我深入。

會欣教授本書，闡述蔣介石、宋子文、孔祥熙、唐紹儀、張嘉璈、章太炎、張自忠、王雲五、戴笠，以及唐壽民、孔令侃等人的事蹟，大都見人之所未見，述人之所未述。其根據，則或來自南京、台北等地所存民國檔案，或來自蔣介石、王世傑、張嘉璈、陳克文、唐縱等人的私人日記或筆記，因而都證實、可信，既可供研究者採用，補充現有史著之不足，又可供歷史愛好者知人論世，藉以了解那個時代和那個時代的人物。

我和會欣教授相識多年，多次在海內外的檔案館和學術會議上相見，得到過他的許多幫助。我所希望於會欣教授的是，沿著已經開闢的道路繼續前行，在民國財政、經濟史和民國人物研究上取得更多、更大的成就。

楊天石

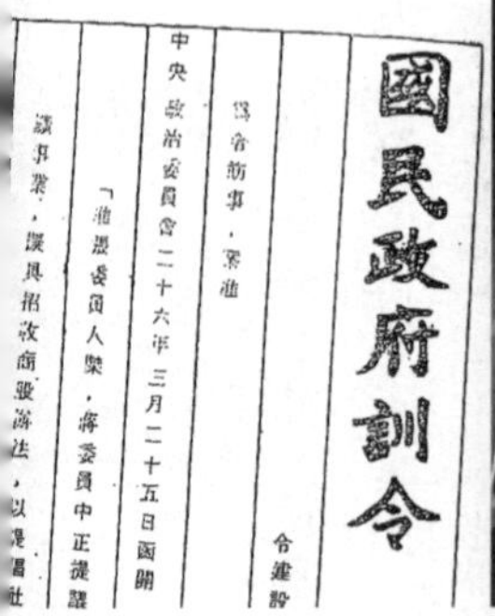

目錄

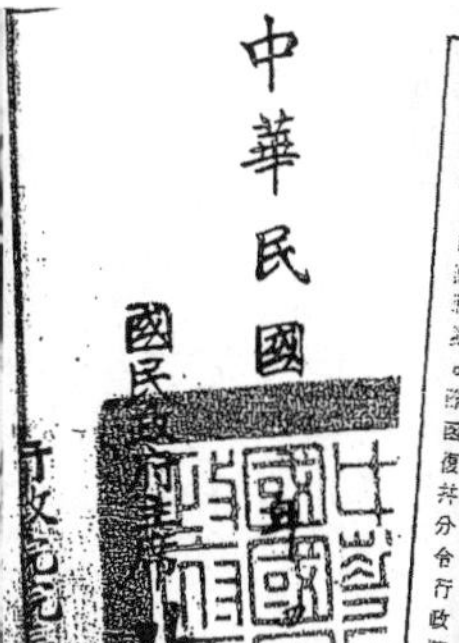
中華民國

蔣介石與反腐肅貪

以往由於意識形態的宣傳和需要，海峽兩岸對於蔣介石的評價截然相反，但是誰也不能否認，他是中國近代史、特別是民國歷史中無法迴避的重要人物。近年來，隨著時代的發展，社會的進步，特別是有關蔣介石日記和檔案的開放，推動了民國史的研究，愈來愈多學者開始以各種不同的角度對蔣介石予以重新審視，並發表了眾多有價值的學術論著，而且兩岸學者在許多問題上的認識也愈來愈趨於一致，這應該說是一個可喜的現象。

最近這幾年我正在進行抗戰以來貪腐大案的研究，希望在占有大量史料的基礎上，對每一重大貪腐個案發生的背景、經過以及最終處理的結果予以綜合分析和對比，從中尋找一些共性的特徵。在這中間，自然會涉及到蔣介石對待貪污腐敗的態度，以及他又是如何反腐肅貪的。

應該說，蔣介石個人的生活（特別是中年以後）還是相當清廉，也是比較儉樸的。作為黨國的最高領袖，為了政權的穩定，對於貪污和腐敗的行為蔣介石是極為憎惡的，這種言論在他的日記和講話中可以說隨處可見，而且他還經常對這類案件予以嚴厲的懲處。

南京國民政府成立後亦曾努力懲治貪污，行政院祕書長翁文灝在一九三六年三月十日的日記中寫道：「行政院通令鏟除貪污：（一）侵吞公款，（二）侵占公物，（三）濫用公物，（四）虛靡公物，（五）偽造報銷，（六）收官用，（七）浮報，（八）兼職兼薪或津貼，（九）超薪，（十）以公款生息。」

抗戰爆發後，國民政府亦曾多次頒布懲辦貪污的法令，一九三八年三月通過的《抗戰建國綱領》中第十六條即明文規定：「嚴懲貪官污吏，並沒收其財產」；同年六月二十七日，頒布《懲治貪污暫行條例》；一九四三年七月一日，又在其基礎上經立法院修訂，公布《懲治貪污條例》，並列舉了二十一種貪污的行為。與此同時，財政部亦曾多次下令取締國家行局以資金投機套利、禁止國家行局人員投機牟利以及禁止官員直接經營商業。但是，貪污的風氣不但沒有得到制止，反而愈來愈盛，特別是自抗戰中期以後，這種腐敗已經日益具有系統化、體制性的特點，這也是與當時的大環境有關。

戰爭對經濟造成嚴重破壞，物資極度匱乏，而大後方人口卻迅速增加，物價上漲。為此政府實施戰時統制經濟，所有出口物資均以統購統銷的方式運營，並全面管理外匯，而對事關國計民生的物資則實施專賣。這些舉措在戰時是必須的，但它卻使得那些主管財政經濟的官員所掌握的權力愈來愈大，導致黑市盛行，通貨膨脹，而官商勾結，以權謀私乃至於囤積、走私、貪污等各種腐敗行徑大行其道。同時，戰爭也影響了人們的心理，雖然抗戰初期人心振奮，同仇敵愾，然而到了相持階段，一是潰敗的陰影，二是相對的偏安，人們的心態發生變化，特別是在那些官員和商人中，悲觀厭戰、得過且過、及時行樂的心態日益嚴重，電影《一江春水向東流》[1]對此就有生動的描述，而這些也都成為腐敗加劇的客觀原因。

就以軍隊的情形予以說明，當時軍隊官兵的待遇很低，中下級軍官的薪水不足以維持基本的生活，士兵的餉費就更少。國軍高級將領五十四軍軍長黃維就曾對蔣介石的侍從唐縱大嘆苦經：「今日如規規矩矩拿薪水，便要餓飯，而且不能做事，勢必失敗不可。反之，混水摸魚，貪污舞弊，自己肥

1 編注：《一江春水向東流》為中華民國（大陸時期）上映的一部電影，拍攝於一九四七年。

了，大家也可沾點油水，倒是人人說聲夠交情，有了問題大家包涵。這是做好不好，做壞倒好，正義掃地，是非顛倒。」

蔣介石對於官場中的這種腐敗現象並非毫不知情，他曾指責政府中「做官不貪贓、不納賄，真是鳳毛麟角。什麼人不到政界則已，一旦有了地位，便想腰纏萬貫了」，為此他曾多次下令對於貪腐行為予以嚴懲。然而這種處罰往往是隨意性的衝動，遠非制度化的舉措，而且懲治的對象大都亦只是那些較低級的官員，這裡我們可以舉幾個例子予以說明。

國民政府遷都重慶之後，為了緩和物資緊缺的問題，特別設立平價購銷處，並委任經濟部商業司司長章元善兼任處長。章元善上任後儘管也頒布了一些法令，企圖實施「以量控價」的政策來抑制物價，然而沒有物資為基礎，那些空文如何制止得了物價的上升。章元善無奈之餘，只好辭去平價處處長一職。此時大後方物價已如脫韁之馬，老百姓更是怨聲載道，政府各部門之間也相互推諉。為了堵塞民怨，蔣介石決定「借人頭，平物價」，一九四〇年十二月二十八日，他指示戴笠等軍統人員將章元善和國貨聯營公司經理壽墨卿祕密扣押。然而調查了大半個月，並沒有查到章元善等人的貪污證據，加上經濟部翁文灝部長的力保，只能將他們釋放。但是為了面子，最終還是以「玩忽政令，貽誤事機」的莫須有罪名，免去章元善的所有職務。

另一件令人矚目的事件則是中國前成都市長楊全宇的囤積居奇案。當時大後方物價飛漲、物資緊缺是一個普遍的現象，特別是糧食供應的短缺更加牽動市民的神經。一九四〇年三月十三日成都市發生搶米風波，作為一市之長的楊全宇自然負有一定責任，其後又傳出有人以他的名義購進三百石白米的消息，儘管他本人事先可能並不知情，但此事一經披露，立即引起成都市民的憤怒和輿論的抨擊。正為糧食問題感到焦頭爛額的蔣介石聞訊後更是極為憤怒，並下令從嚴懲治。於是，楊全宇先是被逮捕，免去所有職務，接著便移送軍法總監部審理。軍法總監何成濬以為楊囤積糧食數額未超過一千石，尚未達到死刑標準，對他擬判處有期徒刑，但蔣介石為了制止物價上升，決定殺一儆百，最終下令將楊全宇以囤積糧食之罪名處以極刑。

當時任行政院參事的陳克文看到報紙上刊載楊全宇被槍斃的消息不禁大吃一驚，他在當天的日記上寫道：「吃午飯時看報，朋友楊全宇被槍斃的消息突然射進眼簾。囤積居奇以至處死這是第一個，他是才卸任的成都市長、大川銀行的總經理，官不大不小，地位不高不低，這時候恰好做一個犧牲品。他囤的麥子雖不過三百石，處死的作用卻是不小的。」陳克文的說法倒是言簡意賅，一語中的。對此蔣介石也很清楚，這就是亂世用重典，他在一九四〇年十二月二十八日「本星期反省錄」中寫道：「楊全宇於二十三日伏法後，人心為之一快，物價已趨平穩。」而在三天後的「本月反省錄」中他又重申：「石友三通敵謀叛，楊全宇囤積居奇，兩人先後正法，關於軍事與經濟前途之影響甚大。」

關於政府在反腐肅貪中「只打蒼蠅，不打老虎」的弊病，《華西日報》在一九四四年五月十六日的一篇社論中就曾評論道：「至於縣市以上，官愈大勢愈厚，而貪污數目愈為警人者，無有。這是不是說大官盡廉、小官才貪呢？不是。政治上從沒有大官真廉而小官敢貪污者。真貪污而無人告發檢舉。吞舟之魚漏網，而落網者皆鼠竊狗偷之徒。大奸大惡，逍遙法外，為所欲為，所以由此產生的下級貪污，也就誅不勝誅、愈來愈多了。」

這倒也不是說，蔣介石對於高層官員的貪腐行為完全不聞不問，他在日記中就經常痛斥屬下、包括一些高級官員貪腐的行徑。一九四二年，林世良以中央信託局運輸處經理的地位和名義，勾結大成商行章德武從仰光將三千萬元物資運往昆明，轉手就圖利一千萬元。此案為軍統人員所破獲，社會為之震動。但是林世良與孔公館的關係實在太深，他常替孔夫人與孔二小姐做生意，眾人皆知，因此孔祥熙竭力為其緩頰，軍法執行總監部判處他無期徒刑。此案傳到侍從室後，引起唐縱、陳芷町等人的不滿，認為執法不公，並聯名上書蔣介石要求重判。當天蔣介石就親自下令，林世良判處死刑，不許緩刑，並限第二天執行公布。蔣介石在十二月二十六日的「本星期反省錄」寫道：「林世良與許性初案，依法嚴懲，此實為以後袪除貪污、修明政治最大之關鍵。」

另一個案件則直接牽涉到孔祥熙。抗戰勝利前夕，蔣介石接到有關孔祥熙涉嫌捲入美金公債舞弊一案的報告後，即多次下令財政部予以認真調查。當財政部將確鑿證據提交在他面前時，蔣介石極為憤怒，他在日記中說：「審閱中央銀行舞弊案全文，為之痛憤不已。」為此他曾親自召見剛剛回國的孔祥熙，「告以此案調查經過與事實及人證物證，屬其好自為之」。然而孔祥熙「總不肯全部承認也，可嘆」！甚至蔣介石「將其人證物證與各種實據交彼自閱，彼始猶指誓强辯，令人痛心，殊愧為基督徒矣」；「彼總想口辯掩飾此事，而不知此事之證據與事實俱在，決難逃避其責任也。余以如此精誠待彼，為其負責補救，而彼仍一意狡賴，可耻之至！」蔣介石雖然經常在日記中責罵屬下，但用「可耻之至」這樣的言辭辱罵孔祥熙還是第一次，可見蔣此時的確是對孔痛憤已極。

雖然蔣介石在日記中對孔祥熙予以痛斥，但並沒有公開道破，還是讓他「設法自全」，算是給他留足了面子。然而在人證物證面前，孔祥熙還想抵賴，這時蔣介石憤怒至極，「更覺此人之貪劣不可救藥，因之未能午睡，痛憤極矣」。他曾一度決定將此案公開，由監察院和國民參政會進行澈底調查。他的親信聞訊後立即加以阻止，說此案若要深入調查，勢必破壞國家的形象，失去國際的援助。最終蔣介石決定，將此案「仰令速了，以免夜長夢多，授人口實」。只是「庸之之不法失德，令人不能想像也」。這樁震驚中外的貪腐大案，最終就這樣不了了之、倉促結案了。

蔣介石對孔祥熙的態度從信任有加到暗中調查，從憤怒至極到不予追究，可以看出此時他的矛盾心理。儘管蔣介石可能一度曾有大義滅親的想法，但是一旦黨國利益與家族情誼糾纏在一起，他也完全無能為力了，這就像他在給宋子文的一封電報中所說，所有舉措必須「增加我內親之情感，免除外人之猜測」。

雖然此案在強權控制之下一時得以遮掩，黨國與家族的聲譽亦暫時得以保全，但這種後果卻極大地助長了貪腐行為的擴張。隨著抗戰勝利的到來，接收大員「五子登科」，軍政官僚貪贓枉法，豪門資本以權謀私，貪污與腐敗已逐漸成為體制性的行為，就像惡性癌細胞一樣，迅速蔓延到身體的每一部分。戰後接收不僅為貪官污吏創造了一個大好機會，就連平日奉公守法的官員亦都想盡一切方法參加接收工作，以圖謀利。因此大致上可以這麼說，接收工作中的貪腐現象不是有與無的問題，而只是多與少、放肆與克制之間的區別而已。

接收之初蔣介石就屢屢接獲密報：「京、滬、平、津[2]各地軍政黨員，窮奢極侈，狂嫖濫賭，並借黨團軍政機構名義，占住人民高樓大廈，設立辦事處，招搖勒索，無所不為，而以滬、平為尤甚。」他在日記中也多次強調，要「告誡軍隊及各級黨政人員，對收復區民眾只可撫慰，切勿驕矜自大。凡收復後在都市買屋占車與賺錢者，一經查明，必加嚴處；收留偽物資應以清廉簡樸為主」。當美國特使魏德邁對他說「中央派往華北大員之如何貪污不法，失卻民心」時，一方面蔣介石「聞之慚惶，無地不知所止」；但他又認為，這是魏德邁「不知現在我國社會之複雜，共匪之造謠中傷，惟恐天下不亂與中央不倒之陰謀與暴動如何其兇頑也」。

2 編注：中華民國國民政府時期，京為南京市之簡稱；滬為上海市之簡稱；平為北平市（現改稱北京市）之簡稱；津為天津市之簡稱。

一九四九年初，國民黨政權已面臨滅頂之災，失敗已成定局。三月三十一日，蔣介石在「本月反省錄」中對於國民黨在中國大陸的失敗進行了總結，其中他認為比較重要的原因包括：外交失誤，軍事挫敗，派系分裂，組織混亂，財經崩潰，戰時行憲，個人的傲慢作風，以及缺乏有效的宣傳方法等，但就是沒有提及貪污與腐敗對於國民黨失卻政權所造成的影響。

一九七〇年六月一日至七日，蔣介石百病纏身，此時已久臥病榻的他又對自己在中國大陸的失敗原因進行了檢討。直到這時，蔣介石還是特別強調內戰期間的外國因素，指責蘇聯援助中共奪取了東北，批評美國的錯誤調停工作，他認為這些才是致使中共取得軍事上風的重要原因。雖然他也承認，政府官員的腐敗也是其中的一個原因，但實際上卻並沒有對此有深刻的認識。至於說他為什麼未能堅持反腐肅貪，蔣介石自己的解釋是因為他要處理的事務實在太多，而這類問題並非當務之急。因此直到蔣介石去世他都沒有意識到，對腐敗的縱容，使他成為貪腐的領袖，他的政府也成為腐敗的政府，最終必然遭到民眾的唾棄。

蔣介石查處美金公債舞弊案

美金公債的發行與停售

抗戰中期以後，國民政府偏安一隅。隨著政治上加強一黨專制，經濟上實施統制專賣，軍事上不斷潰退，大後方官商勾結、以權謀私的現象愈發嚴重，並逐漸形成系統化、體制性的痼疾，貪污與腐敗的案例層出不窮，而發生在抗戰後期的美金公債舞弊案就是其中一件極具代表性的個案。

太平洋戰爭爆發後，中國成為同盟國的重要成員，美國開始重視對華援助，一九四二年三月，中美雙方簽訂借款協議，數額高達五億美元，條件亦很優惠，這是抗戰爆發後美國向中國提供的一次重要借款。

五億美元大借款成功之後，行政院副院長兼財政部部長孔祥熙即決定「利用此借款，為發行三十一年同盟勝利公債美金一萬萬元，及美金節約建國儲蓄券一萬萬元之基金，並計議其他運用方法」。按照他的說法，發行公債的目的就是為了「鞏固幣信，吸收游資，穩定物價，協助生產」。此次發行美金公債最大的特點就是，公債發行時按照票面額折合國幣[3]繳購，折合率則由財政部於發行日公告；還本付息時，按照票面額付給美金，或由中央銀行按照當日掛牌市價，折合國幣付給。

3 編注：中華民國（大陸時期）貨幣，又稱「民國貨幣」，為一九一二至一九四九年間流通於中國的貨幣。

▲ 民國 31 年同盟勝利美金公債。

然而公債發行的情形卻與當局的設想大相逕庭，儘管財政當局和各地政府大力宣傳，強行攤派，但實施的效果卻不盡人意，美金公債推行一年以來，各地只銷售了一半，即不到五千萬美元的債券。

美金公債發行之初雖然成效不彰，但是沒過多久情況卻發生了變化，這是因為外匯官價與黑市價格之間的差距日益擴大，使得政府中主管財政的官員意識到經營美金公債是一筆可以贏得巨大利潤的買賣。

美金公債最初是按照一美元比法幣[4]二十元的官價匯率發行的。一九四三年春，美國軍隊開始進駐中國的西南地區，由於美軍在後方普遍使用美鈔購物，導致官價外匯與黑市外匯之間的差距愈來愈大，特別是一九四四年下半年國軍在豫湘桂戰場[5]上節節潰敗，大後方民眾人心惶惶，更使得美金黑市價格飛速上揚。十一月下旬僅半個月，重慶的外匯黑市價格就從二百五十元法幣兌一美元升至近六百元。儘管美元的黑市匯率不斷上漲，美國政府和其他外國駐華團體也都一再要求法幣貶值，但官方匯率依然維持一比二十這一標準。雖然官方的這一匯率基本上是有

4 編注：法幣為一九三五年中華民國國民政府時期於中國以中央、中國、交通、中國農民銀行發行的紙幣為法定貨幣。法幣的發行，結束中國使用近五百年的銀本位幣制。

5 編注：豫湘桂戰場在今中國河南省、湖南省、廣西壯族自治區，是大日本帝國陸軍於一九四四年二月至十二月間於此三地進行的大規模攻勢，稱豫湘桂會戰（日方稱之為「一號作戰（イ号作戦）」）。

價無市，但外匯價格的雙軌制卻為那些有權勢的人物創造了一個斂財的大好機會，對於他們來講，此時購買和銷售美金公債就是一個最好的時機。

一九四三年八月二日，財政部通知各地國家行局自即日起暗中停售美金債券。十月九日，孔祥熙向蔣介石祕密呈交一份報告，要求結束銷售美金公債，他的理由是：美金公債「自開始發售以迄現在，歷時已一年有餘，而售出之數尚未及半，不僅發行之目的未達，而對外觀感亦多不利，近來美方對此頗為注意，屢來詢問。故覺如不籌維辦法，將來再請援助恐有妨礙」，因此決定停止銷售，未售出之債券全數交由中央銀行承受。這一建議得到蔣介石的同意，美金公債於十月十五日宣布結束。

按照規定，美金公債未售出之部分由國庫局收回之後，應全數交還給業務局，歸之於國庫。然而這些從各地行局收回的美金債券並未全數上繳國庫，其中有相當部分被掌管國家財金大權的那些人物，以「調劑同仁戰時生活」為幌子私下瓜分。根據一九四四年一月重慶《國民公報》的記載，當月美金公債債票價格最低為二百五十元，最高為二百七十元，到了五月份，價格更加高。照這個價格，即使按最低價計算，一到手獲利也能高達十餘倍之多，而且個人還不需要出資，只需記帳即可，這不就是典型的「空手套白狼」[6]嗎？國家銀行的官員從上到下從中牟利，獲得最大利益的當然是那些位高權重的人物。這就是令當時大後方社會和輿論極為震驚、甚至引起美國朝野憤懣的美金公債舞弊案，而且矛頭直指掌管國家財政金融大權的孔祥熙。

6 編注：比喻不做任何投資到處行騙的人所使用的欺騙手段。

蔣介石暗中調查

就在國內倒孔的呼聲日益高漲之際，恰好同盟國要在美國召開一個國際性的貨幣基金會議，蔣介石即委派孔祥熙以中國政府的全權代表，於六月二十二日率團啟程赴美，藉此躲避風頭。國際貨幣基金會議結束之後，孔祥熙仍長期逗留在美國，但國內倒孔的風潮卻絲毫沒有降溫。一九四四年九月五日，國民參政會三屆三次會議在重慶開幕，第二天財政部政務次長俞鴻鈞代表孔祥熙在會上作財政報告，參政員傅斯年帶頭開炮，要求「辦貪污首先從最大的開刀」，並提出四大問題：一、孔及其家族經營商業問題；二、中央銀行問題（任用私人，予取予求）；三、美金儲蓄券舞弊問題；四、黃金買賣問題。

面對著國內洶湧的倒孔浪潮，雖然此時孔祥熙出任財政部長業已十一年，但蔣介石也不得不考慮撤換他的決定。十月二十九日，蔣介石讓正在美國的宋美齡轉給孔祥熙一電，以關心他身體為由，第一次透露了要他辭職的意圖。

一九四四年十一月二十日孔祥熙被免去財政部長一職，由原政務次長俞鴻鈞繼任。但其行政院副院長和中央銀行總裁的職務並未更換。十二月五日，蔣介石又致電孔祥熙，雖然一方面聲稱有關財政金融事務交涉今後仍由其全權處理，但同時又宣布，在其未回國之前，由宋子文代理行政院長一職。

蔣介石如此急切要求孔辭職，很可能是他已經發覺孔祥熙涉嫌美金公債的舞弊案了。因為就在此時蔣介石獲得密報：「近日各國家銀行假儲蓄為名，規定行員每人可認購美金儲蓄券，低級人員最少五百元，高級職員竟高達萬元，一律照法價二十元購入，再以黑市價售出，一轉手間，收益鉅萬。又中國銀行近因黔境戰事[7]緊張，對行員生活祕密發起美金、英鎊補助辦法，凡卅年以前到行之行員，准予以二百四十元價購十元美金儲券一張，科長以上人員，分別以五十元、百元、二百元購買一張，廿八年以前到職行員，所有年金一律以英鎊核發，廿八年以後者，行中不負救濟責任，農民銀行以美鈔發給各職員，最低之職員亦可領得百元美鈔。」十二月八日，蔣介石即命令新任財政部長俞鴻鈞暗中調查美金公債案。

俞鴻鈞接令後即與四聯總處聯合調查，並將中、中、交、農四行[8]暨中央信託局與郵政儲金匯業局等國家行局近二年來各自購買美金公債及發放外匯情形予以統計上報。他的結論是，雖然各行曾發生過類似認購情形，但數額並不是傳聞中的那麼大。

然而此案風波不但未能平息，反而愈來愈大。十二月十九日《大公報》發表社評〈為國家求饒〉，嚴厲斥責貪官與奸商。社評說：「暴敵不足畏，勝利確在望，最可慮的，還是我們本身不能除惡去穢，振作自新。」因此我們「一面期望政府英斷，社會制裁；同時也不得不誠懇的向那些官僚國難商人以及一切社會的病菌們求饒。為國家求饒，請你們饒了國家吧」！十二月二十四日，《大公報》又發表社評〈晁錯與馬謖〉，引用歷史上漢景帝殺晁錯而敗七國之兵，諸葛亮斬馬謖以正軍法為例，指出「當國事機微，歷史關頭，除權相以解除反對者的精神武裝，戮敗將以服軍民之心，是大英斷，

7 編注：一九四四年大日本帝國陸軍發動的一次侵華攻勢，荔波、三都、丹寨、獨山等縣城相繼淪陷，史稱黔南事變。黔，為中國貴州省之簡稱。

8 編注：經中華民國國民政府的特許，中央、中國、交通、中國農民四家銀行可以發行紙幣，被通稱為「中、中、交、農」四大國家銀行。

是甚必要」。明眼人都清楚，《大公報》的這篇社評完全是以古喻今，所謂「除權相」說的是罷免孔祥熙（行政院副院長），「戮敗將」則是應懲治原軍政部長何應欽等軍政大員。

十二月二十九日，蔣介石以軍事委員會委員長的名義再次致電財政部，命其徹查中國農民銀行高級人員以原價購入美金公債，再以高價出售的情形。據財政部調查，中國農民銀行確有在央行宣布停售之後，經董事長孔祥熙同意，按照職員薪酬標準，以每月扣款的方式，由該行職員攤購二百萬元美金公債之情事。

此時有關美金公債舞弊案的報告不斷從各種渠道呈送，蔣介石表面上雖然對孔祥熙仍予以保護，但亦對其行為產生懷疑，屢屢暗中下令調查。一九四五年年初，他即將「中央銀行業務局之查察」列為「預定近期工作計畫」中的首要工作，並於二月第一週的「預期工作課目」中明白寫道「密查中央銀行美金公債帳目」。其後，他又得報「中央銀行國庫局副經理徐俊卿於奉到停售美金公債之命令後，竟將外省各分行所提繳結餘額美金公債提出三百四十萬元，以黑市出售，報帳則仍以每元二十元計算。又有美金公債九十九萬元，以黑市售出後，倒填二月份出售，以圖蒙弊」，因此又下令俞鴻鈞徹查具報。

俞鴻鈞在調查美金公債案經過的呈文中報告，「該徐俊卿似無提出中央銀行外行（省）各分行所提繳結餘額美金公債三百四十萬元以黑市售出，及以美金公債九十九萬元以黑市售出後倒填二月份出售，以圖蒙弊等事實」。財政部的調查雖然認定美金公債舞弊案缺乏根據，但實際上此案的疑點很多，特別是那些所謂預售戶的下落。蔣介石對此十分關心，他在日記中亦多次提及此事，並將「徹查美金公債案」列為三月份預定處理的大事。這就說明，蔣介石對於財政部的調查報告根本就不相信，並決計將此案調查清楚。

孔祥熙涉案的證據

三月二十八日，具名胡叔度、李尚清二人聯合呈文，舉報美金公債案的內幕。從呈文的內容來看，這兩位檢舉人深悉內情，所述事實經過、舞弊手段以及涉案人員等細節均極為清楚，揭露至少有四百萬元美金公債以「撥付預售票」的形式被央行高級官員瓜分。檢舉書指出，這些收回的債券售出時「離政府宣布停止發售已有數月之隔，當時市面黑市已成，何能以二十元官價折合率再行出售？弊病顯明，無庸致〔置〕疑」。問題是『撥付預售票』究係撥付何人，奉何命令撥付，有何手續及證據」，為此呈請政府委派大員親赴國庫局予以徹查。蔣介石收到檢舉後立即將原件抄送財政部，要求「嚴密徹查究辦」。

▲孔祥熙在抗戰期間擔任行政院副院長、財政部部長、中央銀行總裁等多項要職。

由於蔣介石多次下令徹查，財政部再也不敢敷衍應付，隨著調查的深入，案情愈來愈清楚。據財政部調查，一九四三年十月十五日美金公債奉命停售時，各省市售出數為四千三百一十一萬三千四百四十美元，預售戶售出數為五千四百零一萬二千三百三十美元。關於預售戶部分，國庫局於停售後陸續撥交業務局債券計有預購債票四千二百零八萬七千四百一十美元，以及一九四四年二月十五日和六月一日兩次專案撥交債票共計一千一百一十五萬四千五百二十美元，合計五千三百二十四萬二千三百三十美元，均經業務局分別入帳。這些債票都是先行列入公記墊款戶帳，以後再分別調撥，計一九四四年四月四日及十二月十四日分兩次撥交中央銀行有價證券戶美金二千九百一十三萬零一百六十元，一九四三年一月十二日及十二月三十一日共分三次撥交中央信託局預購戶七百五十一萬零五百美元，一九四三年十一月二十三日至一九四四年六月十日陸續撥交客戶預購債票一千六百六十萬一千六百七十美元。此外還有七十七萬美元係國庫局局長呂咸奉央行總裁孔祥熙諭，留備轉發歐柏林和銘賢等機構文化事業之用，以上這些債券數合計正好與所報預售數相符。

至於上述陸續撥交客戶預購債券一千六百六十萬一千六百七十美元，經查均係美金公債停售前數日央行業務局奉總裁孔祥熙批准而出售的，而此案的關鍵正是這一千六百六十多萬美元。據俞鴻鈞呈報：「該局陸續撥交上項債券雖經付帳，但並未由各預購戶出具收到債券之收據，究竟各戶是否收到，無憑查核，且預購時亦並無任何憑證或登記手續可查。各預購戶雖有戶名，但均未留有地址，無從稽考。」俞鴻鈞的這份報告還同時呈送中央銀行國庫局局長呂咸的兩次呈文與孔祥熙的親筆批示等十四份附件，其中中央信託局所認購的七百五十一萬零五百美元債券中，除了四百萬美元債票由該局下屬四個單位分別認購保管外，另外一百零一萬五百美元債券由「本局同仁奉准認購」，其餘二百五十萬美元債票則「奉孔理事長諭，准代從前委託定購之客戶購買經讓購與各慈善團體備充基金之用者，計宋公嘉樹教育基金戶八十萬元，桂貞夫人醫務基金戶七十萬元，真道堂布道基金戶四十萬元，銘賢學院實科基金戶三十萬元，貝氏獎學基金戶二十萬元，慈善堂慈善基金戶十萬元」。

蔣介石收到調查報告後即認真閱讀，並於四月八日向財政部下達手令，要求收回所有停售公債後銷售之債券，而「預購戶未出具收到債券收據，預購時亦無憑證與登記手續者，應作無效」。他在同天的日記中又記道：「下午研究美金公債查帳之報告書，其中顯有弊竇，應徹查。」當天晚上，他還「約布雷等，指示查帳手續」。此刻他已認為「考慮徹查美金公債案已得要領，不難追究也」。

然而孔祥熙卻拒不承認中央銀行有貪污舞弊之事，他在致蔣介石的電報中竟強調「銷售債券純係銀行業務責任，鴻鈞或亦未甚詳悉」，對此百般狡辯。但蔣介石則認為證據已經查明，他立即致電孔祥熙：「美金公債剩餘部分有壹仟壹佰萬餘元，預定戶在停售後付價給券，不合手續，應即將此壹仟壹佰餘萬元之債券飭令該行經管人員負責如數追繳，歸還國庫，勿得貽誤干究，並將追繳確數呈報為要。」同時，蔣介石具體開列查核要點，命令財政部部長俞鴻鈞迅速派員，限期進行調查。

此時蔣介石已察覺到美金公債一案涉及到孔祥熙，但如何處理他還沒有作出決定，他在四月十五日的「本星期反省錄」中寫道：「美金公債舞弊案已有頭緒，須待庸之病痊回國也。」同時他還在日記中記錄有關美金公債案的疑點：甲、各省市售出四千三百萬；乙、國庫局交業務局五千四百萬；丙、預售戶有收據者只四千二百萬；丁、尚差數一千六百六十餘萬元。

此刻，美金公債舞弊案的事實已經十分清楚了。

蔣介石於是將美金公債舞弊案初步調查結果告知仍在美國的孔祥熙，但孔還是拒不承認。四月三十日，蔣在日記中記道：「接庸之電，令人煩悶，痛苦不知所止。」他再與俞鴻鈞商討進一步調查美金公債的案情，然而此案真的牽涉到孔氏家族，如何處理確實十分棘手，對他來說，此事「甚難解決也」。

眾矢之的

就在這時，重慶又揭發出一樁黃金舞弊的驚天大案。一九四五年三月下旬，中央銀行決定將黃金的價格由原來每兩國幣二萬元提高到三萬五千元，提高的幅度高達百分之七十五。重慶中央銀行中的一些要員事先打探到消息，利用黃金提價前後短短的時間差，買進賣出，營私舞弊，牟取暴利。此案一經披露，立即引起社會輿論的極大關注。大後方的報刊立即集中火力猛烈加以攻擊，孔祥熙作為中央銀行總裁更成為眾矢之的。

五月十四日晚，美國著名廣播評論家雷蒙特·斯文突然在電台中報告重慶黃金舞弊案的詳情，並介紹《大公報》攻擊中國政府的言論，引起美國朝野的極大關注，同時也為正在進行的美國對華出售黃金談判帶來重大障礙。但孔祥熙卻致電蔣介石，除了為黃金舞弊案百般解釋外，更重要的是對外界的批評予以還擊。

五月下旬，國民黨召開第六屆全國代表大會，其中一項重要的議程就是選舉產生新一屆的中央委員會。黨內諸派系各出奇謀，四處拉票，儘管蔣介石事先竭力活動，但因孔祥熙等財經官員的貪腐行為引起黨內強烈不滿，以致名落孫山。五月三十一日，蔣介石在日記中承認：「此次大會選舉中委，在舊中委當選者以庸之與徐堪為最低，而全會選舉常委，且竟落選，其信望墜落至此，猶不知余往日維持之艱難也，可嘆！」

鑒於這種情形，蔣介石決定改組行政院，他將與孔雙雙辭去行政院正副院長之職，由宋子文和翁文灝繼任。蔣介石認為：「余與庸之辭去行政院正副院長，亦為政治上必要之措施，深信此舉必於今後政治之效用甚宏也。」因此他在答覆孔祥熙的電報中稱：「事已如此，對美財政經濟等未了諸事，不如交託子文負責辦理，請兄從速回國襄助，以免事出兩歧也。」但他又同時致電正在美國訪問的宋子文，要他「在美時對庸兄應特加禮遇尊重，諸事並須與其切商」。這意味著此時蔣介石對待孔祥熙態度的矛盾心理，既要撤換，但更重要的還是要保，內中的含義自然是「增加我內親之情感，免除外人之猜測」了。然而孔祥熙似乎並不領會蔣介石的這番心意，藉口身體尚未完全恢復，遲遲拖延不歸，以致蔣介石不得不再次致電，稱「因有重要事待決，非面商不可，務請兄即日回國為盼」。很顯然，這件「重要事」不是別的，正是關於美金公債案的來龍去脈，蔣介石必須要與孔祥熙當面問個清楚。

七月八日，赴美一年有餘的孔祥熙終於回到重慶；就在同一天，第四屆國民參政會第一次會議也在重慶開幕。蔣介石原想以孔辭去行政院與財政部職務來減緩外界的壓力，哪知道孔氏豪門貪腐行為已經引起眾怒，朝野上下，群情激憤。特別是陳賡雅、傅斯年等人又藉新一屆國民參政會開幕的機會，掀起了新一輪倒孔的高潮。他們祕密會見了中央銀行的當事人，在了解了美金公債舞弊案的部分真相之後，聯絡了顧頡剛、徐炳昶、趙澍、伍純武、李鑑之、嚴鍔、蕭一山等參政員，共同擬就了要求政府調查美金公債舞弊案、嚴懲涉案人員的提案。

陳賡雅等人的提案尚未提出，內容即被國民參政會主席團主席、同時又是國民黨中央宣傳部部長的王世杰知悉，他立即加以勸阻，要陳賡雅將提案自動撤銷。但陳賡雅卻堅持本案證據確鑿，個人願為此負責。其後，蔣介石的文膽陳布雷又以新聞界前輩的身分前來勸說，他一方面肯定陳賡雅等人收集資料用心良苦，他也承認若在大會上提出一定有所價值。然而陳布雷又接著指出，這裡還有個投鼠忌器的問題，就是提案一旦曝光，公諸社會，將會引起美國和英國等友邦人士的反感，因而不再繼續支持中國的抗戰，導致失道寡助的後果，這肯定也不是諸位發起提案的初衷。因此他建議，不如將提案改為書面檢舉，直接遞交蔣介石，這樣既可查明舞弊，又不致影響抗戰。在這種情形之下，陳賡雅等人也只能接受他的提議，將提案改為檢舉；但他們又不甘心，害怕此事最終會不了了之，因此陳賡雅又與傅斯年等人商議，將提案改為質詢案，當行政院院長在會上作政府工作報告時予以質詢，但內容卻未能公開。

陳賡雅等九名參政員提出的質詢案披露，政府原發行的民國卅一年同盟勝利美金公債總額一億美元，中央銀行至少有三筆、數額為一千一百五十萬九千九百二十萬元美金公債下落不明。因此「質詢書」指出，「如果舞弊屬實，國庫損失之巨與官員之膽大妄為，可云罕見！種種資料業已發見，何忍安於緘默。擬由本會送請政府迅予徹查明確，依法懲處」。

除了上述質詢之外，傅斯年等參政員還在大會上提出議案，要求由政府委派大員，會同專家、監察院委員及國民參政會推選之參政員徹查央行歷年來之帳目，若發現犯罪之嫌疑者，即分別輕重，移送司法機關處理；同時將央行改隸財政部或行政院，並取消中央信託局，將其業務移交給戰時生產局。傅斯年的議案雖然沒有公開質詢案中所披露的具體事實，但卻表達出大後方廣大民眾對於官商勾結、以權謀私種種腐敗行為的極大憤恨。

狡辯與反駁

此刻的蔣介石陷於極度矛盾之中。一方面，蔣對於貪腐的行徑極為痛恨，在這之前他也嚴懲過一些貪贓枉法的官吏；然而此案涉及到他的至親，而且孔祥熙多年來不僅一直對他恭敬有加，特別是在籌措軍費上從來都是予取予求。因此如何處理此事，還真是煞費腦筋。蔣介石這段時間所寫的日記真實地反映出他的態度。

當陳布雷告知蔣介石，有關中央銀行美金公債舞弊一案已有人在參政會提出之事時，七月十一日，蔣即親自召見剛剛回國的孔祥熙，「告以此案調查經過與事實及人證物證，屬其好自為之」。然而孔祥熙「總不肯全部承認也，可嘆」！

七月十二日「（上午）九時，與（陳）布雷、（吳）達銓談話散步後，審閱中央銀行舞弊案全文，為之痛憤不已。研究處置辦法，必須將其全數追繳，全歸國庫，然後再由余負責解決。否則惟有任參政會要求徹查，此固於政府、對國際信譽大損，然為革命與黨國計，不能不如此也。」

同日「下午六時，約庸之來談，直將其人證物證與各種實據交彼自閱，彼始猶指誓強辯，令人痛心，殊愧為基督徒矣。余再以嚴正申戒，彼始默認，余仍屬其設法自全，乃辭去。」「……見庸之，彼總想口辯掩飾此事，而不知此事之證據與事實俱在，決難逃避其責任也。余以如此精誠待彼，為其負責補救，而彼仍一意狡賴，可恥之至！」蔣介石雖然經常在日記中責罵屬下，但用「可恥之至」這樣的言辭辱罵孔祥熙還是第一次，可見蔣此時的確是對孔痛憤已極。

面對著傅斯年等參政員的步步緊逼，而孔祥熙又是避重就輕，百般狡賴，蔣介石內心可謂百感交集。他在七月十五日的「上星期反省錄」中寫道：「傅斯年等突提中國（央）銀行美金公債舞弊案，而庸之又不願開誠見告，令人憂憤不置。內外人心陷溺，人欲橫流，道德淪亡，是非倒置，一至於此。」

孔祥熙回去後立即吩咐屬下分別寫了一份報告和節略呈給蔣介石，對中央銀行收回的美金公債銷售情形予以說明。在這份長達一千餘字的呈文中，孔祥熙對於出售給所謂「預定客戶」一千六百六十萬一千六百七十美元債票的情形是這樣解釋的：因為當時大後方與淪陷區都有人認購公債，而「各戶名均係來人自報，按照售債原則向例，無須詳細記載，現時徹查，頗為不易」，因此要等到勝利之後方可查明。他在呈文的結尾還沒忘記為自己評功擺好：「祥熙奔走革命、服務黨國垂四十年，重承知遇，滿擬報稱。今為籌劃推銷，苦心未達，反遭外界猜疑，致勞鈞慮，深抱不安。」彷彿他受了多大的委屈。

蔣介石看到孔祥熙的呈文後極為憤怒，隨即親自擬寫了三段長篇批文，對孔的狡辯逐一加以批駁：「所謂人民購買均係款債對支，至各戶戶名均係來人自報，按照售債向例無須詳細記載云云，此在門市現款購買，自可如此辦理，但既稱為認購戶或預售戶，而認購戶一不繳納分文定金，二不填具認購單據，中央銀行亦不給予准許認購若干之證件，三無確實姓名住址之紀錄，則停售之後，各認購戶究竟憑何證據向中央銀行交款取券，行方人員又憑何根據付給其債券，是否僅憑該認購戶口頭申報，或人面熟習（悉），即行付給債券？此種情形，即一普通商號對私人定購些微貨物，亦決無此理，何況政府機關之國家銀行辦理巨額外匯債票之收付，乃竟如此草率，何能認為合法有效！」而且這批預售公債「距卅二年十月十五日停售之期，少則月餘，多則六、七個月。其時美債價格高漲一倍至十餘倍之多，而認購各戶仍按國幣廿元折合美債一元之原價交款取券，以在法理上毫無拘束之認購，此時何得享此意外之特殊利益，而損失國家之寶貴外滙」！因此蔣介石下令，這批債券必須「全數繳還中央銀行，限期嚴密辦妥」。

蔣介石在批文中雖然對孔祥熙的狡辯之辭一一予以駁斥，但並沒有道破孔個人在這樁貪腐案中的直接責任，算是給他留了面子。直到這時，在人證物證面前，孔才「承認余之證據，並願追繳其所據之美金公債全歸國庫也」。此時孔祥熙已經不好意思直接去見蔣介石了，只好讓長女孔令儀帶其覆信來見蔣。儘管蔣介石對孔大小姐十分寵愛，但是看了來信後還是氣憤不已，他在二十一日的日記中寫道：「庸之圖賴如前，此人不可理喻也。」蔣接著又在「上星期反省錄」中記道：「庸之對於一千六百六十萬美金公債，猶不願承認也」。

為了孔祥熙貪污腐敗的案子蔣介石連覺都睡不好，他在二十二日的日記中寫道：「上午以昨夜為庸之事不勝苦痛，憂惶未得安睡，故七時後方起床。……下午，以布雷談起庸子（之），稱恐此美金公債或落於外人手中一語，更覺此人之貪劣不可救藥，因之未能午睡，痛憤極矣。」

七月二十四日，蔣介石同意孔祥熙辭去中央銀行總裁，其遺缺由財政部部長俞鴻鈞接任，這也是孔祥熙相繼辭去財政部部長和行政院副院長之後所擔任的最後一個要職，而蔣則認為這一舉措「實為公私兼全與政治經濟之成敗最大關鍵也」。蔣介石明確向宋子文表示，中央銀行總裁必須絕對服從他的命令，而且必須是為他所信任的人方能擔任。他的理由是，「此二十年來所得之痛苦經驗，因此不能展施我建軍建政，而且阻礙我外交政策莫大也。去年對美之外交惡化幾至陷於絕境者，可說皆由庸之操縱中行，不願對余實告存數，使余不能不對美國作強制要求也。」因此「庸人不可與之再共國事矣，撤孔之舉猶嫌太晚矣」。

美金公債案不了了之

陳賡雅、傅斯年等參政員的質詢雖然揭開了美金公債舞弊案的蓋子，提出了一千一百多萬美金債券去向不明的問題，但實際上他們並沒有掌握到此案的關鍵證據，即所謂預購客戶一千六百六十萬一千六百七十美元債券的真正買主。面對著陳賡雅、傅斯年等人來勢洶洶的責難，蔣介石的親信特別向他提出警告說，本案在數字上問題雖然不是很大，但如果國民參政會要求查閱美金債券的全部帳目，或是監察院亦前往中央銀行查閱帳冊，「則認購戶之真相完全暴露，勢必難於應付，是實該案之嚴重困難所在」，因為本案「在事實本質上與國家信譽上，均較黃金案嚴重百倍」！

這句話切中要害，黃金舞弊案不過是中央銀行職員竊取國家重要經濟情報的一樁刑事案件，但是美金公債舞弊案卻直接牽連到國家最高層的領導。目前參政員並沒有掌握核心資料，而且也缺乏必要的證據。但是若要深查，順藤摸瓜，真相必將大白。而此案一旦曝光，對於黨國的利益和家族的榮譽，絕對是一個致命的打擊。因此蔣介石考慮再三，決定將此案迅速了結，不能讓它再擴大下去。

八月三日，孔令儀再次代其父與姨夫蔣介石見面，此事蔣在日記中有記載，雖然談話內容隻字未提，但肯定與美金公債案有關。因為三天之後蔣介石即作出不讓監察院插手的決定：「對於中央銀行美債券舞弊案，決令國府主計局與該行新總裁負責查收，而不交各院，以該行為國府直轄機關也。」

八月六日，蔣介石下達手諭，關於陳賡雅等人的質詢「派主計長陳其采會同中央銀行總裁俞鴻鈞切實密查具報」。陳、俞二人接到命令後，即於八月十六日派員前往國庫局進行調查，他們當然十分了解蔣介石的心思，所有的調查方向全部圍繞陳賡雅等人所提及的一千一百多萬美金債票方面，而真正涉及到本案的關鍵問題，即預售客戶一千六百六十多萬美元債票的去向，調查報告竟隻字未提！

此時日本剛剛宣布無條件投降，蔣介石決定美金公債案迅速結案，他在八月十六日的日記中寫道：「晚，檢討中央銀行美債案處置全案，仰令速了，以免夜長夢多，授人口實。惟庸之之不法失德，令人不能像想〔想像〕也。」這也就是說，在主計局和財政部尚未將此案的調查情形上報之前，蔣介石就已經決定了處置辦法。於是，這椿震驚中外的貪腐大案，最終就這樣不了了之、倉促結案了。

美金公債舞弊案雖然在強權控制下一時得以遮掩，黨國與家族的榮譽亦暫時得以保全，但這種後果卻極大地助長了貪腐行為的擴張。隨著抗戰勝利的到來，接收大員「五子登科」，軍政官僚貪贓枉法，豪門資本以權謀私，貪污與腐敗已逐漸成為體制性的行為，就像惡性癌細胞一樣，迅速蔓延到身體的每一部分，最終導致國民黨喪失大陸的政權。這也更加清楚的說明，一個腐敗的政權是無法澈底根治腐敗的。

蔣介石與雅爾達密約

雅爾達密約是第二次世界大戰結束前夕，英、美、蘇三國巨頭背著主要當事國，重新劃分戰後世界格局的一個祕密協定。此時中國雖然號稱四強之一，卻完全被置之於外；蔣介石作為中國的國家元首、盟軍中國戰區司令，不僅事前被蒙在鼓裡，就是在協定簽定後相當長的一段時間裡，對於條約的內容也毫不知情。

但蔣介石並非完全無動於衷，甚至他還想據理抗爭，近年公布的蔣介石日記提供了最真實的依據，使我們對於蔣介石在雅爾達密約簽定前後的態度及其變化有了更清楚的認識。

蔣介石打探雅爾達密約的內容

一九四四年十月，駐英大使顧維鈞在華盛頓與美國海軍上將李海交談中獲悉，美國強烈希望蘇聯早日對日作戰，不久美、英、蘇三國首腦將會專門開會討論這一問題；而蘇聯則以取得旅順港作為參戰的條件之一，對此英、美兩國似乎並無異意。作為一個職業外交家，顧維鈞深知這一情報的意義非同小可，接連致電向蔣介石報告。這一消息立即引起蔣的警覺，並開始為此進行準備。

一九四五年二月三日，美國總統羅斯福和英國首相邱吉爾相繼乘機飛抵蘇聯的克里米亞半島，第二天史達林也趕到，三巨頭立即聚在一個名叫雅爾達的小鎮進行祕密談判。會談的目的是美、英雙方希望蘇聯盡早落實對日宣戰的時間，蘇聯則為此提出諸多要求，除了要得到日俄戰爭時沙俄失去的利益，還有許多內容涉及到中國的主權，如包括保持外蒙古現狀；大連列為國際港，保障蘇聯在該港的特權；蘇聯恢復租借旅順港為其海軍基地；中長鐵路（包括中東鐵路和南滿鐵路）由中蘇兩國合組之公司聯合經營。羅斯福為了盡快讓蘇聯出兵以減輕美軍的傷亡，對於史達林的要求並未加以拒絕，只是認為上述涉及外蒙古、大連商港和旅順軍港以及中長鐵路的相關協議需要徵求蔣介石的同意，而史達林則建議此事應由羅斯福向蔣介石通告，並保證獲得其同意。三大巨頭還達成一致協議，「蘇聯所提要求於日本被擊潰後必予實現，蘇聯則準備與中國國民政府締結中蘇友好條約，俾以其武裝部隊協助中國，解放中國所受日本之束縛。」

還是在雅爾達會談召開之前蘇方曾要求中國外長盡快到莫斯科舉行會談，以解決兩國之間的重大外交問題。對此蔣介石早有準備，二月一日，他在日記中寫下即將與蘇方談判時所需堅持的原則：

俄國催促宋部長訪俄之提案須先告彼，擬提：一、歡迎其加入對日戰爭；二、東北鐵路交通與大連自由港問題；三、中俄經濟合作，新疆包括在內；四、中俄新疆邊境之協防及履行交換罪犯之舊約；五、外蒙問題；六、重訂互不侵犯或同盟條約；七、朝鮮問題；八、戰後對日處置方針。其中五、六、七各案應慎重考慮，其是否提出及利害如何。

二月六日，行政院代理院長兼外交部長宋子文約請國防最高委員會祕書長王寵惠、國民政府文官長吳鼎昌和軍事委員會辦公廳主任兼國民黨中央宣傳部部長王世杰幾人商談有關赴蘇談判前的準備，王世杰主張目前不宜明確提出任何具體問題，但卻必須對中蘇間的重大問題，如中蘇同盟、東三省及大連旅順港、中東鐵路、中共、新疆等問題有所準備，預定方案，在談判中視當時情勢及蘇方態度而決定。但此時蘇方又藉故託辭，將中國外長訪蘇的時間向後延期，這不禁引起中方的懷疑。蔣介石即在二月七日的日記中寫道：「俄國延展子文訪期，可知羅、邱、史會議已畢，俄國參加對日戰爭又延至五月以後矣。」

二月十一日，雅爾達密約簽字，儘管英、美、蘇三方對密約內容祕而不宣，美方僅將表面上的決議通知中國政府，但蔣介石及中國政府最高層官員對此則心存戒心，他們已敏感地嗅出這個協定一定包含涉及到遠東及中國方面的內容。蔣介石在二月份第二週的「反省錄」中寫道：「羅、邱、史會議宣言尚未發表，未知其結果究竟如何。【惟此會對我國之影響必大，羅或不致與英、俄協以謀我乎？】[9]」不久，駐蘇大使傅秉常亦來電密報他所了解到的密約內容，這就更增添了蔣介石心中的懷疑，他在二月二十一日的日記中寫道：「閱傅大使秉常來電，以美駐俄大使通知其羅、史談話大意，俄史之對華方針到此完全明瞭，其中尚有難言之內容，未能明以告我者，證諸顧大使之言，俄國對東北與旅大特權之要求，當非虛傳也。國勢之危已極，不知何日有濟？」其

▲ 身為國民政府主席、盟軍中國戰區總司令的蔣介石，對於事關中國前途的雅爾達密約內容竟然一無所知。

9 【括號】內文字係經塗改，不知是否為日後所增加。

後蔣又在三月第二週的「本星期預定工作科目」中指出：「近日尤感外交之無公理、無情義，而惟以強權與勢力是依。我國若不能自立自強，決不能生存於今後之世界！」

為了了解真相，蔣介石一方面懇請當時正在華盛頓的美國駐華大使赫爾利幫助代為了解內情，希望盡早委派宋子文到華盛頓與羅斯福會面，同時還命令駐英大使顧維鈞、駐美大使魏道明想方設法打探雅爾達密約的內情。對於赫爾利的詢問，羅斯福先是予以搪塞，說雅爾達會議中沒有任何關於中國的協定，但赫爾利認為羅斯福是在「真誠地撒謊」，經他再三追問，羅斯福終於同意他查閱並摘錄有關雅爾達密約的紀錄。此刻羅斯福似乎也有所悔悟，他讓赫爾利去倫敦和莫斯科找邱吉爾和史達林談談，看看有沒有什麼可以彌補的方法。三月十二日，羅斯福接見中國駐美大使魏道明，向他透露了部分密約的內容，其中最重要的就是蘇聯對於遠東問題的態度：（一）維持外蒙古現狀；（二）南滿鐵路所有權屬中國，業務管理實施委託制度；（三）希望將旅順港作為蘇聯的軍港。羅斯福並進一步解釋，外蒙維持現狀，即表示主權仍屬中國；南滿鐵路主權屬於中國，所謂委託制度是為提高效率，業務由中、蘇、美三國鐵路專家組成的機構負責；至於軍港則是新提出的問題，可以日後慢慢商談解決，他的意見是，不妨將旅順港長期租借給蘇聯，但主權仍屬中國。羅斯福還保證，待到時機成熟時，蘇聯軍隊一定會參加遠東的對日作戰。

羅斯福雖然沒有將雅爾達密約的內容全盤托出，而且他的解釋（如外蒙主權歸屬和南滿鐵路的委託制等）與事後的實情尚有重大的分歧，但亦基本勾勒出蘇方對遠東權益的要求。三月十五日，蔣介石在接到魏道明的報告後即在日記中記道：「閱此（指魏道明來電），但有痛憤與自省而已，『耶爾達』果已賣華乎？惟如此可以斷定此次黑海會議俄國對日作戰已有成議。果爾，則此次抗倭戰爭之理想恐成夢幻矣！」兩天後，蔣介石在一次晚宴後將吳鼎昌、熊式輝和王世杰幾人留下，並給他們看了魏道明的電報。熊式輝回答，應該讓美國了解旅順問題不僅僅是中國的問題，既然不能自保，不如提議將來闢作國際軍用，避免蘇俄獨占，而且蘇聯即使取得旅順也不能滿足其欲望。王世杰也認為：「蘇聯迄今尚未對日作戰，竟先提出如此要求，彼參戰後其態度將益不可測矣。」他並向蔣介石建議：「關於史達林向羅斯福所提對滿洲之要求（軍港與鐵路管理），我政府應堅持領土完整、主權完整之兩原則，不可輕於讓步。」

四月五日，蔣介石在日記中表明了他的態度：

關於旅順問題，寧可被俄強權占領，而決不能以租借名義承認其權利，此不僅旅順如此，無論外蒙、新疆或東三省，被其占領不退，則我亦惟有以不承認、不簽字以應之，蓋弱國革命之過程中既無實力，又無外援，不得不以信義與法紀為基礎，而不稍予以法律之根據。如此則我民族之大憑藉之厚，今日雖不能由余手中而收復，則將來後世之子孫，亦必有完成其領土行政主權之一日。要在吾人此時堅定革命信心，而為外物脅誘，不簽訂喪辱責身契約，以貽害於民族而保留我國家獨立自主之光榮可也。

一九四五年一月，蔣介石在制定「本年中心工作與目標」時曾經預計國內外可能出現的危機，因此他特別提及「俄國煽動新疆各地叛亂，乘機侵占全疆；俄國攻占東三省，勾結中共成立偽組織；共匪在西北叛變；通貨惡性膨脹，經濟情形險惡」。如今了解到的結果並沒有預想的那麼壞，儘管蔣介石對於蘇聯的要求極為痛恨，對美國的態度亦十分不滿，但環顧國家的實力，這樣的條件似乎還是可以接受的。

「租借」旅順

赫爾利受羅斯福委託，準備就遠東問題與史達林和邱吉爾進一步斡旋，然而就在這時，久患重病的羅斯福於四月十二日與世長辭。副總統杜魯門繼任後的態度是「兩個凡是」：凡是羅斯福總統作出的決定繼續照辦，凡是已經允諾的國際義務必須遵守。原本想從中調解的赫爾利無計可施，只能以「私人性質」的方式，私下向蔣介石通報了雅爾達密約中涉及到中國利益的相關內容，此刻中方才得悉蘇聯的真正意圖。

四月二十九日，剛從倫敦和莫斯科訪問後回到重慶的赫爾利與蔣介石進行祕密會談，只有王世杰一人在場。赫爾利根據羅斯福口頭及談話紀錄向蔣報告了蘇聯對於參戰所提出的要求，其中涉及到中國的利益部分包括：旅順港租給蘇聯；大連灣闢為自由商港；中東鐵路與南滿鐵路之股權中蘇各半，中國並應承認蘇聯在該路之「特殊利益」；外蒙古維持現狀。史達林並強調，當蘇軍出兵時應由美方負責向中國提出上述主張、再由中蘇兩國簽訂條約予以承認，然而目前這一消息不得對外泄露，以免日本先發制人。赫爾利解釋說，蘇方原意是要求中國割讓旅順，經羅斯福勸說後才改為租借的。王世杰在日記中並沒有記載蔣介石聽到此事後有何憤怒的表情，只是提到蔣認為「租借地」的方式甚不好，但答應日後詳細考慮後再談，因此對上述主張未作任何答覆。

蔣介石也在當日的日記中寫道：

> 晡時哈雷[10]報告其與羅斯福及史大林討論其在黑海會議對遠東問題之決議，而將要求余同意

10 即赫爾利。

事項，其與我有密切重大關係者：（一）史大林承認朝鮮獨立。（二）史要求旅順與南滿、東清各鐵道恢復其日俄戰爭一九〇四年以前之特權，而並未有魏大使前所報告所謂滿洲鐵道由中、美、俄三國共同管理之議案也，數月來所抱之疑問，至此方得明瞭也。（三）外蒙古現狀不變。

羅斯福去世後蔣介石原來還表示要親自到華盛頓參加他的葬禮，但當他得悉雅爾達密約的真相後，對羅斯福的印象發生了重大的改變，同時他又將希望寄託在羅的繼任人身上。蔣在當月的「反省錄」中寫道：「羅斯福死亡對中國、對世界之影響至鉅，但其轉變為利為害，猶不可知，而其畏強欺弱、以我中國為犧牲品之政策，或者隨之消滅乎？惟天佑之。」

五月四日，王世杰奉命與赫爾利討論中蘇問題，王表示，「租借」旅順和蘇聯對中東、南滿兩路享受「特權」這兩點是中國國民黨政府最不能接受的要求，赫爾利「亦以為然」。兩天後，蔣介石在官邸又向王世杰交待了對蘇談判應「在不妨害中國領土完整、主權獨立及行政完整之原則下，可容納蘇聯對東北之合理主張」。五月二十一日，他又電令正在美國訪問的宋子文「訪俄之前必先回國面詳一切，然後赴俄為妥也」。此時蔣介石對於他制定的這一原則自以為得意，他在六月九日「本星期預定工作課目」中認為這是他運用外交手段的一大手筆：

> 旅順問題如我不先表示可與俄共同使用一點，則俄不僅對我絕望，而且對美更不諒解，蓋增其疑慮；故余一面嚴拒其租借之謬說，而一面不得不自動允其共同使用以慰之。此種外交與方針，決非尋常外交家之所能知者也。

與此同時，蔣介石又致電剛剛真除行政院院長的宋子文，要他於晉見杜魯門總統洽談旅順問題時可預定三個方案：第一，願將旅順交與國際安全機構，為國際海空軍根據地；第二，中、美、俄三國共同使用；若以上兩種方案均遭俄方反對時，最低限度為旅順必須由中俄共同使用。蔣介石在電報中強調：「無論何項，其主權與行政必須完全歸我國自主，各國不能干預，若俄欲歸其獨占或租讓，則我必反對到底，決不許可也。」這封電報剛剛發出，蔣介石又急忙向宋追發另一份電報，囑其與杜魯門談話時一定要注意談話的語氣及態度，最好先打聽羅斯福與史達林洽談旅順問題時的方式，包括內容、經過以及最後的結論，如果羅斯福當時同意史達林提出旅順歸俄占有的話，那就應該強調「此乃中國主權所在，我國自可加以拒絕，不能承認」。蔣更希望宋子文能從杜魯門手中取得當時的談話記錄，「以便我方研究今後對案之重要參考」。

六月九日上午，宋子文剛由舊金山飛抵華盛頓就趕著去謁見杜魯門總統，轉達了蔣的問候，杜魯門亦同意蔣的要求，將羅斯福與史達林在雅爾達的有關談話記錄交給宋子文，同時杜還補充說，這份備忘錄他已直接以電報的形式發給赫爾利，讓他當面交給蔣介石，因此不需要再另行轉寄了。

六月十日，赫爾利在王世杰的陪同下前往蔣介石官邸，他說奉杜魯門總統的命令，讓他向蔣當面報告有關雅爾達會議中蘇方提出的參戰條件（杜原指示他於六月十五日報告，但他提前了五天），在涉及到中國的問題上，除了一個多月之前所提到的蘇聯租借旅順軍港、中長與南滿鐵路由中蘇兩國共同經營、大連闢為商港並保證蘇聯的優越地位幾項外，特別明確提出維持現狀的外蒙指的是「蒙古人民共和國」，也就是說外蒙必須脫離中國而獨立。赫爾利還傳達了史達林的七點聲明，主要內容是贊同促進中國沒有領土的企圖。史達林還表示希望與中國簽訂友好同盟條約，以武力協助中國，俾獲自日本勢力下得到解放。赫爾利最後還強調，羅斯福和杜魯門對於蘇方的要求均持贊同中國的一部分，蘇聯對中國在蔣委員長領導下之統一，贊同中國之統一與安定，並贊同東北全境為情況確實如此。

的態度。

被激怒的蔣介石

這下子蔣介石被激怒了，史達林對中國充滿野心他是預料到的，但他沒有想到的是，美國總統居然為了本國的利益，真的會犧牲他國的權益。而王世杰則對史達林的聲明充滿懷疑，他所反對的是蘇聯「表面上承認中國領土主權之完整，而條文實際上則在在破壞之」；他更擔心的是史達林「對於彼之聲明，未必切實履行」。

蔣介石在得悉真相後立即致電宋子文，電報中說既然羅斯福、杜魯門都贊成史達林的主張，那麼原先商議的前兩個預案就沒有必要再與杜商談了，「惟中國今後決不能再見租借地名義，今後只要俄國尊重我主權與行政之完整，則中國可允其對軍港共同使用但不能再用租借名義。關於此點，非堅持不可，否則所謂東北領土主權與行政仍不完整，仍非獨立也」。蔣介石在電報的結尾處還再三強調：有關「原定第一與第二步驟，切勿與任何人再提為要」。

六月十二日，蘇聯駐華大使彼得羅夫也正式向蔣介石提出了蘇方提出的締結中蘇友好互助條約的五項先決條件，這就更加激起蔣介石心中的憤怒。但此時蔣介石對杜魯門似乎還存在一線希望，其後他又在林園官邸約見赫爾利，王世杰在座。赫爾利透露雅爾達會議期間史達林最先提出的是要在東北由滿洲至旅順大連港之間劃一走廊割讓給蘇聯，與蘇聯的海濱省和西伯利亞相連，是羅斯福竭力加以反對，史達林才退而提出目前這一要求的。很明顯，赫爾利的意思就是說，如果不是美國從中幫忙，中國的損失還要大。蔣介石聞此氣憤已極，六月十五日的日記清楚地反映了此時他的心情：

昨日心緒結鬱，不解何故。哈雷談話後此亦極誠意，彼且依余之見解對俄使應付也。余切屬彼致電杜總統，問明其美國對旅順軍港是否要共同參加使用，望其明確答覆，必須參加與不要參加，即「要」與「不要」之中決定一語作答，萬不可以「無可無不可」之「猶豫兩可」之間作不肯定之答覆。如其果要參加，則爾對俄乃作堅決態度，提出「中英美俄」四國共同使用旅順軍港之方案，向俄國要求。如俄不允，則即使交涉破裂，余亦所不惜也。故望美國必須有正確政策以告余也。如其不要參加，則余亦可另作計議。哈雷允電其政府也。

然而杜魯門的答覆卻讓蔣介石徹底失望，他在日記中接著寫道：

上午回渝寓，哈雷來提其總統備忘錄，聞之鬱憤不知所止，甚恐其此尚非耶爾達密約之全文，然僅此亦足置我中華民族於萬劫不復之境，而且其美國今後百年內對東亞亦無安定和平之日，夫可……此一最黑暗之時代也。

鬱憤歸鬱憤，但問題還是得解決。蔣介石先是派其長子蔣經國約見彼得羅夫，告訴他赫爾利已將蘇聯的聲明及要求轉達給蔣介石。彼得羅夫還煞有其事地問道，為什麼前兩天談論此事時，蔣介石表現得如此不愉快？與此同時，國民政府決定派遣宋子文率領中國政府代表團前往蘇聯談判，蔣介石並親自制定了談判的方針。他在六月二十三日的「上星期反省錄」中寫道：

對俄交涉方針研究既畢，決心已定。鐵路交涉當可放寬，而旅順租借必須嚴拒，以期達成共同使用而不失行政主權之方針也。令子文不可以第三國或國際關係與俄作交涉，應以中俄兩國自動解決，勿使俄國誤解也。

六月二十四日，蔣介石、王世杰與宋子文一起討論對蘇談判的方案，達成的結論大致是：旅順口在中蘇擬訂之同盟條約期間可與蘇聯共同使用，但主權仍歸中國；中東、南滿鐵路及大連灣的所謂「特殊利益」問題，應明確規定其範圍，並不用「特殊利益」這一名詞；外蒙問題暫不提出討論。王世杰還提出解決旅順口租借的另一方案，即將朝鮮的一個海港租給蘇聯，中國再以關島之一部讓給朝鮮。宋子文以為目前不宜提出這個方案，但蔣介石則認為不妨將其作為準備。

當天蔣介石在日記中詳細地列出了與蘇聯談判的要點：

1不得以舊日遼東半島租借地區之範圍；

2只要行政權不失，則技術人員可聘俄人助理；

3中共問題必須明白提出，如其能將軍政權交還中央，則可允其參加政府，否則當視為叛變之軍隊，無論在任何方面，不得聲援；

4新疆問題亦須提出，伊寧、伊犁必須收復，俄國不可再予叛部以武器之接濟，如此則新疆經濟乃可與俄國完全合作；

5東北鐵路俄國運兵必須事先商定，而且中途不得下車停留；

6必須將帝俄時代所訂之過期之條約（而且失效）及其精神掃除，而根據十三年北京新約協商新約；

7外蒙可予以高度自治，在中國宗主權之下成立自治政府，其權限可予俄國憲法上所規定之各蘇維埃權限相同。

其後蔣介石又約見蘇聯駐華大使，向他宣示了有關中方對於蘇方要求的態度。他在六月二十六日的日記中寫下其中的主要精神：凡涉及到中國的條件必須由中國本身決定，其他任何國家不能代決；中國今後所有條約都不能再出現租借與特權的文字；如果蘇方提出不解決租借旅順問題就不要派代表團赴蘇，那麼中方將拒絕交涉，一切責任均在蘇方。蔣介石還強調：「外蒙不可脫離中國，中國亦不能放棄其宗主權，否則即為中央政府可與外蒙以高度自治也。」

帶著這樣的談判方案，儘管宋子文極不情願，但他既然兼任外交部長，還是不得不開始他的蘇聯之行。

宋子文赴蘇談判

一九四五年六月二十九日，宋子文率領中國政府代表團離開重慶，代表團成員包括胡世澤（外交部次長）、沈鴻烈（東北調查委員會主任委員）、傅秉常（駐蘇大使，已在莫斯科）、錢昌照（資源委員會副主任委員）、張福運（財政部關務署署長）、劉澤榮（外交部駐新疆特派員）、卜道明（外交部亞西司司長）、萬異（外交部美洲司代理司長）等，蔣經國也作為代表團的重要成員陪同出訪。六月三十日下午三時，宋子文一行抵達莫斯科，蘇聯歡迎的禮節極為隆重，與歡迎英國首相邱吉爾的儀式相等，外交部長莫洛托夫、莫斯科衛戍總司令、重要部門首長以及全體外交團都到機場迎接。隨後宋子文、傅秉常、胡世澤便晉見史達林，開始雙方的第一次談判，但這一次主要是禮節性的拜訪，並沒有涉及什麼實質性的內容。

在正式談判前應該說中方的感覺還是不錯的，所以宋子文還向蔣介石建議，「如接洽各事一切順利，擬向蘇聯提出美金五億元軍火租借法案，倘能洽成，似對我政府極為有利，但對美國方面有無顧慮」。然而在蘇方表達其強硬立場之後，中國方面才知道情形並非如此簡單。

七月二日晚八時，宋子文率胡世澤、傅秉常及蔣經國與史達林、莫洛托夫等蘇聯最高領導人開始正式會談，時間長達三個半小時。事後宋子文在報告中稱，對於東三省的處理方案比較滿意，但在外蒙問題上雙方陷於僵局。史達林認為外蒙人民不願再受中國政府統治，希望獨立，但蘇聯不會併吞外蒙。史達林更進一步強調，為國防關係，蘇聯不得不在外蒙駐軍，而且要結成軍事同盟。宋子文提出目前是否不討論外蒙問題，因為不論中國任何政府若喪失領土完整，必為國人所不諒。史達林回答說，要是那樣的話，我們就不可能簽訂任何協定，態度十分堅決。關於旅順問題，史達林說可以不用租借方式，但旅順軍港、大連商港和中長鐵路由中蘇共管，利益均享，期限為四十五年。史達林還提出密約可以先予簽訂，內容則可在戰後公布。其後宋子文又接連向蔣介石發去多封密電，對於蘇聯的要求加以補充，同時還為打開外蒙問題僵局，提出他個人的意見：（一）與蘇聯訂約，在同盟期間，准其在外蒙駐兵；（二）予外蒙以高度自治，並准蘇聯駐兵；（三）授權外蒙軍事、內政、外交自主，但與蘇聯各蘇維埃共和國及英自治領性質不同。他還更加急迫地請示，萬一史達林以中止談判來要挾中國承認外蒙獨立，究應如何處理。

由於蔣介石正在西安視察，未能及時審閱宋子文的報告，待七月五日回到重慶看到電報後，方知問題的嚴重，但此刻蔣介石更需要的是蘇聯出兵和合作。當天的日記記錄了他此時矛盾的心情：

> 接子文冬亥報告電，乃知史大林對外蒙堅持其獨立之要求，否則有協定無從成立之表示。余再三考慮，俄對外蒙之要求志在必得，決不能以任何高度自治或准其駐兵之方式所能饜其慾望。

若不允其所求，則東北與新疆各種行政之完整無從交涉，共黨問題更難解決，而且外蒙事實上已為彼俄占有。如為虛名而受災禍，決非誤國之道；若忍痛犧牲外蒙不毛之地，而換得東北與新疆以及全國之統一，而且統一方略非此不可也。乃決心准外蒙戰後投票解決其獨立問題，而與俄協商東北、新疆與中共問題為交換條件也。

▲宋子文先是以行政院長兼外交部長的身分與蘇聯談判，可是到最後簽字時卻抽身而退。

蔣介石收到宋子文的電報後曾徵求王世杰的意見，王世杰認為：「東三省等問題如確能得到不損領土主權之解決，則承認外蒙人民於戰後投票自決之尚合算，因外蒙實際上已脫離中國二十餘年。」其後蔣介石又召集孫科、鄒魯、戴季陶、于右任、吳稚暉、陳誠等黨內元老議論此事，陳立夫、陳誠堅持不讓步，吳鼎昌、王世杰認為應最大限度照加拿大辦法，孫科則同意外蒙獨立。權衡利弊，最終達成一致意見：「外蒙獨立之事可讓步」。

七月六日清晨四時蔣介石醒後就再也睡不著了，「考慮外蒙與對蘇俄問題甚詳」。五時起身，作過晨禱後即親自擬寫致宋子文的覆電，長達一千餘字，電報的原則是「決照所定方針，決心約其待中國完全統一以後，即可由我政府自動提出外蒙獨立方案，期待正式國會通過後，乃得批准之意示之」。然而來自美國合眾社的一則電訊又使蔣介石極為惱怒，原來是七月四日外蒙總理喬巴山抵達莫斯科時，蘇聯外交部長莫洛托夫率領蘇聯方面軍政長官親自到機場歡迎，「是其待外蒙已與待中國相同之禮節，

又加我以侮辱，更對我進逼一步矣，可痛可鄙」！但此刻蔣介石最關心的不是外蒙獨立，而是東北、新疆和中共問題。七月七日他在致宋子文的電報中再次強調：「此次我國之所以允外蒙戰後獨立者，實為作最大之犧牲，亦表示對蘇作最大之誠意。以外蒙為中蘇關係最大之癥結所在，如果此一癥結既除，而我之要求目的仍不能達到，則不僅犧牲毫無代價，而且今後必增兩國之惡果，東方更多糾紛矣。務望注意我之要求之主目的：一、為東三省領土、主權及行政之完整；二、蘇聯今後不再支持中共與新疆之匪亂。此乃為我方要求之交換條件也。」

宋子文接到蔣介石的指示後即與史達林見面，並再三懇請蘇方能夠對中國政府的立場予以諒解。但史達林則堅持外蒙必須獨立，而且說這個條件在雅爾達會談時即已談妥，美、英兩國對此並無異議，對此他可以當面質詢兩國首腦。緊接著，蘇聯又對東北問題提出更為苛刻的要求。對於蘇聯的外交策略蔣介石當然十分清楚，但心中的憤懣卻無法表露，只能在日記中發泄：

接子文轉來俄國所提要求東三省之條件，甚於一八九六年所訂者之苛刻，明知其為討價，而寸衷刺激不堪，所受侮辱亦云極矣。（七月十日）

其後宋子文又與史達林進行了多次會談，至此中蘇兩國間的底牌均已亮出，談判亦接近尾聲，蘇方主張可以簽字結束會談了，但宋子文卻深知這一條約的簽訂對於國家的利益將會造成嚴重的犧牲，而他個人的名譽也會蒙受重大的損害。正好此時史達林要赴德國與美、英兩國首腦舉行最高級會議，宋子文就想利用這一機會抽身而退。七月十二日，他在致蔣介石的電報中請示：「今晚與史太林[11]會

11 編注：史達林（一八七八年十二月十八日至一九五三年三月五日），蘇聯前領導人，又譯史太林、斯大林。

談，空氣極為和諧，但尚有數問題必須當面請示鈞座。擬乘史赴柏林三頭會議時，返國一行，會後再來蘇，作最後決定，史今日表示甚贊成。職定寒（十四日）晨與蘇聯大使、經國等同返，約銑日（十六日）可抵渝，胡次長留此。關於與蘇聯交涉一事，務乞鈞座轉飭各報勿加評論，蘇方已同樣通知蘇聯報紙。」

宋子文抽身而退

七月十七日，宋子文一行由莫斯科經德黑蘭飛抵重慶，十九日上午宋單獨晉見蔣介石，報告與蘇聯談判的經過。宋子文表示，如果蘇聯不接受中方的要求，他就不會再赴蘇談判；接著他又提到，中央銀行總裁孔祥熙辭職後，其繼任人選必須由他來推薦，否則便不能承擔行政院長之責。他還說，美國的外交和財政界官員都是他的知交，以此而加以炫耀。蔣介石聞之大怒，他在當天的日記中寫道：

「嗚呼，國人心理，媚外自私如此，而以欺制元首，不問政策，一以個人之名位自保，不知國家與政府為何物，氣〔？〕之可痛心疾首者，莫甚於此也。」第二天蔣介石的氣還未平息，繼續在日記中發泄對宋子文的不滿：「昨日受子文壓迫，動以不能負責，以美國外援自眩〔炫〕，其性其氣並無一些改變也。」接著蔣介石還抄錄了一段《聖經·舊約·詩經第二十八首》：「子文自俄回來，其不願負責簽約，是否有意為難，故不能斷定，但其重身輕國之行動，昭然若揭；對於獨占財政、經濟之心思，更不可自制矣。此實為我一生最痛苦之一事，如何使之徹悟悔改，以期其成也。」蔣介石對宋子文行為的惱怒之情躍然紙上。

在本週的反省錄中他這應寫：「彼輩口如蜜，心中含辛螫，祈主按其行，報彼諸罪孽。」

然而宋子文的決心已定，七月二十四日他單獨與王世杰見面，表明自己將辭去外交部長的兼職，希望王世杰能改任或兼任，並於下月和他一起再赴莫斯科參加談判。王聽到後感到很突然，他先是加以拒絕，但在宋的一再要求下，王世杰答應再考慮考慮。

第二天下午，王世杰特地渡江前去蔣介石的黃山官邸，當晚並留宿未歸。大概蔣事先已經知道此事，而且也同意由王兼任外交部長一職，因此他在與王世杰談話時說，因為中蘇談判牽涉到戰後外蒙獨立之事，宋子文怕單獨承擔責任，此次先行返渝正是這個原因。蔣還說，其實外蒙早已不由中國管治，此事不值得顧慮。此時王世杰的心情十分矛盾，按他自己的話來說：「我如拒絕，便為畏懼負責之表示。值此中蘇情勢緊張、關係極大之時，本身之毀譽，不宜在予考慮中也。」

這時美、英、蘇三國首腦正在柏林開會，並擬定向日本發表勸降的最後通告。七月二十六日，赫爾利前往蔣介石官邸，出示了杜魯門總統的來電，要求中國政府必須在二十四小時之內簽字，否則英、美兩國將單獨發表對日警告。對於這種蠻橫無理的強權做法，蔣介石十分生氣，在當天的日記中記錄了他向赫爾利所表示的態度：「中國為對日戰爭之重要國家，未得中國同意，則聯盟國對日任何言行不能單獨發表，而且英、美今後關於此等重要問題之洽商，必須予我以從容考慮時間方可，因開羅會議公報我中國必須參加對日任何行動也。而且來電第一條只說美總統與英首相之商定，而未及中國主席，更為不當，必須增加中國主席在英首相之上也」。蔣介石並說，如果按照這一原則修改，他自然同意。蔣在日記最後寫道：「就此可知美國國務院對華蔑視之態度及其成見之深矣，故外交姿態不得不重加研究也。」

七月二十八日，蔣介石在分析了國內外形勢之後，親自擬定了外交方針，並將其抄錄在日記上：

俄國已視美國為其假想敵，故其不能以我國為其外交政策重大之目標，如我能自立自主、中立不倚，則彼當能尊重我中立地位，只〔至〕少可作一土耳其；否則如我偏重美國或倚賴美國，則彼必不擇手段，使我無法建設，甚至承認中共，使我分裂，當在意中。若我用武力強制中共，以期統一，則彼必在滿蒙邊境收容共匪，制造傀儡政權；如我因此不惜與俄一戰，則在此八年抗戰以後，人力物力疲乏萬分，政治與宣傳幾乎為俄共所籠罩之中，萬不能如七七對日抗戰時之容易把握也。故今日之情勢，無論對內對外，惟有用政治與外交方法，求得諒解與解決也。因此對俄政策，惟有妥協與諒解之一途，然亦未始不可能也。

蔣介石在分析了中國有利有弊的各項條件之後接著寫道：

今日國際交涉無所謂公理與情感，只有實力與利害關係，更無是非可言。我國今日之勢力，除了前條所分析之五端以外，再無其他實力可言，而且思想複雜，人心卑劣，風氣浮蕩，廉恥道喪，尤其社會散漫，本黨紛亂，組織蕩然，紀律掃地，至於政治、經濟與教育，更無基礎，共匪反叛，異端蜂起，軍閥餘毒未清，科學幼稚，知識短淺，工業與交通可說尚未開始，最為統一之障礙。軍隊雖有幹部，已形成重心，然離現代化裝備甚遠。如此國勢，既無實力，又無組織，若無正確之政策為之運用指導以補實力之不足，尚有何法持其後也！今日謀國之道，專力組織之健全，人才之培植，以求自強；而在國際，只有運用其矛盾與衝突，一面爭取時間，以待有利之時機，求得獨立與解放而已。

七月三十日，國防最高委員會通過了行政院改組方案，其中最重要的一項內容就是由王世杰接替宋子文出任外交部長。在這之前蔣介石曾單獨接見宋子文，向他說明對蘇談判的政策以及交涉方針，宋只好答應重返莫斯科繼續交涉。蔣介石對宋子文的行為非常不滿，認為他「不願負責任，只知求名邀功，取巧諉過，何以成事，甚為國家憂也」。在七月份的反省錄中蔣介石又寫道：「對俄交涉以子文不敢負責，尚未簽訂協定，而准予外蒙戰後獨立之決策，實為生平革命史上最重大之一頁，於勢於理，無不自安也。」

正當宋子文、王世杰赴蘇簽字之前，蔣介石又重新調閱了中蘇談判的全部文件，沒想到竟發現了許多問題，「而其最大者為『旅順軍港百公里之各海島非由中俄兩國同意不得設防』之件，更為駭異。果爾則蓬萊縣海岸至旅順間渤海海口百公里間，在此三十年間皆成為不設防區域矣。」這麼重大的事宋子文不但不與專家進行研究，反倒「認為無關重要，竟與俄商擬稿件，可痛！不知今後國家將如何建設矣」。基於這一理念，蔣介石在宋子文、王世杰啟程前特別命令他們，在中蘇談判過程中必須堅決拒絕蘇方的這一要求。

八月五日上午八時，宋子文和新任外長王世杰率中國政府代表團由重慶白石驛機場起飛，途經加爾各答和德黑蘭，於七日下午三時許抵達莫斯科。此時國際形勢又發生了重大的變化，美國已向日本投放了第一顆原子彈，蘇聯亦開始在遠東調集大批軍隊，準備發動進攻，戰後美蘇兩國之間的矛盾已日益明顯。國際形勢的這一變化，對於中國政府的談判來說似乎相對有利，因此蔣介石又致電中國代表團，要求他們在談判中必須堅持中蒙邊境劃界的原則。

然而此時蘇聯的百萬大軍已沿著長達五千公里的戰線向日軍發起全面進攻，儘管蔣介石一再命令必須明確劃分外蒙與內蒙的邊界線，「否則交涉停頓亦所不惜」，然而此刻蘇聯已經大舉出兵並進入東北，再糾纏於劃定疆界顯然是不切實際的，宋子文和錢昌照、蔣經國、傅秉常等談判代表均認為不必理會蔣的命令，雖然王世杰不同意，但卻說服不了大家。最後他還是與宋子文聯名向蔣報告，提醒他「中蘇條約必須締立，倘再遷延，極易立即引起意外變化」，並要求蔣介石「授予職等權宜處置之權」。蔣經國也單獨發去一電，他認為如果再堅持根據地圖劃界，談判勢必破裂。在這種形勢之下，蔣介石也無可奈何，只能表示同意。八月十四日夜，蘇聯外交部長莫洛托夫和中國外交部長王世杰分別代表兩國政府，在《中蘇友好同盟條約》上正式簽字。

「舊恥」與「新恥」

就在《中蘇友好同盟條約》正式簽定的第二天，日本天皇發表詔書，宣布無條件投降；九月二日，日本外相重光葵和陸軍參謀總長梅津美治郎代表日本政府在停泊於橫濱相模灣的美國軍艦「密蘇里」號上，向美、英、中、蘇等九大同盟國代表正式簽訂了投降書，這不僅標誌著世界反法西斯戰爭的結束，更意味一百多年來中國人民在反抗外來侵略戰爭中第一次取得全面的勝利。在這舉國歡慶的日子裡，作為國民政府最高元首的蔣介石更是百感交集，夜不能寐。

自從一九三一年「九一八」事變日本向中國發動侵略戰爭之後的第三天開始，蔣介石每天就在日記的頁首寫有「雪恥」二字，連續十多年，一天都沒有間斷。如今日本已經投降，但蔣介石仍不改日記中書寫「雪恥」的習慣。他在當天的日記中這樣解釋此刻的心情：

> 「雪恥」的日誌不下十五年，今日我國最大的敵國日本已經在橫濱港中向我們聯合國無條件的投降了，五十年來最大之國恥與余個人歷年所受之逼迫與污辱，至此自可湔雪淨盡。但舊恥雖雪，而新恥又染，此恥又不知何日可以湔雪矣！勉乎哉，今後之雪恥，乃雪新恥也，特誌之。

很明顯，蔣介石這裡所說的「新恥」指的就是在中蘇談判過程中中國所蒙受的種種恥辱，儘管經過中方代表不斷力爭，蘇聯在一些問題上稍作讓步，如在條約中不採用「租借地」的名詞，取消旅順軍港外一百公里島嶼不設防的原議，以及戰後由外蒙人民透過投票來選擇與中國之間的隸屬關係等，但實際上這些只不過是在文字上給中國政府一些面子，旅順港依舊是蘇聯控制的軍港，大連港的一半工事和設備規定要無償租給蘇聯，中長鐵路由中蘇兩國成立聯合公司共同經營管理，而最重要的則是外蒙古自此便正式脫離中國政府的管轄，成為獨立的國家。面對這些羞辱的條件而又不能不同意，蔣介石能心甘情願嗎？

外交是講究實力的，雖然太平洋戰爭爆發後中國的國際地位發生了明顯的轉變，不僅廢除了鴉片戰爭以來中國政府簽訂的一系列不平等條約，在開羅會議上，中國還躋身四強。然而這一切畢竟只是表面上的現象，一旦涉及到國家的利益，強權就會戰勝公理，歷來都是如此。蔣介石當然也深知這個道理，他雖然對於蘇聯提出的那些蠻橫的條件憤恨不已，對美國和英國只顧自己不

▲ 日本宣布無條件投降時，蔣介石對全國民眾發表談話。

惜犧牲他國利益的行徑極為不滿，但他既無實力拒絕，更需要得到這些大國的援助，而此刻他更關心的則是東北和新疆的主權以及蘇聯對中共的態度。既然蘇聯同意並尊重中國東北與新疆的主權與領土完整，同時也承認國民政府為中國的中央政府，權衡利弊，考慮再三，蔣介石最後還是不得不接受這些條件。

蔣介石一九四五年年初曾用八個字來簡要地制定這一年的對外政策：「忍氣吞聲，負重致遠」。雖然此時雅爾達會議還沒有召開，蔣介石更無從得悉史達林提出的種種要求，然而他日後對於雅爾達密約的態度及其轉化用這八個字來形容，卻是再貼切不過的了。

蔣介石日記中的香港受降

中英新約並未提及香港問題

抗戰勝利後，圍繞香港受降問題，中英兩國之間展開了一場激烈的外交衝突。最終的結果還是強權戰勝了公理，國人眼睜睜地看著英國軍隊受降，從日本人手中重新接管了香港。數年前蔣氏後人將蔣介石日記暫存於美國史丹佛大學胡佛研究所，已陸續對外開放，台灣國史館典藏的蔣介石檔案更於早幾年便全部提供予學者查閱，其中均有部分內容涉及香港受降一事。從這些日記和電報中我們不僅可以重溫受降的交涉經過，也可以窺探蔣介石當時的內心活動。

應該承認，蔣介石是一個民族情結很強的人，對於鴉片戰爭後英國利用不平等條約割讓香港、九龍和租借新界的行徑極為憤懣，因此收回九龍（包括香港）一直是他的追求目標。國民政府成立後雖然推行所謂「革命外交」，企圖廢除一切不平等條約，也取得了一些成績，然而畢竟國力衰弱，不平等條約並未完全廢除，英國對於中國要求收回香港的正當要求更是置若罔聞。

太平洋戰爭爆發後，中國政府隨即向德、意、日宣戰，成為英、美等反法西斯戰線的同盟國，中國的國際地位迅速上升。隨著香港和上海等地租界的淪陷，原先存在的那些不平等條約已變得十分荒謬。為了提高中國人民的士氣，共同抗擊日本的侵略，美國和英國開始考慮與中國政府談判，並於一九四二年十月十日宣布廢除一切不平等條約。蔣介石在得知這一消息後十分興奮，「心中快慰，實為平生惟一之快事。」然而當中國政府要求收回九龍租借地時，英方卻堅決拒絕，彼此僵持不下。為了不影響廢約的整體進程（此時與美國的談判已經結束），中方不得已作出讓步，暫時擱置有關九龍問題的談判，但這並不表明中國放棄對香港和九龍主權的收回。一九四二年十二月三十一日，在中英新約簽字的前夕蔣介石在日記中寫道：「晨五時醒後，考慮與英國訂約事。我雖不要求其對九龍問題作任何保留之約言，而彼反要求我聲明九龍不在不平等條約之內，否則彼竟拒絕簽訂新約。果爾，我政府惟有發表廢除不平等條約之聲明，以不承認英國在華固有之權利。一俟戰後，用軍事力量由日本手中收回，則彼雖狡獪，亦必無可如何，此乃最後手段。如彼無所要求，則待我簽字以後，另用書面對彼說明，交還九龍問題暫作保留，以待將來繼續談判，為日後交涉之根據。」蔣介石的如意算盤是，眼下我先不和你談收回九龍的問題，等到戰爭結束，我先派軍隊從日本人手中接收香港，到時你就是再狡猾也沒有辦法了。

在這種理念下，一九四三年一月十一日中英新約在重慶簽字，同日國民政府正式向英國提出照會，聲明稱：「關於交還九龍租借地問題，英國政府以現時進行談判不宜，本代表認為憾事。……本代表通知閣下，中國政府保留日後重行提請討論此問題之權。」十天後，英國駐華大使薛穆帶來覆照，說他已將中國政府的照會轉達給本國政府，但英國政府對此並無任何表示。

嗣後不久，蔣介石在以他名義出版的《中國之命運》一書中表示，九龍問題未能在新約中得到解決實在是「美中不足的缺點」，但中方已透過聲明保留再議之權，因此「九龍問題仍可隨時提出交涉」。蔣介石還指出，由於九龍與香港在地理位置上具有相互依恃的關係，在解決九龍問題的同時也應該考慮收回香港。對此他似乎覺得很樂觀，認為「英國政府不致為此彈丸之地而妨礙中英兩國永久的友好之邦交」。

一九四三年十一月底，中、美、英三國首腦舉行開羅會議，討論有關三國軍隊聯合對日作戰等問題，這也是中國領導人第一次以大國身分參加國際會議。會前中方曾議定，如英方在會議中未涉及香港問題，中方也不主動提出，「以留待日後解決為宜」。但是美國對於英國要求戰後繼續維持其龐大的殖民地體系十分不滿，認為英國不應再享有「帝國主義的特權」，因此羅斯福在與蔣介石的會談中曾建議，戰後應先由中國收回香港，然後再宣布其為全世界的自由港。中方當然希望美國出面解決香港問題，然而邱吉爾卻拒絕討論香港問題，在這種情形之下，美國也只能適可而止，因為他們是不會為香港問題而與英國鬧翻的。會議結束時發表的《開羅宣言》對於香港的歸屬問題隻字未提，對此蔣介石十分無奈，卻又沒有辦法，因此只能在日記中咒罵「英國之自私與貽害，誠不愧為帝國主義之楷模矣」。

雖然國民政府一直堅持戰後要收回九龍甚至香港，卻沒有對接收的具體方案作出必要的準備。相反英國卻要主動得多，他們不僅在軍事上進行認真的部署，在外交上也不斷加以游說和宣傳。在英國人看來，香港是從英國人手中丟失的，自然應該由英國人收回，因為這關係到帝國的榮譽。

蔣介石一讓再讓

一九四五年八月，日本投降在即，外交部歐洲司曾擬就文件，主張戰後接收香港，至少也應收復九龍租借地。因為英國已宣布放棄在華一切特權，各國亦都將租借地歸還，因此英方沒有理由不還，而英國所謂租借九龍是為了保衛香港，太平洋戰爭後的事實已證明此說毫無意義。文件還建議組建一支精兵沿九廣鐵路進發，先行占據港九，造成既成事實之後再與英國交涉，這樣就可為談判創造出一個有利的條件。

八月十四日下午，蔣介石接見薛穆時表示，中國政府承認英國在香港的權利，希望最終透過談判解決香港問題，並提出日本戰敗後應由中國軍隊先赴香港受降、再將香港交英方接收的方案。但英國堅決反對，聲稱將派遣太平洋艦隊開赴香港，承擔接收香港的任務。

八月十五日，日本宣布無條件投降，盟軍總司令麥克阿瑟將軍即發布一號受降令，規定「凡在中華民國（滿洲除外）、台灣、越南北緯十六度以北之日本軍隊，均應向中國軍隊投降」。然而命令並未對香港的受降作出明確規定，因此中英雙方各執己見，為香港的受降權展開激烈的爭辯。

八月十五日晚，蔣介石約四川省政府主席張群、陸軍總司令何應欽討論有關接收香港、越南的方針，並商議今後的政策，「最後決定對香港不與英國競爭先後，免惹惡感。彼既對美言決派兵進占香港，如其不先與我戰區統帥協商，則其自有言約，我當抗議其違約，而不與之爭先進占也」；但是如果時間許可的話，中國軍隊還是應先進占九龍。

八月十六日，英國政府先發制人，向中方提交照會，通報英國政府正安排軍隊重占香港，並恢復對香港的管治。第二天蔣介石在得知「英軍艦已駛到香港附近，有重占香港之企圖」後也加快了軍事部署，命令隸屬於張發奎第二方面軍的第十三軍從梧州向香港進軍，先行接收九龍和香港，實現其「先占領後交涉」的方針。

八月十八日，英國首相艾德禮密電美國總統杜魯門，聲稱英國絕不承認香港屬於中國境內的解釋，要求他指示麥克阿瑟命令日軍大本營，香港日軍必須向即將到達的英國海軍投降。美國深知戰後欲與蘇聯抗衡，必須得到英國的支持，所以此刻杜魯門轉而犧牲中國的正當權益，同意英國接收香港的要求，並通知麥克阿瑟，明確表示香港已明確劃在中國戰區之外。

英國得到美國的支持後更無所顧忌，八月十九日，薛穆再次把英國將在香港受降的備忘錄交給國民政府代理外交部長吳國楨，並通知他，杜魯門已經同意英國接收香港。中國政府十分氣惱，於當日發表聲明，重申中國對香港享有主權，應由中國戰區最高統帥蔣介石派代表前往香港受降。但私下蔣介石卻和美國特使魏德邁商談香港接收問題，「明告以余對此事政策，不忍因此致中美與英國發生裂痕之意。彼乃了然，順從遵行也。」第二天，軍令部部長徐永昌向蔣介石報告：「英軍已開始向香港開拔，當即聲明，英國對於香港或有政治問題，可留待他日解決，但就軍事而言，香港屬於中國戰區範圍，自應由鈞座處理，並請麥克阿瑟元帥向英方一言，使此事得一公正與不傷感情之解決方法。」

八月二十一日，蔣介石又委託美國駐中國大使赫爾利將一封急件轉交杜魯門，稱他已從其他渠道得知美國同意英國在香港受降，如此消息不實，則希望美方「不要作出任何事情改變波茨坦宣言的條款和已由盟軍總司令發布的有關投降的條件」；如果美方已答應英國受降，為了不使杜魯門為難，蔣建議在香港的日軍應「向我本人的代表投降」，並邀請英、美代表出席受降式，然後「我再授權英軍登陸收復香港島」。杜魯門收到急件後立即回電，稱其早在三天前就已經同意英國在香港受降的要求，並表明英國在香港的主權「不容置疑」。

蔣介石收到杜魯門的覆電大失所望，卻又無可奈何，在這種情形之下只好再次作出讓步，下令已進入新界的中國軍隊撤到深圳河北岸。他在二十三日致杜魯門的電報中已經不再堅持委派代表受降之事，而改以中國戰區最高統帥的名義，授權一名英國軍官作為他的代表，前往香港受降，同時指定中、美各一名軍官參加受降式。對於蔣來說，這只不過是為了維持面子所作出的下策，已經是最大的讓步了。八月二十六日蔣介石在日記中寫道：「與哈〔雷，即赫爾利〕、魏〔德邁〕商談英國拒絕我

▶ 1945 年 9 月 6 日，在港督府內舉行日軍正式投降簽署儀式。

委託英軍官接收香港投降之提議，決定仍堅持委託方案，如其拒絕，則違法壞紀，責任在英國，余則不能不守定中國戰區統帥之權責也。」

但是英國連這點面子也不給。八月二十七日，英國大使薛穆授權通知蔣介石，英國不接受英國軍官作為蔣介石的代表在英國領土上受降的要求，但中方可以派代表參加受降的儀式，薛穆還告訴蔣介石，英國已委派海軍少將夏愨為香港的受降官，刻下正率領艦隊前往香港。

蔣介石聞訊後立即約見英國大使，「明告其余委託英軍官接收香港之主張必須貫徹，並即委託其電所派之『哈科特』[12]少將代表余中國戰區統帥接收香港投降，屬其電通知英政府知照。如其不接收委託而擅自接降，則破壞聯合國協定之責在英國，余決不能放棄應有之職權，且必反抗強權之所為。」蔣介石自以為「對英使談話義正詞嚴，望其好自為之，彼乃無辭

12 編注：即夏愨（Cecil Halliday Jepson Harcourt），英國皇家海軍將領，曾自一九四五年九月至一九四六年四月出任香港軍政府首長。

以對而退」。

同時蔣介石又致電杜魯門，說明中國此時並無意派軍隊占領香港，而授權英國軍官代表他受降純粹是出於與盟國保持友好關係的願望。既然英方已確定受降官人選，那麼他就指定夏愨作為其代表受降，希望杜魯門支持他，並要麥克阿瑟將軍向夏愨發出相應的指令。

雖然英國的目的已經基本達到，但對蔣介石的要求仍討價還價。英方提出的方案是由夏愨代表英國政府，同時再安排另一名英國軍官代表中國戰區統帥受降。蔣介石大怒，他在八月三十日的日記中寫道：「英國對余指派其軍官接收香港之口頭指令仍拒不接受，余告其大使曰，除非聯盟國不承認余為中國戰區之統帥，華盛頓之盟約無效，或爾英國脫離聯盟宣告單獨自由行動，否則余之指令決不能改變。余決不能破壞盟約，違反公約，屈服於強權也。余令既出，必貫徹到底，希望英國恪守信約，保持國譽。如其最後仍加拒絕，則必宣布其恃強違約，公告世界，以著其罪惡而已。」

外交部長王世杰在同一天的日記中也記載了這件事：「香港敵軍受降事，英方堅持須由英軍接降，我方以香港在『中國戰區』內，應由我派軍接降。此事遂引起英方疑懼反對，蔣先生乃放棄中國派軍接降之議，但謂英國派往受降之軍官，須認為係受中國戰區統帥之委託。英政府仍堅拒，蔣先生亦堅持不讓步。」此時國軍派往廣州方面受降的將領亦來電，要求派兵進占澳門，王世杰立即去電予以阻止。王世杰還向蔣先生提議，「將來澳門之解決，最好用買回方式，蔣先生以為可。」

蔣介石在八月底所記的「上月反省錄」中寫下了他對香港受降一事的感受：「英、美擅自劃泰國與越南南部歸東南亞戰區，事前毫不與我協商，僅以一紙通知，等於命令，只能忍受乎。」「英國強行重占香港，不許我軍接收，並拒絕我委派其英國軍官接收香港之指令，痛憤無已。」

最後，英國政府在接收香港的方式上稍示讓步，同意以委託方式受降，即夏愨以同時代表英國政府和中國戰區統帥的雙重身分受降。對此建議蔣介石也只能勉強接受，他在日記中寫道，「英國對我指派軍官接收香港投降事最終須接受公理。此事雖小，而所關甚大矣」，這是「公義必獲勝利之又一明證」；然而這種想法未免自欺欺人，因此他也承認：「惟英國侮華之思想，乃為其傳統之政策，如我國不能自強，今後益被侮辱矣。」

中英關於香港受降問題的交涉經過和結果再一次說明外交是講究實力的，雖然太平洋戰爭爆發後中國的國際地位發生了明顯的轉變，不僅廢除了鴉片戰爭以來中國政府與各國列強簽訂的一系列不平等條約，在開羅會議上，中國還躋身四強。然而這一切畢竟只是表面上的現象，一旦涉及到國家的利益，強權就會戰勝公理，歷來都是如此。在香港受降問題上蔣介石最初盲目樂觀，以為只要先派出軍隊進駐香港，英國就只能接受現實。然而當英國表示堅決收回香港，而美國的態度又出爾反爾，國民政府只能不斷讓步。蔣介石雖然對於英國蠻橫無理的態度憤恨不已，對美國只顧自己不惜犧牲他國利益的行徑也極為不滿，但他既無實力拒絕，更需要戰後得到這些大國的援助，面對這些羞辱的條件不能不同意，對外還不得不說些冠冕堂皇的話來維護其面子，而只能在日記中才多少流露出他的一些真實感受，這也是我閱讀蔣介石日記的一點收穫。

蔣介石與孔祥熙的恩恩怨怨

孔祥熙權傾一時

南京國民政府成立後長達二十年，宋子文與孔祥熙輪流執掌國家財政金融大權，他們又都是國家元首蔣介石的至親，權傾一時，黨國與家族的利益可以說是榮辱與共，息息相關，「公誼」與「私情」之間往往難以區分。以往「四大家族」的稱號雖然具有強烈的政治涵意，卻早已深入人心；近年來隨著大批珍貴的史料刊布，重新分析蔣介石與孔祥熙、宋子文之間的關係便成為歷史學家深感興趣的問題。

一九三八年初，孔祥熙就任行政院長，登上政壇的高峰，然而院內的參事和祕書對此卻有諸多議論，矛頭不但針對他本人，而且還直指他的子女。有人說「孔以一切公文交未滿十六歲之女兒處理，言下憤極，謂尚未有開苞資格的臭丫頭居然處理國事，我們尚何必再做此官耶」？有人還說：「最近孔以向美定購飛機之權授其子令侃，所得均速率最劣之舊機，每小時不過二百八十哩以下，航空界大憤，但終無法補救云云。」長期擔任行政院參事的陳克文聽到這些傳言後不禁在日記中記道：「孔常於會議中嘆云『如此中國安得不亡』，自己所做不滿人意之事多矣，不知亦念及此言否？」

孔祥熙這種名目張膽的斂財行徑曾引起各界人士的極大不滿，就連國民黨高層亦為之側目，時任

▶戰前孔祥熙以國民政府特使的身分出訪歐美尋求外援，這是他訪問德國時受到的官方歡迎。

軍事委員會參事室主任、後任國民參政會祕書長的王世杰就曾在日記中多次記載他對孔祥熙的觀感。一九三八年二月十六日他在日記中寫道：「近來中外人士對中央信託局（孔為董事長）購買軍火指摘殊甚，謂有不少舞弊情事，宋子文似亦有電告知蔣委員長，孔氏在會議中力為辯護。」王世杰本人也認為孔任院長後內政外交處處被動，毫無成績可言。同年十月二十八日，國民參政會第二次大會在重慶召開，王世杰獲悉傅斯年等二十餘名參政員正準備聯名致函蔣介石，反對孔祥熙繼續出長行政院。十月三十日孔祥熙出席會議並報告財政，受到參政員「嚴重之詢問」；十一月六日，參政會閉會，「多數人頗不滿於孔院長，孔院長在會場中亦悻悻然」。十一月九日，孔祥熙出席最高國防會議，亦「以參政會同仁頗多表示不滿，微露消極之意」。

然而孔祥熙等豪門的斂財行徑終於引起大後方民眾的憤慨，一九四〇年前後，在大後方重慶等地相繼爆發了一場聲勢浩大的倒孔運動，其中倒孔的健將當屬馬寅初、傅斯年等幾位知名學者。這種情形就連蔣介石的親信唐縱都覺得解氣，只是認為蔣身為「一國領袖，憂勞國事，不能獲得家庭之安慰，不亦大苦乎」？對其處境深表同情。但是孔祥熙畢竟「為今日之紅人，炙手可熱，對馬自然以去之為快」，站在家族的立場，蔣介石為了維護孔祥熙的名譽和地位，竟「手令衛戍總司令將其押解息峰休養，蓋欲以遮阻社會對孔不滿之煽動也」。

一九四一年三月下旬國民黨五屆八中全會在重慶召開，會上有部分中央委員建議改組政府，內閣大換班，但由於蔣介石的祖護，此次倒孔未能成功，僅僅是郭泰祺接替王寵惠出任外交部長。所以王世杰在四月三日的日記中寫道：「此次全會，外間切望財政部長人選有更動，會畢，竟無更動徵象，外間不免失望。」毫無疑問，這裡所說失望的人一定包括宋子文在內。六月二十三日，遠在美國的宋子文致電國民黨元老李石曾，稱「最近孔在重慶，爪牙密布，幾有清一色之勢」，並說八中全會有人建議改組政府，蔣介石卻認為是他要「爭奪政權」，因而感到十分委屈。宋子文表示「領袖之不諒如此，益增悚愧，但我輩一本赤忱，為民族、為國家，只有不顧一切，努力盡我個人之職責」。宋子文的目的就是希望李石曾便中在蔣介石面前予以解釋，以期重新得到蔣的信任。

七月二十六日，李石曾給宋子文發去一封長電，談到他與蔣介石見面時，「介公、孔夫人皆避談兄事」，但「對兄態度冷淡無可諱言」。李石曾認為「介公用人行政，自有權衡之見甚深，雖常命兄作事，但絕不願由兄使其被動」。李還勸宋，稱「介公大方針不錯，抗戰前途頗可樂觀，雖對兄不起，然兄為國必可諒而笑置之。弟常請兄作哲學工夫，此其時也。兄赤忱為國，當不計一時艱苦，介公外態且淡，實際倚重性未減，兄只有盡忠，終有良果」。據他觀察，「介公領袖自雄，對庸公亦非盡信，且已有小裂痕」。因此「介公對兄雖表面不好，亦或正欲用兄，世事往往不宜皆看正面」云云。

太平洋戰爭爆發後，國民黨召開五屆九中全會，號召全黨修明政治，《大公報》為此發表社評《擁護修明政治案》稱：「現在九中全會既有修明政治的決議，我們輿論界若沉默不言，那是溺職；新聞管理當局若不准我們發表，更是違悖中央勵精圖治之旨。」社評披露香港危急時，中國航空公司曾派飛機到港搶救撤退人員，飛回重慶時竟運來箱籠、老媽子和洋狗；同時還揭露某部長（即外交部長郭泰祺）以公款六十五萬元購置一公館之事，因而要求政府「肅官箴，儆官邪」。儘管交通部長張嘉璈二十九日對「飛機運狗事件」在《大公報》上進行解釋，儘管這一消息後來證實係誤傳，但大後方民眾卻都堅信不疑，西南聯大、浙江大學等高校學生更是連日發動示威游行，掀起倒孔的高潮。

然而其結果是，蔣介石只撤去郭泰祺的職務，改由宋子文接任，孔祥熙的職務則紋絲不動。蔣介石在一九四二年一月九日的日記中表示：「昆明聯大學生游行反對庸之，此事已成為普遍之風氣，不能不令辭去，但此時因有人反對而去則甚不宜也。國人與青年皆無辨別之智能，故任人煽惑矇混，以致是非不彰，黑白顛倒，自古皆然。」他在第二天的日記中接著寫道：「政客又想借《大公報》〈整頓政治〉一文，在各處運動風潮推倒庸之，應以澹定處之。」後來他更將其歸咎於「政客官僚爭奪政權之陰謀，可謂喪心極矣」。這就清楚地看出蔣介石的態度了。

對於昆明出現的倒孔風潮，侍從室幾位親信與蔣介石的看法卻截然不同，譬如陳布雷就認為孔祥熙「已為勞怨所叢，其原因亦有所自」，且孔「年事已高，對缺點已難改正矣」。其後陳布雷還在日記中記下了他對孔的觀感：「昆明六日有大隊學生游行，到處書寫反孔標語，皆受《大公報》論文影響，立言之不易如此。其實孔之誤國豈青年所能盡知，不過謂其專誣其貪而已，貪與專實尚非孔之罪也。」若「貪與專」還不是孔最大的罪責，那麼孔真正的罪過是甚麼呢，陳布雷並沒有明確指出，留給人們無限的遐想。侍從室祕書陳方則認為「孔之為人莫不痛恨，為孔辯護者，均將遭受責難」；唐縱亦在日記中寫道：「近來學潮愈鬧愈廣，委座對此甚為震怒，曾命康澤赴昆明調查，結果與國社黨（羅隆基等）關係，委座怒不可遏。但今日報載，孔副院長病癒視事，這無異激勵青年學生，增加委座之困難。也許孔故意為此，使委座不得不為之解脫，而彼得以一勞永逸也。然天下人無不嘆息委座為之受過也。聞為此事，委座與夫人鬧意氣者多日。自古姻戚無不影響政治，委座不能例外，難矣哉！」唐縱認為，最有效的辦法就是孔祥熙自動辭職。但陳布雷卻說，「孔不但不辭職，而且要登報，表示病癒視事」，為此事陳布雷不禁發出感嘆曰：「孔氏對朋友、對領袖、對親戚，均不宜有如此忍心害理之舉。」

蔣介石的態度發生轉變

儘管蔣介石對孔祥熙處處維護，但對其所作所為並非一無所知，有時甚至還相當不滿，譬如抗戰前夕孔祥熙想插手中德之間的祕密貿易，蔣介石就曾當著行政院祕書長翁文灝和中央銀行理事葉琢堂的面「痛罵孔不顧國體，辭極嚴厲」，這是由於「蔣、孔對德易貨意見大相逕庭，因孔實反對實行也，如實行則願從中取利也」。蔣介石在日記中亦時有記載，如批評孔祥熙只知「有財政而不注重整個政治」（一九三八年三月十九日）；因為貪圖私利而導致「輿情太惡」，特別是把持財政之後，竟不讓蔣介石插手，「一與商討財政，彼即憤氣，怒色相加，凡重要事機皆祕，而惟恐我知道」，「是全將余助他之好意誤會」（一九三九年七月十九日）；甚至有時竟像宋子文那樣「違忤不從，至為痛苦，因之心情燥急，時用忿怒也」（一九三九年七月三十一日）。為了改變這種狀況，同時也為了減輕黨內外對孔的攻擊，蔣介石決定「接受孔庸之辭職，自兼行政院院長」，孔改任副院長（一九三九年十一月十六日）。然而蔣介石儘管有時對孔祥熙產生過不滿，卻一直採取克制的態度，並在日記中加以檢討，提醒自己「對孔何時現鄙嫌之意與嚴厲之聲，應切戒之」。（一九三九年十一月十八日）甚至後來發現孔屬下販賣鴉片謀利之事，蔣除了表示「庸之對鴉片運輸事不能遵令停止，以人言藉藉，貪小失大」，也只能是「更為憂悶，故終日鬱鬱不舒，氣焰囂張，不但不予收斂，反而變本加厲。一九四二年三乃休養不足之過也」。（一九四二年十二月九日）

然而孔祥熙及其屬下自視有保護傘，氣焰囂張，不但不予收斂，反而變本加厲。一九四二年三月，中央信託局運輸處經理林世良串通大成商行的章德武，以中央信託局的名義走私汽車零件，牟取暴利。不料事情敗露，林、章等人被捕，引致社會憤慨。因林係孔之心腹，所以孔祥熙竭力為其說情緩頰，軍法執行總監部礙於孔之情面，經過多月審判，將林判處無期徒刑。消息傳出後，就連蔣介石的隨從們都為之不滿，欲聯合起來向蔣介石陳明實情。唐縱提出應援引成都市長楊全宇因貪污槍決之案例，陳方則建議以利用職權謀利為由，均主張嚴判。這些呈辭於十二月二十一日呈給蔣介石，「旋即奉批林世良應予處死刑，許性初改處徒刑四年以上，不許緩刑。並於當晚電話，限二十二日執行公布」。

蔣介石對孔的態度一旦發生變化，立即引起宋美齡的不滿，甚至長期住在孔公館不歸。據唐縱觀察，蔣介石夫婦之間關係不洽，是因為「夫人私閱委座日記，有傷及孔家者」。又行政院長一席，委座欲由宋子文擔任，夫人希望由孔擔任，而反對宋，此事至今尚未解決」。見到蔣介石困擾於黨國與家族之間的處境，唐縱亦不由得從內心發出感嘆：「委座嘗於私人室內做疲勞的呼嘆，其生活亦苦矣！」

一九四三年十一月一日是孔祥熙出任財政部長十週年的紀念日，財政部在廣播大廈舉行慶祝會。對此局面蔣介石實在是傷腦筋，如果出席，很可能會遭致民眾不滿；但若不去，又恐傷害了親戚之間的關係。最後蔣介石決定「不赴廣播大廈，而赴財政部。不值而別」，對蔣的所作所為唐縱等人的理解是，「其處境亦良苦矣」！

面對著國內外輿論的強烈攻擊，黨內也有不少人懷疑「總裁能將孔罷免以大快人心否」？唐縱則認為目前時期並不成熟，因為有蔣夫人的關係。唐縱的猜測不錯，儘管孔祥熙採取以退為進的方法，主動向蔣介石提出辭呈，但蔣立即將辭呈退回，並予以慰留。為此事蔣介石曾與陳布雷有過一段十分有趣的交談。蔣介石問陳布雷，外間究竟對孔祥熙有甚麼議論？陳布雷回答說：「普遍的批評，孔作生意，在北京政府時代買辦與官僚結合，南京政府時代買辦與官僚結合，尚有平津、京滬之距離；今者官僚、資本家、買辦都在重慶，合而為一。黨內的批評，孔不了解黨的政策，違背政府政策行事。」聽了陳布雷的話蔣介石深有感觸，但也沒說什麼，只是表示現在沒有適當的人接替。對此陳布雷只能感嘆地說：「委座沒有澈底改革決心！」

恰好此時要在美國的布列敦森林召開國際貨幣基金會議，因此孔祥熙就被委以中國政府的全權代表，於一九四四年六月二十二日率團啟程赴美，行前蔣介石還專門致函羅斯福，對孔祥熙盛讚不已，稱「孔博士與余始終共事凡十六年於茲，對於中國政治、經濟及財政方面之情形，充分明瞭」；雖然中國目前非常需要孔祥熙留在國內處理政務，但因此行「對於增強我中美兩國以及余與閣下之友誼合作，深信必有重大之成就」，因此他才決定委派孔作為「余個人最堪信任之代表」，前往美國洽談云云。

國際貨幣基金會議結束之後，孔祥熙雖然長期逗留在美國，但國內倒孔的風潮卻絲毫沒有降溫。一九四四年九月五日，國民參政會三屆三次會議在重慶開幕，第二天財政部次長俞鴻鈞代表孔祥熙在會上作財政報告，參政員傅斯年帶頭開炮，強烈要求「辦貪污首先從最大的開刀」，並提出四大問題：一、孔及其家族經營商業問題；二、中央銀行問題（任用私人，予取予求）；三、美金儲蓄券舞弊問題；四、黃金買賣問題。矛頭直指孔祥熙，其中最大的問題就是美金公債舞弊案。

撤職卻未查辦

面對著國內日益高漲的倒孔浪潮，蔣介石也不得不開始考慮撤換的決定。十一月十八日，蔣介石致電孔祥熙，一方面對於他在美國處境艱難表示慰問，同時提出「最好兄能屈就駐美大使，以加重對美合作之表示」，這就意味著蔣介石已經決定撤換孔祥熙的職務了。

一九四四年十一月二十日國民政府公布內閣更換的決定，孔祥熙被免去財政部長一職，由原政務次長俞鴻鈞繼任，此時孔行政院副院長的職務尚未撤換，但蔣介石已暗示他，希望他主動辭去行政院首腦的職務。同時提出在其未回國之前，由宋子文代理行政院長一職。此時蔣介石如此急切要求孔辭職，很可能是因為他已發覺孔祥熙涉嫌美金公債的舞弊案了。

此刻蔣介石表面上對孔祥熙還是盡量予以保護，但在暗中卻下令進行祕密調查。這一段時間蔣介石的日記中經常留下徹查美金舞弊案的記載，同時他還多次下令，命新任財政部長俞鴻鈞徹查此案。俞鴻鈞雖然是孔祥熙多年的下屬，但在蔣介石多次指令下，亦不敢不認真調查，他祕密呈送的報告即明確地指出美金公債的問題所在，因此蔣介石閱後即認定「考慮徹查美金公債案已得要領，不難追究也」，他還具體開列查核要點，命令俞鴻鈞迅速派員，限期進行調查。

此時蔣介石已察覺到美金公債一案涉及到孔祥熙，但如何處理他還沒有決定，他在「本星期反省錄」中寫道：「美金公債舞弊案已有頭緒，須待庸之病痊回國也。」同時他將美金公債舞弊案初步調查結果告知仍在美國的孔祥熙，但孔並不承認。蔣在日記中記道：「接庸之電，令人煩悶，痛苦不知所止。」他再與俞鴻鈞商討進一步調查美金公債的案情，然而此案真的牽涉到孔氏家族，如何處理確實十分棘手，因此他也認為，此事「甚難解決也」。

一九四五年五月，國民黨召開六全大會，由於孔祥熙等財經官員的貪腐行為引起朝野上下強烈不滿，在中委當選名單中得票最低，更在中常委選舉中落選。鑒於這種情形，蔣介石決定行政院改組，他與孔雙雙辭去行政院正副院長之職，由宋子文和翁文灝繼任。蔣介石認為：「余與庸之辭去行政院正副院長，亦為政治上必要之措施，深信此舉必於今後政治之效用甚宏也。」

蔣介石將撤換孔祥熙之舉稱之為「以公忘私」，但他的這種心態其實外人都看得很清楚，王子壯在六全大會結束後的日記中記道：「蔣之政軍方面，除軍事自理外，財政在前面由宋子文，近六七年則由孔祥熙主其事。以才論，孔不如宋，但為人易與。同時孔則懼內，孔夫人宋藹齡及其子女好貨特甚，廣事搜刮，醜聲四播，社會側目。參政會中迭次提出質問孔氏，均由蔣保護，多方開脫。人以是短蔣，以其不辨是非、以護近親也。」

七月八日，赴美一年有餘的孔祥熙終於回到重慶，然而他對於美金公債案全然予以否認，直到蔣介石將證據擺在面前，他雖無話可說，但仍加以狡辯。此時蔣介石的心情十分矛盾，這段時期的日記中經常提及此事，一方面他對孔之惡行深為憤怒，咒其所為「可恥之至」，但究竟如何處理又猶豫不決。

雖然蔣介石對於孔祥熙涉嫌美金公債舞弊一案十分憤怒，但當他聽說陳賡雅、傅斯年等參政員準備在國民參政會上對此案提出質詢時，他又想盡一切辦法對孔加以保護。首先是他讓國民參政會主席團主席、國民黨中央宣傳部部長的王世杰出面，他對陳賡雅說了一堆大道理：「此案提出，恐被人借為口實，攻擊政府，影響抗戰前途，使仇者快意，親者痛心」，接著又半帶威脅地說，提案內容若與事實有出入，恐怕對聯署人有所不利，要他將提案自動撤銷。陳賡雅則堅持本案證據確鑿，個人願為此負責。其後，陳布雷又以新聞界前輩的身分前來勸說，他一方面肯定陳賡雅等人收集資料用心良苦，他也承認若在大會上提出一定有所價值。但是又有個投鼠忌器的問題，就是這個提案一旦曝光，公諸社會，將會引起美國和英國等友邦人士的反感，因而不再繼續支持中國的抗戰，導致失道寡助的後果，這肯定也不是諸位發起提案的初衷。因此他建議，不如將提案改為書面檢舉，直接遞交蔣介石，這樣既可查明舞弊，又不致影響抗戰。而當參政會祕書處正準備將這一提議排印分發，侍從室第二處突然將提案原件帶回，說是蔣介石要親自審閱。於是該提案就被取走，一直到大會閉幕時都沒有退回，未能在會上進行討論。會後該提案又立即被銷去案號，所以沒有在社會上公開。

蔣介石對孔祥熙的態度出現變化，這在以前可是從未發生過的事，然而在如何處理的問題上，他卻猶豫再三，始終下不了決心。然而最終黨國榮辱與家族興衰糾纏在一起，蔣介石決定將此案迅速了結，不能讓它再擴大下去。就在日本宣布無條件投降的第二天，蔣介石在日記中決定，將「中央銀行美債案處置全案，仰令速了，以免夜長夢多，授人口實」。因此這樁震驚中外的貪腐大案，最終也就這樣不了了之。

黨國家族，榮辱與共

從蔣介石的日記來看，應該說他對於查處貪腐案件是十分重視的，對於官吏中的腐敗行徑也是極為憤恨的。當他從不同渠道得到有關舞弊案的報告後，曾多次下令密查。面對著財政部的敷衍應付，蔣介石不為所動，屢屢下令，堅持徹查；而面對著孔祥熙的抵賴和狡辯，他更是不顧情面，對其拙劣的說辭一一予以駁斥，甚至一度還想「任參政會要求徹查」。但是，當他意識到此案若真正公開將會影響到黨國的統治以及家族的聲譽之時，蔣介石思慮再三，最後也只能是撤去孔祥熙的職務，追繳其不法所得（至於最終有無全數收回只有天曉得了），卻沒有依法追究孔祥熙等人貪腐的刑事責任，甚至連輿論也嚴格加以控制。於是偌大一件貪腐案就這樣大事化小，小事化了，淹沒於抗戰勝利的鞭炮聲中了。

蔣介石對孔祥熙的態度從信任有加到暗中調查，從憤怒至極到不予追究，儘管蔣介石可能一度有大義滅親的想法，但是一旦黨國利益與家族情誼糾纏在一起，他也完全無能為力了。這種矛盾的心理不僅在蔣介石的日記中處處可見，就連他的侍從對此亦感觸極深，唐縱即在日記中多次記錄了他所觀察到的現象。除此之外，許多事實也可充分說明。

一九四八年初，孔祥熙要求前往美國治病，黨內高層意見紛紜，蔣介石雖然幾經猶豫，但最終還是同意讓孔出國。一九四八年四月，中國銀行召開股東大會，通知正在美國的董事長孔祥熙回國出席，但蔣介石卻認為孔「官僚而又不潔」，有意撤去孔之職務，在他看來，「親戚家庭之難為其求，是不得已也」。因此孔祥熙不得不辭去中國銀行董事長的職務，這也是他擔任的最後一項公職。

一九四八年九月，蔣經國在上海「打老虎」的行動中查抄了揚子建業公司囤積的大量物資，矛頭直指孔令侃。此舉得到朝野上下的密切注意，監察院亦立即委派監察委員熊在渭、金越光前來上海進行調查，孔令侃則立即搬出宋美齡為他說情。十月九日，蔣經國從無錫飛往北平，特地向蔣介石報告上海執行經濟管制的情形，蔣介石在日記中寫道：「經濟本爲複雜難理之事，而上海之難，更爲全國一切萬惡鬼詐薈萃之地，其處理不易可想而知。對於孔令侃問題，反動派更借題發揮，强令爲難，必欲陷其於罪，否則即謂經之包蔽〔庇〕，尤以宣鐵吾機關報攻訐爲甚。余嚴斥其妄，令其自動停刊。」十月十八日剛從瀋陽督戰回到北平的蔣介石又給上海市長吳國楨發來一電報，要他立即制止監察院的行動，曰：

關於揚子公司事，聞監察委員要將其開辦以來業務全部核查，中以為依法令論殊不合理。以該公司為商營，而非政府機關，該院不應對商營事業無理取鬧，如果屬實，則可屬令侃聘律師進行法律解決，先詳討其監察委員此舉是否合法，是否有權，一面由律師正式宣告其不法行動，拒絕其檢查。並以此意與經國切商，勿使任何商民無辜受屈也。

兩天後吳國楨即發來回電：

查此案前係由督導處辦事處逕飭警局辦理，奉鈞座電後，經與經國兄洽定三項辦法：（一）警局即日通知監察委員，檢查該公司業務全部超越警局，只能根據違反取締日用品囤積居奇條例之職權，警局前派會同查勘人員即日撤回；（二）該公司可以無當地行政人員在場為理由，拒絕查帳，不必正面與該委員等發生爭執；（三）監察委員熊在渭與天翼先生關係極深，職定訪天翼先生，請其轉達不作超越法律範圍之檢查。

此時東北戰場鏖戰正急，國共兩黨正在進行決定中國未來兩種命運、兩種前途的大決戰。蔣介石居然萬里戎機，特地從前線發來電報，阻止有關部門對揚子公司的調查，這就說明此刻黨國榮辱與家族利益已經緊密地結合在一起，也是到了生死存亡的關鍵時刻了。

一個月之後，宋美齡要去美國訪問，蔣介石先是不同意，因宋美齡一再堅持，蔣亦無可奈何。但當她啟行之前，外交部次長葉公超曾向駐美大使顧維鈞傳達了外長王世杰有關接待宋美齡的五點口頭指示，而且說明這是經過蔣介石同意的，其中第四點明確指出：「孔家的人，無論長幼，均不得參加她的活動；她的一切活動均須透過駐美大使館並與之商議安排。」這說明當時在美國人的眼中孔氏家族就是一個貪腐的典型，就連蔣介石也必須讓宋美齡與他劃清界限。一九四九年前後，孔祥熙、宋子文及其家族都先後離開大陸定居美國，但宋子文後來只到過一次台灣，時間也很短暫；而孔祥熙則於一九六二年赴台灣定居，直至一九六六年病重時方返回美國就醫，一九六七年八月十六日於美國病逝。

孔祥熙去世後極盡哀榮，宋美齡親自飛往美國參加葬禮，蔣介石不僅書贈輓幛「為國盡瘁」，還手撰「孔庸之先生事略」以為悼念，這在黨國元老中是絕無先例的。蔣介石在文中自稱他與孔祥熙「久同患難，共仗安危」，贊其「天性篤實，不尚浮華」，「綜理財政，竭慮殫精」，「臨危受命」，「沉著籌維」，「屢使革命大業轉危為安」，歷數孔氏改革財政之功績。在提及孔祥熙於抗戰勝利前夕涉嫌貪腐而辭去本兼各職之事時，蔣介石則將其全部歸咎於中共「千方百計，造謠惑眾，動搖中外輿論」所致，他的理由是，當孔祥熙辭職時留在國庫的黃金和外匯價值超過十億美元，實為「中國財政有史以來唯一輝煌之政績」，僅憑這一點，「其為貪污乎？其為清廉乎？其為無能乎？其為有能乎？」然而當孔辭職之後，「國家之財政經濟與金融事業，竟皆由此江河日下，一落千丈，卒至不可收拾」。這分明是指責宋子文戰後財政政策的嚴重失誤，導致國民黨最終失去大陸。蔣介石對孔祥熙和宋子文的愛憎於此可見一斑。但正如王世杰在日記中所說，蔣介石的「這一評判，未必能平息物議」；而最能說明孔祥熙涉嫌貪腐的真相，卻在蔣介石的日記和相關文件中清楚地記錄下來，成為歷史真實的見證。

宋子文「以行為家」

宋子文（一八九四至一九七一年）早年就讀於上海聖約翰大學，後赴美國留學，先後獲哈佛大學經濟學碩士、哥倫比亞大學博士。回國後宋子文曾長期主持國家的財政和金融，是國民黨內著名的理財專家。

一九三三年十月，由於在理財觀念及措施上與蔣介石發生衝突，宋子文辭去了財政部部長的職務，不久他便聯合了國內最重要的十多家銀行，創辦了中國第一家投資公司——中國建設銀公司，按照宋子文的說法，他就是想成為「中國的摩根」。

▲抗戰前的中國銀行總行座落在上海的外灘。

宋子文雖然暫時離開了權力中樞，但仍參與國內重要財政金融措施的決策。一九三五年三月，宋子文與孔祥熙為了挽救國內日益嚴重的經濟危機，決定發行一億元金融公債，強行對中國和交通這兩家國內最大的銀行注資，並實施人事上的改組。蔣介石十分贊同這一決策，他在致孔祥熙的一封密電中說：「國家社會皆瀕破產，致此之由其結癥，乃在金融幣制與發行之不能統一，其中關鍵全在中、交兩行固執其歷來吸吮國脈民膏之反時代之傳統政策，而置國家社會於不顧。若不斷然矯正，則革命絕望，而民命亦被中、交二行所斷送，此事實較軍閥割裂、破壞革命為尤甚也。今日國家險象，無論為政府與社會計，只有使三行絕對聽命於中央，澈底合作，乃為國家民族唯一之生路。」這就說明，國民政府此時已計劃對全國金融實施統制，正如蔣介石事後所宣稱的那樣：「三行之增加官股，即統制經濟之開始。」

就這樣，國民政府以一紙公債便控制了中國銀行和交通銀行，著名的銀行家張嘉璈不得不黯然離開了他服務了二十多年的中國銀行，而宋子文則以官股的身分進入中國銀行，並成為增資改組後的中國銀行董事長。作為中國銀行的第一把手，宋子文倒也真是「以行為家」，甚至購買古玩，乃至於公館的支出，也都是由中國銀行買單。

庋藏於中國第二歷史檔案館的中國銀行檔案有幾份文件，似乎可以說明一些問題。

第一件是戴笠親筆書寫的手條（如下圖），全文如下：

代宋子文先生購古玩字畫等件，共代付國幣六千七百五十六圓，可向中國銀行趙經理取回。

笠手條

七．二．

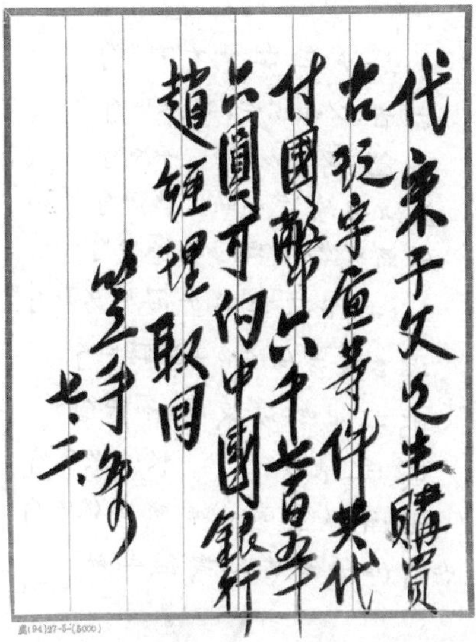
代宋子文先生購買古玩字畫等件共代付國幣六千七百五十六圓可向中國銀行趙經理取回

笠手條

七．二．

同時還附有兩頁購買古玩字畫的明細表：

古玩字畫名稱	件數	價目單
周盂姜銅匜	壹具	叁千貳百元
秦璧	貳方	貳百貳拾元
乾隆五彩磁瓶	壹具	陸百元
清初張曦畫花卉	十幀	肆百元
以上共四件，計肆千肆百貳拾元		
康熙五彩磁盤	壹個	陸百元
明宣德磁瓶	壹具	貳百元
漢銅鏡	壹方	壹百元
蔣南沙畫花卉	四幀	貳百元
以上四件，計壹千壹百元		
宣德門彩龍磁盤	兩個	貳百元
乾隆雕花方磁瓶	壹個	壹百捌拾元
宋畫仙山樓觀手卷	壹幀	貳百元
明卞文瑜山水冊	十二開	叁百元
以上四件，計捌百捌拾元		
外加裝璜各費叁百柒拾陸元，總計陸千柒百伍拾陸元		

戴笠的這個手條只有月日，沒有注明年代，據筆者分析，應形成於宋子文接長中行（一九三五年）至抗戰爆發前（一九三七年）這段時間。其時戴笠擔任國民政府軍事委員會調查統計局第二處處長，是情報和特務機關的首長，照理說與宋子文不論在工作上或是社交中都不應該有過多的來往。由於宋子文一九三一年九月曾遭刺客暗殺（未遂），事後戴笠費盡心思抓捕兇手，因此宋對戴便另眼看待，並視為知己，從戴笠幫助宋子文購置古董這件事中就可以看出他們二人的關係非同一般。

戴笠代購的這批古玩和字畫中不乏珍品，其中最為昂貴的就是那件周孟姜銅匜，價格為國幣三千二百元，這在當時也算是一筆極為可觀的數目了（當然放在今天，此價格肯定還會成百上千倍的上漲，同時本清單也有助於我們了解當時古玩書畫的價格）。銅匜是古代的一種盥洗器。《左傳》有「奉匜沃盥」的話，沃的意思是澆水，盥的意思是洗手洗臉，說明匜其實就是古代盥洗時澆水的用具。孟姜是齊侯之女，嫁給田洹子（桓子）即田（陳）無宇，這個銅匜應該是齊侯嫁女的嫁妝。齊國自齊桓公死後，內部發生紛爭，逐漸失卻霸主地位。至齊景公之世，政權下移於卿大夫，卿大夫之間的兼併鬥爭愈演愈烈。最終田（陳）無宇相繼消滅欒氏、高氏，壯大了自己的勢力。公元前四八一年，田（陳）常殺齊簡公，從此田（陳）氏便完全控制了齊國政權，這就是歷史上所說的「田氏代齊」。目前上海博物館藏有一具孟姜銅匜，上面刻有十五個銘文，不知是否就是當年宋子文購置的那具銅匜？這些古玩和字畫到底是宋子文自己收藏還是代人收購，因缺乏其他證據，尚無明確答案；但可以肯定的一點就是，購置古玩的經費全部出自於中國銀行。

在中國銀行檔案中還有兩張漢口中國銀行的便箋（MEMO），記錄的是中國銀行總行和宋公館一九三八年二月二十五日至五月三十一日開銷的金額，結帳時間是（一九三八年）六月四日，下面還蓋著「漢口中國銀行庶務處」的圓形印章（如下頁圖）：

漢口中國銀行
MEMO.
BANK OF CHINA, HANKOW.
25/2—10/3 $3,151.61
11/3—20/3 $2,181.01
21/3—31/3 $6,496.33
1/4—10/4 $1,597.47
11/4—20/4 $876.19
21/4—30/4 $2,049.79
1/5—10/5 $906.20
11/5—20/5 $1,293.10
21/5—31/5 $1,840.44
合計 $20,392.14
自二月廿五日結至五月卅一日

漢口中國銀行
MEMO.
BANK OF CHINA, HANKOW.
2月份 $4,169.84 (1/3—10/3在內)
3月份 $14,439.32
4月份 $7,417.54
5月份 $6,623.64
合計 $32,650.35
共計國幣叁萬弍仟陸佰伍拾元〇叁角伍分
(行中與公館兩處合併數)

▲ 自 2 月 25 日結至 5 月 31 日

25/2-10/3	$ 3151.61	2 月份	$ 4169.84（1/3-10/3 在內）
11/3-20/3	$ 2,181.01	3 月份	$ 14,439.32
21/3-31/3	$ 6,496.33	4 月份	$ 7,417.54
1/4-10/4	$ 1,597.47	5 月份	$ 6,623.64
11/4-20/4	$ 876.19		
21/4-30/4	$ 2,049.79	合計 $32,650.35	
1/5-10/5	$ 906.20	共計國幣參萬貳仟陸佰伍拾元〇參角伍分	
11/5-20/5	$ 1,293.10		
21/5-31/5	$ 1,840.44	（行中與公館兩處合併數）	
合計	$ 20,392.14		

「八一三」淞滬抗戰爆發後不久，上海、南京即相繼淪陷，中國銀行也隨同國民政府撤到漢口。

十一月二十七日，宋子文隨同一批海上聞人搭乘法國郵輪「阿拉米斯」號離開上海前往香港，即以中國銀行董事長的身分負責向英國等西方國家借款。當時武漢是戰時的中樞，宋子文作為中國銀行的董事長，又是一位著名的理財專家，國家許多重要的財政金融政策需要他參與和制定。在蔣介石和孔祥熙的多次催促之下，宋子文終於在一九三八年二月二十三日由香港飛抵漢口，因此上面這份便箋的記帳日期即始於二月二十五日宋回漢之後。

這裡的數額有兩個，一個是左邊按旬計算的二萬零三百九十二・一四元，另一個是右邊按月統計的三萬二千六百五十・三五元，兩者之差為一萬二千二百五十八・二一元。關鍵是便箋中最後注明的「行中與公館兩處合併數」這幾個字，雖然我們還無法確定總行的開支是二萬零三百九十二・一四元還是一萬二千二百五十八・二一元，但可以肯定的是，總數三萬二千六百五十・三五元是總行和宋子文公館的共同開支數，也就是說，宋公館的日常開支也都是由中國銀行付帳的。

宋子文入主中國銀行後，銀行的業務取得了明顯的增長，據他在中國銀行股東大會上的報告稱，一九三七年四月與一九三五年四月相比，存款增加二點一二億元，放款增加二點二一億元，匯款增加四點二七億元，儲蓄部存款增加四點二億元。抗戰爆發後，宋子文也曾竭盡全力，參與並制定戰時金融政策，並積極向西方國家爭取援助，為堅持抗戰作出了應有的貢獻，但這一切並不能成為宋子文公私不分、以公帑支付私人開銷的理由。

類似這種事例還有很多。戰時宋子文曾長期在美國爭取援助，其間共支出美金六十三萬七千零八十二・八七元，戰後財政部向行政院祕書處發出公函，要求如數報銷。然而國庫署主管部門收到公函及所附清單後卻無法處理，因為「支出憑證，何者屬於院長使用，何者屬於中國國防供應公司，無

▲宋子文就任中國銀行董事長後，主持上海外灘新中行大廈的奠基典禮。

法劃分」，所以只好建議這筆款項「在本年度國家總預算第二預備金內動支」。就連蔣介石對他這種公私不分的行為也極為不滿，他曾在一九四五年三月二十八日的日記中寫道：「見子文要求其在美國已經費用之八十餘萬美金清付之公事，殊為痛苦，未知國家何日得循正規建立之完成也。余決勸導其應照正式手續報告。」

抗戰勝利前夕，宋子文出任行政院院長，不久又兼任最高經濟委員會主任委員，步入了他一生中政壇的最高峰。當時行政院主管審核外匯工作既無一定審核機構，又無詳細法規，核准時或由行政院行文，或由行政院長宋子文個人決定，以便條手諭命令中央銀行撥售外匯。然而經審計部派員審核，其中未經正式程序、違反規定之處甚多。

譬如一九四六年四月五日中央銀行業務局外匯日記帳上就列有宋子文交下的手條：「政府撥給郭世五家屬美金十萬元，以酬獎郭世五君家屬捐獻所藏瓷器，已由院會通過。茲請即由中央銀行開美金一萬元紐約中國銀行支付之支票十張，即交郭昭俊君領取。」然而當監察院奉命進行調查時，便發現了許多疑點，郭氏家屬是否在美國獻捐過瓷器，這批瓷器究竟作何用途，最後又歸何處保存，經詢行政院，均無案可稽，成了一筆糊塗帳。因此監察院調查報告的最後結論是，當此國家百廢待舉之時，宋子文竟「費此鉅量外匯，並非軍政急需，又未照正常手續辦理，實屬難解」。若這批瓷器真的下落不明，那就說明此時的宋子文已不但「以行為家」，而是「以國為家」了。

宋子文的人際關係

外人眼中的宋子文

凡是對民國歷史略有了解的人都知道，宋子文自幼接受的就是西式教育。他早年就讀於上海的聖約翰大學，其後便負笈美國，先後畢業於哈佛大學和哥倫比亞大學。回國後先曾一度經商，未久便投身政界，並一路高升，歷任國民政府的財政部部長、中央銀行總裁、全國經濟委員會常委、中國銀行董事長、外交部部長，並於抗戰勝利前夕出任行政院院長，步入他一生政壇中的頂峰。

由於宋子文的家庭以及教育背景，可以說他是一個完全西化的人，他習慣用英文書寫和交談，但他的國語卻帶有濃重的上海口音，而中文寫作能力就更不敢恭維了，不僅字寫得不好，語氣不通，錯字別字比比皆是。宋子文日常待人接物則態度高傲，目空一切。對於他的這種舉動，美國的《展望》雜誌曾公開批評他「舉止粗魯」，說像他這樣的人甚至在美國都是一個「較不受歡迎的人物」。

一九四〇年六月，宋子文作為蔣介石的私人代表前往美國尋求援助，時任駐美大使的胡適曾在日記中說：「我當初所以不願政府派子文來，只是因為我知道子文毫無耐心，又有立功的野心，來了若無大功可立，必大怨望。」幾年後，當宋子文出任行政院代理院長時，這位平時難得罵人、被人稱為好好先生的胡適聽到這個消息也不禁在日記中寫道：「如此自私自利的小人，任此大事，怎麼得了！」

一九四二年四月，中國軍事代表團團長熊式輝到美後不久就在日記中寫下對宋子文的印象：「數日來與子文接觸，深覺其支配欲甚強，而忮求心更切，即如本團之租屋及購車等細微之事，亦愛干預，遑論其他。」陪同熊式輝一起到美國訪問的外交官何鳳山後來也曾在回憶中描述胡適、熊式輝以及他本人對宋作風的強烈不滿。

如果光是支配欲強倒也罷了，最令外人不滿的還是宋子文那種目中無人、睥睨一切的態度。中國青年黨黨魁李璜晚年曾回憶他於一九四五年四月參加聯合國制憲大會與宋子文同機，目睹宋傲慢自大的情形，所有隨行人員對他的舉止都極為厭惡。另一同行者、著名外交專家張忠紱在他的《迷惘集》中對此也有相同的敘述，而張發奎則在他的回憶中談及一九四六年與宋子文同機的一段故事，與前述情節幾乎一樣，只是情節更加惡劣。

不過宋子文在某些外國人的眼中形象卻很好。英國的沙特爵士（Sir. Arthur Salter）對其曾有一番生動的描述：「身材中等，強壯文雅，面帶東方美，時而沉思，時而虎虎有生氣，其一人具兼東西方之優點，為他人所罕有」；「其英文說寫，俱稱上乘」，但「易激動，敏感，有時沮喪，有時奮勇，容貌動人，在人際關係上稱善才，與中西人士相處皆然」。總而言之，沙特認為，宋子文在西方政治家和資本家的眼中是無人與之相比的，這點無庸置疑。

一九四一年三月二十四日出版的美國《生活》雜誌（LIFE）則以八頁的篇幅介紹這位「蔣介石的神祕妻舅」，全文有褒無貶，稱他是「中國的 **JP** 摩根」，該文還披露說宋與孔不講話，並說宋收藏有不少中國國畫和古董；一九四四年十二月十八日美國出版的《時代》雜誌（TIME）曾以宋子文作為封面人物，並將他與美國開國時期首任財政部長漢彌爾頓（Alexander Hamilton）相提並論。

宋子文擔任外交部長時吳國楨曾任政務次長，作為下屬的他後來回憶說，宋一直被人視為傲慢，瞧不起人，但他與宋交往多了以後，卻「發現他並不是那麼傲慢，而是個很拘謹的人」，因此他認為「如果他有傲慢的名聲，我倒覺得他是拘謹多於傲慢」。

儘管世間人物對宋子文的評價多麼不同，但有一點可以肯定，那就是宋子文對於自己的親朋故舊乃至於下屬還是相當照顧的。宋子文去世後，他的親屬將其收藏的資料交由美國史丹佛大學胡佛研究所保管，其中有一些文件中雖然只是隻言片語，但卻顯示出他那些不大為人知的另一面。

撤退名單

我們可以從很多事情上看出宋子文處理國事與家事上親疏有別的思想，這裡只舉出一些事例予以說明，其中一件事是撤退名單。

一九四一年十二月八日清晨（美國本土時間是十二月七日晚上）日本突襲珍珠港，太平洋戰爭爆發。當時正在美國進行外交活動的宋子文聽到這一消息後立即致電重慶的軍統局副局長戴笠（他還在軍事委員會運輸統制局內兼職），囑他設法將居住在香港的親信迅速用飛機接往重慶。十一日宋子文又致電他的老下屬貝祖詒（字淞蓀，時任中國銀行代總經理），要他迅速將屬下撤到重慶，並親自擬定名單以及撤退的先後次序，曰：

▲ 宋子文成為美國《時代》雜誌的封面人物。

> 港埠工作日少，後方需人孔亟，甚盼各同人速退重慶。如不能同時起行，望依照下列名次，分批運送。請與黃寶賢商辦，多包飛機，並通知港處為要。其一時不克離港者聽便，有空位方可運送眷屬，由康齊、勉仁主持其事，名次如下。

同時宋子文親筆擬定了需要撤退的人員名單及其先後次序：

1 陳康齊	9 張福運	10 陸文瀾	16 楊季忻
2 鄧勉仁	12 周象賢	11 甘介侯	15 蔡壽生
3 程叔度	4 楊錫仁	8 黃憲儒	14 蔣蔚先
5 李調生	6 劉瑞恆	7 李樹芬	13 陳鳳宸

這些人都是宋子文的親信和屬下，從這份草稿中可以看出，宋子文當時是由他的部下先將名單列出，他再考慮安排先後次序的。至於排列的原則是什麼，恐怕也只有他自己才說得清了。我們知道的是，排列第一的陳康齊是宋子文的貼身祕書，排列第二和第三的鄧勉仁與程叔度則是為宋氏經營廣東銀行和南洋兄弟煙草公司的親信。在這封電報之後宋子文還特別囑咐他的祕書陳鳳宸，必要時務必要將所有的文電密本全部焚燬，「惟介公批准港處開支一電」則要安全穩妥地送到重慶，交給他另一位親信倪光華保存。

在這份名單的下面宋子文還給貝祖詒、黃寶賢（中國航空公司總經理）寫了下面幾段話，儘管文字不通，還有錯別字，但畢竟是宋親筆所寫：

貝淞孫、黃寶賢
緊要照此單列先後為評
如有空位方可帶眷屬
如能多包飛機更佳漏了朋友

不知是什麼原因，戴笠直到四天以後才收到宋子文發來的電報。接到電報後戴笠自然不敢怠慢，立即給他的部下蕭勃（公開身分是中國駐美使館武官）發電，讓他盡快將此電轉給宋子文：

蕭勃兄：齊（八日）電頃始奉悉，請即轉呈宋部長賜鑒：（一）港渝飛機自佳（九日）日起即停航，我政府金融機關留港重要人員，除孔、孫兩夫人及光甫、漢章、淞孫外，餘均未離港，委座亦甚焦急也。（二）自昨日起，九龍幾為敵第五縱隊所控制，九龍警察已完全撤至香港，敵機終日空襲，敵炮亦轟擊香港。頃聞九龍已失守，我軍雖下令反攻，但缺乏重兵器、飛機與空軍根據地，香港殊難固守。不知美方能速增軍械機炮否？（三）子安先生與胡小姐之婚禮，晚與宗南兄敬電致賀。笠叩。文（十二日）。

名單上的人員是否全部空運離開香港尚無法確定，但在香港即將淪陷的危難之際，遠在美國的宋子文不惜動用各種關係，讓他們盡快脫離危險，這至少說明宋子文對他的這些屬下還是十分關心的。

舉親不避「嫌」

宋子文雖然早在一九三三年就辭去財政部長的職務，但他仍然希望重新執掌國家的財政金融，因此對於財經部門的人事變動特別敏感。一九四〇年八月二十三日，多年一直出任財政部政務次長的鄒琳奉國府令，調任廣東省政府委員兼財政廳廳長，這一重要的職務出缺，立即引起各方有勢力的人極大關注，私下裡並展開積極活動，遠在美國的宋子文當然也不例外。當宋子文聽說這一職務有可能由顧翊群（季高）接替時，即刻於九月六日致電幼弟宋子安，向他打探消息，然而更重要的目的是要他在重慶活動，因為宋子文希望這一重要的職務最好能由他的大弟宋子良出任，並叫子安「將兄意轉達為盼」。過了幾天，宋子安即回電說，他已將此意轉告給蔣介石，同時聽大姊宋藹齡說，鄒琳的遺缺已內定由顧翊群接任，只是尚未正式公布。又說，財政部另一位常務次長徐堪亦有更動消息，說是要調派軍委會任職，接任者尚不知云云。

也不知是宋藹齡沒有說真話，還是後來情況發生變化，鄒琳的財政部政務次長之職一直到十一月二日方正式免去，接替者為原財政部常務次長徐堪，而徐堪的原職則於次年三月二十四日方由顧翊群繼任。然而不管怎麼說，宋子文想讓其弟宋子良主管財政部的希望根本沒戲。

一九四五年五月，宋子文正式出任行政院長，同時他還兼任外交部長，並負責與蘇聯進行談判。七月十七日，宋子文一行由莫斯科經德黑蘭飛抵重慶，十九日上午宋單獨晉見蔣介石，報告與蘇聯談判的經過。此時他聽說蔣介石要撤去孔祥熙的中央銀行總裁一職，因此他就向蔣表示，央行總裁繼任人選必須由他來推薦，否則便不能承擔行政院長之責，而他推薦的則是其多年的親信、此時擔任中國銀行副總經理的貝祖詒。宋子文還說，美國的外交和財政界官員都是他的知交，以此而加以炫耀。蔣介石聞之大怒，他在日記中寫道：「嗚呼，國人心理，媚外自私如此，而以欺制元首，不問政策，一以個人之名位自保，不知國家與政府為何物，對之可痛心疾首者，莫甚於此也。」第二天蔣介石的氣還未平息，「昨日受子文壓迫，動以不能負責，以美國外援自炫，其性其氣並無一些改變也。」在這之後蔣介石還抄錄了一段《聖經．舊約．詩經第二十八首》：「彼輩口如蜜，心中含辛螫，祈主按其行，報彼諸罪孽。」在本週的反省錄中他接著寫道：「子文自俄回來，其不願負責簽約，是否有意為難，故不能斷定，但其重身輕國之行動，昭然若揭；對於獨占財政、經濟之心思，更不可自制矣。此實為我一生最痛苦之一事，如何使之徹悟悔改，以期其成也。」蔣介石對宋子文行為的惱怒之情躍然紙上。雖然這一職務暫由財政部長俞鴻鈞兼任，但是在宋子文的一再堅持下，半年後貝祖詒還是當上了中央銀行的總裁。

更能說明問題的是宋子文為部下申領勝利勳章。

抗戰勝利後，國民政府為了嘉獎那些在抗戰中為國家和民族作出重大貢獻的英雄，決定向他們頒發勝利勳章。此時宋子文已經正式出任行政院長，走上他仕途的頂峰，但他並沒有忘記他的那些屬下和親信，當然也包括自己的至親。一九四五年十月十五日，宋子文即親自致函國民政府文官長吳鼎昌，直言不諱地為他們向政府申報頒授勝利勳章。信內稱「查前駐美、印中國國防供應公司辦事人員江杓等隨弟多年，辦理租借法案，接濟戰時所需物資事項，均屬辛勞卓著，可否轉陳各給勝利勳章，以示鼓勵」云云。其後並附有名單：

1 江　杓　2 劉景山　3 譚偉學　7 陳長桐　9 陳質平　4 李　榦

6 施思明　5 尹國墉　10 宋子安　11 胡筠莊　18 何憲成　15 張茀臣

13 陳康齊　16 陳廣沅　17 王孝華　12 王守競　8 宋張樂怡　14 江鴻治

19 高炳馨　20 陳文寬

Frederick Delano 德那諾　Thomas Cochran 湯姆．柯克蘭

David Cochran 大衛・柯克蘭
W. S. Youngman 楊門
Whiting Willauer 魏勞爾
Henry Price 畢範里
Gordon Tweedy 崔德
Don Harding 哈定
Miss Hancey Castle 凱薩勒

名單中的這些人大都是二戰期間在宋子文的直接領導下，在美國從事物資供應，負責對中國的抗戰提供軍事物資的重要人物，如著名的兵工專家江杓、王守競、江鴻治，經濟專家李榦、陳長桐，也有當年宋子文創辦中國建設銀公司的班底、戰時到美國協助他工作的老部下劉景山、尹國鏞，以及宋多年的部下祕書陳康齊、張茀臣等人。當然，也包括宋子文的一些至親，如他的弟弟宋子安以及宋子安的岳父胡筠莊，甚至還有宋夫人張樂怡，這正應了中國一句古話——舉親不避嫌。

▲宋氏三兄弟伉儷。從左至右：宋子安，宋子安夫人胡其英，宋子良夫人席曼英，宋子文，宋子文夫人張樂怡，宋子良，攝於1942年聖誕節，美國。

官場潛規則

大概就是因為宋子文平時孤傲自大，得罪的人不在少數，深諳官場潛規則的宋氏幕僚平時免不了經常向他進諫，希望他能夠與同僚及部下搞好關係，聯絡感情，然而卻不知道這樣的規勸發揮多大作用。

宋子文檔案中有一份國民黨中央委員和國民參政會參政員的名單，不僅列出該人的簡歷和特點，還對此人的政治動向、所屬派系有一簡要說明。這份文件沒有注明時間，根據名單中參政員的任職時間推算，應該是第三屆國民參政會（一九四二年七月至一九四五年五月）成員，而這段時間也正是宋子文正在謀求出任行政院最高職務的關鍵時刻。列出這個名單的作者是誰也不清楚，但毫無疑問，一定是其幕僚建議他注意人際關係，抽出時間，分別接見，其目的當然是希望宋子文更上一層樓。

這份名單共有三頁，第一頁列的是幾位國民黨中央委員：

蕭同茲　中央通訊社社長，湘人。幹練，有思想，接近吳鐵城。

王崑崙　主持中蘇文協，蘇人。幹練，思想頗左傾，其夫人有C.P.[13]嫌疑，接近孫哲生。

李敬齋　豫人。正直剛介。

方希孔　皖人，重慶市黨部主任。勇敢，刻苦，正直，接近二陳。

李嗣聰　冀人。北方同志之皎皎〔佼佼〕者，接近二陳，現任監察使。

洪蘭友　蘇人，社會部次長。聰明，靈滑，善應付，生活不甚嚴肅，昔為二陳所提拔，年

13　編注：共產黨（Communist Party）之簡寫。

姚大海　來接近杜月笙。晉人，監察委員。接近于右任及二陳，與傅作義有深交，與閻百川不洽，其人誠厚。

擬稿人在這幾個人的名字之後還加注曰：「以上數人應予以延見，並善加運用。此外如彭學沛、段錫朋、甘乃光、狄膺，似亦予以注意。」

第二份名單共兩頁，主要列舉的是參政員的名字：

冷　遹　禦秋。老成持重。
孔　庚　雯掀。老成持重。
許孝炎（湘）　宣傳部副部長。幹練，刻接近雪艇。
李中襄（贛）　立侯，新聞檢查局。幹練（二陳）。
王啟江（冀）　幹練，接近騮先。
陶百川（浙）　中央週刊社社長。精幹，多方面（鐵城、月笙、二陳均有關係）。
胡健中（皖）　中央日報社社長。幹練（二陳，且接近布雷）。
劉百閔（浙）　對日本問題有研究。
傅斯年（魯）　孟真。學者，自由主義者。
張國燾（贛）　凱音。C.P. 重要幹部反正者。
甘家馨（贛）　友蘭。幹練，接近騮先。
駱美奐（浙）　誠厚，現兼組織部祕書。

王世穎（閩）　合作運動中堅，中政校教授。
陳博生（閩）　自由主義者。
齊世英　鐵生，遼寧人。練達，與張漢卿系不洽，接近二陳。
馬　毅　曼青，黑龍江人。英俊有為（二陳）。
盧　前　冀野，南京人。文學家，長於詩詞，接近于院長。
成舍我（湘）　新聞界老手。
張其昀（浙）　曉峰。地理學者。
徐炳昶（豫）　旭生。學者，學術界極有地位。
程希孟　江西人。極能幹，現任宣傳部祕書（中英文根柢均佳）。
胡秋原（鄂）　善文章，從事文化運動。
雷　震　敬寰。中央委員，參政會副祕書長，接近雪艇。
陳霆銳（上海）　法學者，名律師。
又，周炳琳、張奚若、楊端六、錢端升、皮宗石、陶孟和、楊振聲，均於學術界有地位，但帶有自由主義色彩，刻不在重慶，亦請注意。

上列人名中前六人係國民參政會駐會委員，可見擬稿人排列次序是有所考慮的。這份名單的最後還列舉了幾位工業和金融界的名人：

李升伯　紡織界權威。

楊管北　航業後起之秀。
李軔哉　交通銀行設計處副處長，極幹練。
徐國懋　金城銀行重慶經理，極練達。

從後來發生的結果來看，宋子文很可能接受了其幕僚提出的建議，致力於改善他與這些黨國要員之間的關係，因為不久之後，宋子文的仕途就發生重大的變化。一九四四年十二月初，宋子文出任行政院代理院長。任行政院參事多年的陳克文聽到這個消息後即在日記中發表他的感想：「多年蟄伏的要人如今又抬起頭來了，孔庸之先生的勢力在政治上又倒退了一步。自然在一般人看來，政權始終在蔣、孔、宋一門親戚之內。去冬今春是孔氏勢力最膨脹時期，亦即宋氏勢力最衰落時期，如今已成逆勢，使人有不勝今昔之感，但不知當局者的心境是如何的。」

陳克文的話代表了重慶官場上的普遍看法，孔、宋之間的爭鬥最終是宋占了上風，但沒人想到的是，此時躊躇滿志的宋子文未有多久也同樣辭去行政院長的位子，黯然走下政治舞台。

戰時重慶官場異動

一九四〇年六月，宋子文突然以蔣介石特別代表的身分前往美國尋求援助，並於太平洋戰爭爆發後正式出任外交部長，但仍長駐美國進行外交活動。在美國的這段時間（一九四〇至一九四三）中，宋子文除了周旋於美國政府與財團，還與國內各方頻繁往來，留下了眾多文件，除了涉及當時中美兩國的外交事務之外，還有相當部分是他在留美期間與國內各界人士往來的中文電報。這些電報文稿相當零散，字數亦不長，有些甚至沒有注明日期，內容亦與抗戰及美援沒有多大關係；電報的收受人中既有宋子文的好友和部屬，亦包括不少黨國元老，甚至還有打入蔣介石身邊的「臥底」。更加重要的是，這些電報的內容雖然不夠完整，但卻透露出宋子文鮮為人知的人際關係，以及他對周邊人物的不同態度，從中可以了解蔣、孔、宋之間的恩恩怨怨，戰時重慶官場上複雜的派系爭鬥，或許還能理解此時宋子文雖然身在美國，卻時刻關心國內政治變動的那種迫切心情。

關於借款交涉

在宋子文長期駐美的時間裡，重慶方面與他來往電報最多、看得出也是關係最為密切的人是資源委員會副主任委員的錢昌照（字乙藜）。據錢昌照後來回憶，抗戰初期有一段時間他幾乎每天都在宋子文重慶的怡園公館吃早餐，二人之間有什麼事都相互商量，即使以後宋出國，彼此之間也還經常有電報來往。錢昌照的回憶中並未透露電報中的內容，但宋子文卻將這些電報保留了下來，讓我們了解了他們之間的一些祕密。

此次宋子文到美國最重要的任務就是洽談新的借款，但他的活動卻遭到孔祥熙等人的攻擊和抵制。一九四〇年八月三日，錢昌照在致宋子文的電報中報告孔祥熙、陳光甫攻擊宋在美國借款的事：

「孔謂先生氣量狹小，又謂在外接洽碎屑零星。光甫謂上兩次桐、錫借款成功，全靠彼與摩根索私人關係。此次先生在外接洽，希望極小云云。」

九月二十一日錢昌照剛剛回到重慶，即將他所觀察到的情況向宋子文報告，他認為孔和陳光甫「對先生借款仍在破壞」，因此「甚盼借款能從速解決，則一切可無問題也」。九月二十三日，宋子文表示，「五千萬美金實不能濟急，然卻之不恭，且不無補益，自當承受」，然而他又明確表示，以後所有借款「請兄全權辦理」，說明此時蔣對宋還是相當放心的。

鎢砂借款完成之後，為了穩定中國的貨幣，宋子文繼續與美國和英國政府商談，希望英美雙方向中國提供借款，成立中美和中英平準基金。孔祥熙對宋子文的活動不但不予支持，反倒四處進行攻擊。十二月十七日，宋子文的部下、中國銀行副總稽核霍亞民致電宋子文說：「孔在小組會報告，鈞座借款談判困難甚多，因英、美當局要求嚴格管理，免敵套取。又對中英平衡會及楊格極有煩言。當時外界有人主張不維持上海市場，故孔謂將來外匯保全，請先以重慶為中心。對鈞座來電建議四點，多數贊同，故孔勉允。」宋子文接電後立即回電指示：「此後孔及渝各方對借款等事如有意見，請即密告。」

除了錢昌照之外，宋子文在重慶還有一個重要的眼線叫古達程，此時正任委員長侍從室祕書，更

94

能接觸到蔣氏夫婦的往來函電，因此對於宋子文來講，古達程的作為可能更為重要。一九四一年四月十一日，古達程在致宋的一封電報中透露：「孔趁開會時機輪流宴請參政員及中委，席間每以鈞座為攻擊對象，誣蔑棉麥借款及平準基金之辦理不善，又謂鈞座未盡量利用國際局勢，致美方援我不能澈底云云。」

四月二十五日，平準基金借款合約正式簽字，宋子文致電蔣介石，一半是表功，一半是告狀：「文奉命來美，經十月之苦幹，賴鈞座督促，於今得告一段落。關於平準基金事，聞有人於八中全會及參政會向各委員對文相當施攻訐，幸鈞座明察，勿以為罪。本日起對維持法幣問題，悉聽財部措置，文未便再參末議矣。」

孔祥熙雖然對宋子文在美國的活動極為不滿，但他作為行政院副院長兼財政部長，表面上還是不得不致電對宋加以讚揚。然而宋子文對此卻並不領情，他隨即在抄電上草擬覆電，要求蔣和孔明確說明，到底借款應該由誰負責，他認為只有這樣才可「決定責任」。因為棉麥借款是三〇年代初南京國民政府成立後為了尋求西方的援助，向美舉借的最大一筆借款，而平準基金則是中國政府為了穩定美元、英鎊與法幣之間的匯率，剛與美英兩國政府簽訂的一個重要協議。這兩筆借款都出自宋子文之努力，而孔祥熙卻暗中對此大加攻擊，可見雙方之間積怨已久，矛盾亦日益明顯。

重慶官場的異動

此刻宋子文雖身處大洋彼岸，卻時刻關心國內的局勢，特別是重慶官場上的變化。一九四〇年十二月九日錢昌照的一封電報雖然很短，但卻透露出最近重慶官場的近況：「最近公權等因岳軍外放而畏懼，孔因先生借款成功而恐慌，中央政局頗露不安之象。」

張群（字岳軍）是政學系的領軍人物，一九四〇年十一月由原國防最高委員會祕書長改任軍事委員會委員長成都行轅主任，兼理四川省政府主席及保安司令。從電報上看，他的外放在官場上引起不小的震動，同是政學系成員的交通部長張嘉璈（字公權）心裡就感到有些不自在，而孔祥熙對於宋子文在美國借款活動中所取得的成績卻心存嫉妒。

抗戰進入相持階段以後，大後方的貪腐現象開始蔓延，政府原本設立若干平價機關的目的就是為了壓抑物價，保障供應，沒想到此一舉措非但未能達到目的，反倒引起重慶官場爆發激烈的爭鬥，蔣介石為此大為惱怒。十二月二十三日錢昌照在電中透露，「介公對物價極灼急，孔一味敷衍，毫無辦法。弟認為整個政治如不刷新，前途可慮，嚴重當不至物價一端也。」十二月三十一日，錢昌照再次報告：「介公大不滿於平價機關，前日扣留農本局、燃料管理處、平價購銷處三機關高級職員多人。該三機關均屬經濟部，翁部長或將因此辭職。」

這封電報說的是經濟部商業司司長兼平價購銷處處長章元善、重慶日用品批發所所長壽墨卿以及農本局、國貨聯營公司眾多工作人員一九四〇年十二月底突遭被捕之事，蔣介石的目的，就是想「借人頭，平物價」；然而此案的背後，則牽扯到孔祥熙、徐堪等財政部門高官與經濟部負責人翁文灝、何廉之間的鬥爭。

一九四一年一月二十三日經濟部部長兼資源委員會委員長翁文灝致電宋子文，向他報告國內情形：

目前國內經濟殆於崩潰，本年度國庫不敷六十萬萬以上，各省物價較戰前漲五倍，川、滇兩省已過十倍，四川糧價漲至十五倍。公路運費，緬甸至渝，每噸萬元，衡陽至渝八千元，倘日加緊封鎖，必續漲。政府舉棋不定，物資或更缺乏。美雖決心抗日，我自力不支，內變紛起，殊可慮。兄何時返，介公頗望美財政經濟專家來華協助，最好能改變行政機構。如未能及早實行，則設戰時經濟組織，延中外專家籌劃，改善金融、運輸等事，遲恐更難挽救。中、美同一戰線，我如崩潰，美亦不利，請妥籌補救，幸甚。

二月二十六日宋子文又致電給古達程，希望能從他那裡了解蔣介石的態度，並詢問近期是否可以回國。因為國民黨將於三月下旬召開五屆八中全會，宋子文作為中央執行委員及中央政治委員會委員，理應出席會議。原來蔣對他回國參加會議的態度是，「能於三月杪回最好，如屆時交涉未完，則緩行亦可」。宋子文也想觀察一下動靜再作決定，但其後蔣又多次來電讓他回國，這就讓他多心了。三月六日，宋子文在致駐英大使郭泰祺（字復初）的電報中也透露了他此刻的心情。同日他又致電錢昌照，說蔣介石多次催他回國，「究竟政府是否將有澈底改組，請密探詳示」。

錢昌照收到來電後即於八日回電說：「介公對亮疇不滿，雪艇等在介公前為復初吹噓。以弟觀察，大會後即有變動，或僅更換一二部長，無補大局。倘介公真的準備澈底改組，定有急電邀請先生回國也。」

錢昌照的分析沒錯，八中全會之後行政機構進行了局部調整。王寵惠（字亮疇）既是國民黨的元老，也是老資格的外交家，抗戰爆發前即擔任外交部長，然而蔣對其主管的戰時外交工作並不滿意，五屆八中全會之後就將其調出外交部，後改任國防最高委員會祕書長。而此時擔任國民黨中央宣傳部部長的王世杰（字雪艇）又出任中央設計局祕書長，他與蔣的關係甚為親近。四月十日，郭泰祺果然接替王寵惠的職務，出任外交部長。

六月初，國民政府內部醞釀，調中央信託局常務理事俞鴻鈞到財政部任職。消息傳到宋子文耳中，他即於六月三日向古達程詢問其中原由：「兄前電稱孔夫人反對俞鴻鈞任外次，今俞忽任財次，究竟內幕如何？」六月五日，俞鴻鈞正式接替徐堪的職務，出任財政部政務次長。在這前一天古達程向宋子文報告說：「俞鴻鈞在信託局極得孔夫人賞識，反對俞任外次，恐他人奪其幹部，故力薦為財次，以便充分利用。」

宋靄齡在政府中沒有任何職務，但從俞鴻鈞的任命一事上即可看出她的勢力有多大，她不想讓俞任外次，俞就不能當；她要俞出任財次，則沒有人能夠阻擋得了。宋藹齡雖然是宋家大姊，但在事關家族利益的重大問題上，夫婦之間的關係終究還是超過了姐弟之間的情誼。

爭奪中國銀行

宋子文自從一九三五年出任增資改組後的中國銀行董事長之後，便將中行視為禁臠，絕不允許他人染指；而孔祥熙則是國家財政金融的最高負責人，屢屢插手中行事務，目的就是要完全控制中國銀行，因此孔宋二人之間發生的許多爭拗就是因此而產生。按照孔祥熙之子孔令侃的報告，抗戰初期宋之所以不肯出任廣東省主席或經濟部部長，是因為此時孔祥熙當上了行政院長後，「財政當局覬覦中國銀行」；而且宋子文還對國民政府剛剛進行的機構改組極為不滿，「宋未出山，認為係委座及鈞座未加贊助所致」。

抗戰爆發後，中央決定中、中、交、農四行在上海成立四行聯合辦事處（簡稱四聯總處），因財政部長孔祥熙當時正在國外訪問，四聯總處即由宋子文主持全面工作。然而孔祥熙一旦回國，便將四聯總處牢牢地掌握在自己手中。特別是一九三九年四聯總處改組之後，孔即以副主席的身分（主席是蔣介石）全面操控國家的金融大權，祕書長徐堪（字可亭）更是大權獨攬，導致副祕書長徐柏園意欲辭職。一九四〇年十二月十二日，中國銀行副總稽核霍亞民向宋子文報告：「近來可亭處理四聯事多不報手續，柏園擬向委座辭職。如柏園去，四聯將更妄為，故勸緩提辭呈。為國為行計，敬乞鈞座密電挽留。」宋子文接到信後即致電徐柏園，對他竭力加以挽留，表面上是囑其「為黨國計，此時無論如何困難，我人應繼續奮鬥，望勿消極」，而真正的目的當然是抵制孔祥熙的進攻。

此時宋子文的另一親信、中國銀行副總經理貝祖詒（字淞蓀）剛從重慶返回香港，亦於一九四一年一月九日致電宋子文，除了報告蔣介石要徹查平價機關之事外，更重要的也是匯報孔祥熙欲插手中國銀行一事。電報曰：

> 詒離渝時孔囑將本行去年帳目及盈餘款、外匯存款等開列細帳寄閱，並稱委座極注意此事，中央已先辦等語。應否照辦，乞示。委座對政府平價無效深致不滿，因此徹查經濟部所屬平價處、農本局等帳目，並將重要職員拘詢，不免引起物議。現聞平價事已由孔負責主辦。

宋子文接電後即於十四日回電，命其「可根據以前致委座報告酌報孔，惟可稍緩送閱」。

太平洋戰爭爆發後，宋子文出任外交部長，但並沒有放棄中國銀行董事長的職務，對此孔祥熙自是極不滿意。一九四二年三月十六日，宋子文致電宋漢章和貝祖詒，公開挑明他與孔之間的矛盾：「孔對行及本人蓄意摧殘，已非一朝一夕之故。其人虎頭蛇尾，兩兄不必過慮。但我行內部，如有侵害社會、自私自利之徒，亟當不待外間指摘，隨時自行察辦。」

六月二十九日，宋漢章、貝祖詒聯名致宋子文電報中報告了孔祥熙欲以增資加股的名義，達到他控制中國銀行的企圖：

儉日可亭、健奄奉庸公命，召集中、交、農三行重員會談，正式提出：（甲）三行加股問題。略謂統一發行實施期近，政府為加強三行實力起見，決定中國增資二千萬，改定股本總數六千萬；交通、農民各增資三千萬，均改定股額各為五千萬。當以中、交增資，照章須由股東會通過，現在股東會無法召集，應如何使兩行得法律上之保障，請研究。商議再三，主張：（一）由政府訓令三行將來各行開股東會時，如商股股東通過增加商股，政府當予考慮；（二）商股董監事名額暫不更動，商股董事仍為十二人。（乙）修改三行條例問題。（一）應注重專業化，力避業務上之重複衝突。當以就世界大勢而論，固屬緊要，但抗戰期間四行經四聯總處之指導，通力合作，尚感難於應付，此時若嚴格注〔？〕以專業，深恐力量分散，利少害多。遂決定三行條例應依照專業意旨規定，但在抗戰期間，得另定過渡調整辦法，由四聯總處審察情形，逐步予以調整。（二）組織。擬三行董事名額一律增為廿五人，本行方面由政府再加派官股董事四人，常務董事名額擬不加，惟總經理可不必兼任常董，其常董缺額，擬將由新派官股董事中補充之；監察人由七人增至九人。以上各點係擇要奉陳，庸公擬於星期二行政院例會提出，但本日商討後，以為萬來不及，擬請展緩二星期再提。惟無論如何，財政部預定三行將加派董監事在所難免，葉萊缺額亦必補派。加派董事之後，在公出國期間，庸公或以常董資格召集董事會，亦未可知。漢等應付艱局，益感痛苦。公有何指示，敬請電覆為叩。

同日，當宋、貝聯名致電後，貝祖詒又單獨去電加以解釋：「此次財部所擬增加三行董事原屬意中，並非對本行有特別惡意，吾等行宜忍耐，鎮靜處置，不必過於計較，引起他種誤會。此等虎頭蛇尾之事已屢見不鮮，要在應付得當耳。」

對於孔祥熙欲搶占中國銀行的企圖宋子文早有防範，他於八月四日致貝祖詒的電報說出了他的計畫：「最好辦法，官商股常董各加一人，或原任商股常董五人中，以一人為官股常董。若不可行，弟可退讓。漢章兄為本行砥柱，數十年勞苦功高，不可不維繫。」

八月八日，貝祖詒回電報告最新的情形：「昨四聯會議，四川絲業公司有董事長兼經理之組織，孔謂董事會為立法機關，董事長未便兼任經理。此次修正本行條例，常董官五商四，恐已無法更動，將來談到人選時，仍照尊豪電指示，堅持漢老仍兼常董。但所慮者，在公出國期間，若漢老仍不能代公為董事會召集人，則必引起其他糾紛。請公先予研究，並將鈞意電示為荷。」

九月五日貝祖詒再次致電宋：「柏園來云，庸公昨詢本行外匯究竟暗藏若干，囑其特別注意。渠勸詒將本行外匯清單報送庸公。如公以為然，擬照辦。」宋子文即在該電文上手批：「外匯單如本行已向政府具報告，不必另例單交孔。」宋子文對孔祥熙控制中國銀行的企圖雖然百般防範，竭力阻撓，但最終孔還是接替了宋，於一九四四年二月出任中國銀行董事長。

蔣、孔、宋之間的關係

宋子文自幼便出國留學，接受的是西方文化，且生性清高自傲，年紀輕輕就擔任高職，不把別人看在眼中，也缺乏傳統中國官場那種文化的修養，往往在不自覺中便得罪了人。他在處理人際關係中最明顯、也是最重要的就是與妹夫蔣介石、姐夫孔祥熙之間的關係，幾大家族原本可以精誠團結，榮辱與共，但實際上他們之間卻存在著諸多矛盾。

抗戰爆發時蔣介石作為國民政府的元首，地位已經無人可以取代，因此宋子文對蔣介石的態度與以往相比也發生了改變，雖不能說是百依百順，但肯定是不敢公開反對，為了重新登上政治高位，他還時常暗中了解蔣介石對他的態度。然而宋子文與孔祥熙之間的矛盾卻日益激烈，就連蔣介石也不得不從中斡旋。

宋子文在美期間與孔祥熙的矛盾更加嚴重，一九四一年一月三日宋子文在致錢昌照的密電中一方面繼續攻擊孔，同時也對自己日後的行動表示擔心。他認為，眼下「介公仍被孔等愚弄，回國亦無意義」，覺得可能還是暫時留在美國觀察一下比較合適。但在美國又與胡適無法合作，「恐暗中冷淡，諸事均唱獨角戲」。因此希望錢昌照與顧孟餘幫他出出主意。

一月六日，錢昌照回電稱：「弟與孟餘先生均認為最近國際政治中心在華盛頓，有暫時留美的必要。中、英、美遠東合作及派遣專家等事，在華盛頓接洽較為方便。國內政局尚未至明朗化，除非介公電催速回，屆時加以考慮外，似不應遽作歸計。」

正在此時，皖南事變爆發，國內政治局勢十分緊張，國民黨內有人希望由宋子文出面斡旋國共兩黨之間的關係。二月十二日，國民黨中央執行委員、曾代表國民黨與中共祕密談判的張沖曾給宋子文發去一電，向他報告蘇聯方面很關心皖南事變的影響，並問他是否回國參加五屆八中全會。而三月二十三日張沖給宋子文的電報中希望宋回國主政的意願說得就更加明顯了：「中共以中央未採納共黨十二條辦法，暫不出席中央所召集一切會議，但周恩來與委座間仍直接商洽調整，大體安靜，八中全會或提付討論。鈞座如出面贊襄委座，則此事易得一解決之道，黨內國內對鈞座屬望皆甚殷。」

然而四月六日古達程在密電中卻報告說，他親眼所見宋靄齡給宋美齡的信中「堅決反對俞鴻鈞調任外次」，並計劃讓蔣介石任命宋子文出任駐美大使。宋子文收到電報後即於四月七日回覆古達程，電文雖很短，卻對其大姊的行為極為不滿：「孔夫人又擬支配政治，甚為明顯。委座對弟究竟如何，應否回國，以免被迫為大使。再，光甫有何新活動，均盼密告。」同日，宋子文又致電詢問錢昌照：「各方對孔不滿，孔有無放棄財部、交光甫代理意？」

宋子文此時陷於兩難，原打算留在美國靜觀其變，待到時機成熟時再回國重出江湖，沒想到孔祥熙竟計劃讓他出任駐美大使，長駐海外，這絕非宋的初衷。

抗戰爆發後，國民黨為表明開放政治，開放黨禁，特別邀請各黨各派以及無黨派的賢達人士，成立國民參政會，一九四一年三月一日，國民參政會第二屆第一次大會在重慶召開。曾任外交部兩廣特派員的甘介侯也是連任兩屆的參政員，他與桂系的淵源很深。四月七日他在致宋子文的電報中報告了會議期間的動態：「參政會時有抬孔抑政學系計畫，但大會時內定世杰長外交，鐵城赴歐美，政系得勢，孔及他系遂反攻。結果杰改郭，孔推維幟代吳，惟杰、郭與汪一片，各方認為和平準備。」

四月十日，錢昌照來電報告：「就弟所知，孔無放棄財部之意，各方對孔不滿由來已久，但介公迄無決心根本改組政府耳。孔夫人建議任先生為美大使，顯有作用，其目的當在鞏固孔之地位也。」

同日，古達程亦覆電說：「委座對鈞座現極信賴，惟孔在參政員及全會各中委前竭力攻擊鈞座，幸各人咸知孔之為人，多不直其所為。八中全會鈞座未回國，在美任務若未終了，此時似不宜回。是否有當，尚祈鈞裁。光甫尚未聞有何新活動。」宋子文接到此電後並不罷休，仍去電古達程，要他繼續報告「孔在參政會及大會攻擊之言詞」。

宋子文此時僅僅是以政府代表的身分在美國尋求借款，在他看來實在是名不正，言不順，因此屢次要求中央委以行政院副院長的頭銜。蔣介石對此卻另有想法，但他又不便直接拒絕，只好予以敷衍。他在五月七日致宋的電報中說：

副院長事屢想提出而未果者，總以官制不能常變，猶恐為他人所譏評。且此案必須經過立法手續，決非如普通提議或一紙手令所能發表也。故中於此尚不敢斷行，必須待其他官制亦有改革時提出，乃不著痕跡，其事較易。此時惟有經濟會議主席為中自兼，擬推兄屈就，或恢復經濟委員會，推兄為委員長。此皆不必經立法程序，故其事較順耳，未知兄意如何？

宋子文還時常向貝祖詒打探消息，五月九日，貝向他報告說：「數星期前有人傳述共黨方面主張公出任行政院，國共方有調解希望，現已無人談及。未知重慶有無其他宣傳。」

五月二十一日錢昌照又覆電告知近況：「弟亦認由介公手令為妥，倘介公表示贊同，弟自當分勞，但介公如詢及孔，渠以先生在美接洽，對弟最近與國內軍政各方聯絡均極注意，或將反對。」因為未見宋的來電，這封回電的意思還不是很清楚。五月二十八日錢再致電宋：「關於代表接洽事，蔣商孔，孔不但反對，且中傷，弟早已料及。重慶烏煙瘴氣，前途可慮。孟餘先生等均極悲觀。」

六月二十四日，甘介侯從重慶發來一封密電：「（一）福克斯返港，謂在渝所得印象頗滿意，惟孔財政辦法理論殊奇特，並稱中央已准將排除羅傑士；（二）美財部駐港代表告侯謂，美財部及福均對羅印象不佳，公向美財部提出羅後，美財部態度冷淡，英大使及李滋羅斯向中央推薦羅，中央答以羅非中國之友，此係孔作梗；（三）委員會將全受孔控制。」

聽到這麼多不利的消息，特別是原中英平準基金會主席羅傑士（Cyril Rogers）曾與宋共事多年，眼下平準基金借款剛剛簽定，羅即被趕出局，宋子文的心情自然十分低落，六月十一日他在覆貝淞蓀的電報中抱怨說：「兄、羅及弟三人努力基金事四年，此次借款幸而告成，羅竟得如此結果，未免不平，可為太息。嗣後對於平衡基金事只可奉令遵行。」七月六日，宋子文在致林維英的電報中亦告誡他「處此環境之中，不宜有所主張，羅傑士可為前車之鑒，慎之為要」。

宋子文欲倒孔，但有些事又不便親自出馬，因此想透過國民黨元老李石曾向蔣介石進言。一九四一年六月十五日，錢昌照將李石曾到重慶的消息告訴宋子文，稱「已將一年來政治內幕詳告，並共同斟酌晤蔣時應持之態度」。十九日，李石曾兩次面見蔣介石之後立即致電宋子文：「介公兩次晤談，函件已交，尚無機會及於具體問題，惟曾一再約弟往住黃山，裨利靜談，彼時或為較好之機會。」然而這時宋子文卻等不及了。六月二十三日，他致電李石曾：

> 最近孔在重慶，爪牙密布，幾有清一色之勢。今春大會，有人建議改組政府，介公謂君等以某某貪婪，故有此舉，然代之者其為爭奪政權，亦可想而知云云，意似指弟而言。領袖之不諒如此，益增悚愧；但我輩一本赤忱，為民族、為國家，只有不顧一切，努力盡我個人之職責。介公處茲環境，先生前電黃山談話，恐難有澈底之效果耳。

「今春大會」指的就是國民黨於一九四一年三月下旬在重慶召開的五屆八中全會，當時在會上確實有一部分中央委員建議改組政府。然而由於蔣介石的袒護，倒孔未能成功，僅僅是郭泰祺接替王寵惠出任外交部長。所以王世杰在四月三日的日記中寫道：「此次全會，外間切望財政部長人選有更動，會畢，竟無更動徵象，外間不免失望。」毫無疑問，這裡所說失望的人一定包括宋子文在內。

錢昌照七月三日自重慶來電報告說，李石曾與蔣介石見面時曾多次提到宋，但「介公總不接嘴，對適之更不提起」。因此他認為「此事介公當在與孔等商榷中」。七月八日錢昌照再來電，建議宋子文聯合部分友好，共同「建立新秩序」。

七月二十六日，李石曾給宋子文發去一封長電，主要內容有以下六項：

（子）兩週前弟告介公，一、二星期返渝後由滇來港，因滇、港均有研究院工作。在川、滇時染腸胃病迄未愈，前重漸減，港醫囑稍留治，均告介公。（丑）兄與介公及家庭關係，抵渝時乙藜謂此來頗被傳為兄運動，必須多方戒備，因此引起弟對介公及兩夫人態度言論之注意。以弟觀察，介公、孔夫人皆避談兄事，介公且避談適之，故擬緩言。嗣迭接尊電促進，事關大政，不敢再延，而來函介公未可否，對兄態度冷淡無可諱言。介公用人行政，自有權衡之見甚深，雖常命兄作事，但絕不願由兄使其被動。（寅）幸介公大方針不錯，抗戰前途頗可樂觀，雖對兄不起，然兄為國必可諒而笑置之。弟常請兄作哲學工夫，此其時也。兄赤忱為國，當不計一時艱苦，介公外態且淡，實際倚重性未減，兄只有盡忠，終有良果。（卯）蔣夫人對兄尚好，極宜維持兄妹好感。若夫人對兄如何如何，最好置之不問，見怪不怪，亦有效哲學。蔣夫人好學勤工，法文上亦有進步，與談學識，亦極注意，弟親見病中仍為介公服務，兄不可視為無識小妹。（辰）介公領袖自雄，對庸公亦非盡信，且已有小裂痕。庸近因病，裂痕或又無形消滅，否則一旦忽而捨孔用宋，亦在意中，此稚老言不為無見。介公對兄雖表面不好，亦或正欲用兄，世事往往不宜皆看正面。非孔病，弟願兄回國一行，必可接近情感，便利工作，但萬不可於孔病時返渝！（巳）此次弟與介公友誼上雖親善，但無法有裨兄之工作，至歉。弟擬暫不西行，在港、滇就近致力研究工作，偶一赴渝，俟孔病癒，兄回國後面詳，再定行止。尊意如何？

宋子文認真地研究了李石曾的來電，七月二十九日回電曰：「弟素性激直，不能與俗俯仰，處茲環境，艱難阻撓，亦意料中事，此後惟有謹守時勢許可之範圍而已。」並表示他目前不打算回國。

八月八日宋子文致電古達程，急欲打聽蔣介石對孔祥熙的態度，並要他立即電覆。十五日，古達程回電曰：「聞各方攻擊孔院長，委座對之亦不滿。現孔在南溫泉養病。」

八月十五日，宋子文致電告訴宋子安，蔣介石曾來電，說行政院準備進行改組整頓，希望他能早日回國，囑其打聽「友人意何如」。同日，宋子文又將這個消息告訴錢昌照，並說「同時接渝電，各方攻擊孔甚烈，委座應對其不滿。弟在美進行借款，至少須一個月。兄意何如？」向他們徵求是否回國的意見。

錢昌照八月二十五日來電稱：「李惟果來談，謂孔方常在介公前攻擊先生與弟及辭修等，希望我等注意。弟答以我輩為抗戰關係，惟有盡心力為之耳。」

此時貝祖詒原想透過宋子文的關係前往美國，但宋卻以為這恐怕更為不利，八月二十八日宋回電曰：「孔對弟嫉視有增無減，是以兄來美之議，以另籌善策，託他人提出較妥。」十月二日，宋子文又致電戴笠，想透過他打探消息：「推測委座意，仍欲弟留美續借款購機及國際間其他工作，一時恐不能回國。兄意內政方面是否有急回之必要？」

錢昌照十月七日來電說：「頃與孟餘先生詳商，介公如不電催回國，則似可在美多留二月，惟盼對日美變化特別注意，如發生問題，歸途或將感到不便也。」

古達程十月二十七日報告孔氏夫婦身體不適，可能最近要出國治療的消息：

孔數月前曾患小便不痛〔通〕癥，孔夫人、蔣夫人亦以暫疾未愈，本擬同往香港就醫，若港方無法，有逕行赴美一說。後孔病經諾爾治愈，而夫人以時局關係亦不果〔？〕行，赴美說恐已作罷。昨蔣夫人回渝，職親聞其與孔夫人通話，孔夫人現患心臟病，立即往視，深夜始回。故蔣、孔兩夫人仍有赴港就醫可能。

然而不久之後國際反法西斯戰爭發生的重大變化，使得國內外的政治架構出現轉變。

出任外長之後的宋子文

一九四一年十二月八日，太平洋戰爭爆發，國民政府隨即向日本和德國、義大利三國宣戰，並與英國和美國結為同盟。因此宋子文的地位迅速提升，十二月二十七日宋被任命為外交部長，但他仍然留在國外，繼續向英、美洽商借款。此時宋子文真可謂春風得意，躊躇滿志，一心想幹出番大事業。錢昌照接到他的來信後也為之興奮不已，他在一九四二年一月四日致宋的電報中說：「豔電奉悉。介公對真有幹才者可用之一時，絕對服從者可久用之。復初非此兩者，故不能安於位。至外間所傳兒女問題等，以弟推測，尚非主因也。」

然而他們並不知道的是，蔣介石此時雖然任命宋擔任外交部長，但其實對他並不完全信任。特別是宋自以為是，自作主張，對於美國意圖透過借款來控制中國軍隊的要求也予以應承，因此引起蔣介石的極大不滿。他曾在一九四二年一月的日記中相繼寫道：「子文對財政無自立方針，始終受英人之迷惑，不能脫離之羈絆，而且執迷不悟，殊可嘆也。應善導之，使之覺悟。」「子文私心與野心不能改變，徒圖私利，而置國家於不顧，奈何？」「英美以借我軍餉，且每月分撥，盡用心之鄙吝與侮辱中國已極。而子文贊成，尤為痛之至。……子文贊成美國提案，盡失國體與人格不顧，痛憤無已。本擬電稿痛斥其非，後乃克制緩和，重擬復電，免致懷恨抱怨也。」

當時大後方各地正掀起一股倒孔風潮，對此蔣介石認為：「昆明聯大學生遊行反對庸之，此事已成為普遍之風氣，不能不令辭去，但此時因有人反對而去則甚不宜也。國人與青年皆無辨別之智能，故任人煽惑矇混，以致是非不彰，黑白顛倒，自古皆然。」對於各地的倒孔風波蔣則認為這是「政客又想借《大公報》〈整頓政治〉一文，在各處運動風潮推倒庸之，應以澹定處之。」二月三日，蔣介石又致電宋子文，強調「以後關於借款事，凡與中各電，請另發庸兄一份，並照手續對財政部電商辦理」。這就非常清楚地看出，蔣對孔和宋二人的態度有多大的區別。

三月二十一日，經過宋子文的多方游說，美國向中國提供五億美元的借款協定終於簽字，這也是抗戰爆發後中國向西方尋求數額最大的一筆借款。但孔祥熙對此不但不高興，反而還加以攻擊。宋的親信貝祖詒將其所了解的情形向他報告，三月二十五日宋子文在回電中稱，有關孔祥熙暗中破壞之事「抗戰後已屢見不鮮。今大借款案告成功，更是孔發動機會，希照以前方針，妥慎應付為要。如有內幕，希即密告」。

四月二十三日，宋子文以退為進，主動向蔣提出辭職的要求。蔣介石此刻需要宋子文在美國進行外交工作，因此立即覆電，一方面對他的工作予以獎勵，更重要的則是對其辭職力加勸阻，讓他「為公為私，任勞任怨，勉為其難，不再言辭，以免外間猜測也」。其後，蔣介石又致電宋子文，稱他身旁苦無親信人士與美國軍事代表切實聯繫，經與宋美齡商議，「只有子安弟可勝任此工作，請即囑其回國服務」。看來這也是拉攏宋子文的一種手段。

一九四〇年宋子文作為蔣介石的私人代表赴美洽談借款，他的這種特別身分以及為人處事的方式與駐美大使胡適格格不入，因為胡適認為宋子文「毫無耐心，又有立功的野心，來了若無大功可立，必大怨望」。太平洋戰爭爆發後，宋子文出任外交部長，但卻不回部主持工作而長駐美國，這就更與中國駐美使館的工作發生衝突，宋子文甚至連國內發來的電報都不給胡適看，因此胡適的卸任也就是個時間的問題了。然而駐美大使由誰接任，這在重慶的官場上又掀起一陣不小的風浪。最後，蔣介石接受了宋子文的建議，由原任行政院祕書長、現任駐法大使魏道明接任。

胡適接到離任的電報立即回電曰：「適奉命使美，四年以來常感任大力薄，深負國家重寄。茲蒙中樞垂念病軀，解除職務，十分感謝。此後當理舊業，專心教學著述，以報國家。」胡適話雖這麼說，心中還是甚為不滿的。八月二十日，宋子文在華盛頓邀請即將卸任的胡適共進午餐，只有他們兩人在場。其間宋竭力推卸責任，說他這個外交部長徒有虛名，其實什麼事也不知道。然而一年多之後胡適在日記中談到這次聚會時卻這樣寫道：「當時我以為子文是愛面子的人，他說的話也許可信。……近來幾個月之中，我得到兩個可靠消息，才知道魏道明確是宋子文保薦的。其實他何必對我自辯？他的『撇清』，只足使他成為一個說謊的人而已。」

胡適被撤換的消息公布後，在大後方立即引起一片不滿的聲音，矛頭直指宋子文。九月十五日，財政部次長徐堪自重慶來電：「最近此間對公有兩種議論，（一）外長長住外國，有損國家體面；（二）魏繼駐美大使，中外失望，有害中美國交。堪固知我公用魏別具苦心，但言者甚眾，無法普遍解釋。」

同一天貝祖詒也來電，對徐堪的講法加以解釋：「可亭電第二點確有傳述，但是一時現象；第一點或因第二點引起，但尚無普遍攻擊。」

十六日宋子文又致電錢昌照，向他了解重慶政界的反應。第二天錢就回電曰：

◀駐美代表宋子文與駐美大使胡適。

政學各界均對魏不滿，即庸之、亮疇等，為恐牽累，亦向人表示魏非適當人選。弟竭力沖淡此種空氣，但仍難全消。以弟觀察，此次似非有組織的攻擊，其原因在各界對魏絕無好感耳。斯事影響先生至鉅，但望不久空氣可以好轉。

關於美使易人之事戴笠也替宋表示擔憂，九月三十日他致電宋子文說：「吾駐美大使易胡為魏，國內各方感想不佳，美國旅華人士，聞亦有不滿表示，乞公注意之。」

此時距宋子文出訪美國已兩年有餘，雖然他從來不曾中斷與國內的聯繫，但彼此之間的關係畢竟還是隔了一層。在這種情形之下，宋子文有意回國一趟，希望以此疏通關係，並減輕國內官場對他的壓力。九月十八日，他在致蔣介石的電報中稱，鑒於「美方接濟日形困難及竭蹶，為打破難關，極有向鈞座面陳詳情及請示辦法之必要」，因而要求回國述職，「往返不過一、二月」。

九月二十三日宋子文將準備回國的計畫通知錢昌照，對此錢竭力表示支持，他在兩天後的電報中說：「先生回國一行，極好，離國日久，實有回國與各方面接洽之必要。先生回國事此間知者甚少。」

十月二日，宋子文又向戴笠打聽此刻有無必要回國一行，他在電報中說：「推測委座意，仍欲弟留美續借款購飛機及國際間其他工作，一時恐不能回國。兄意內政方面是否有急回之必要？」

十月五日，錢昌照又發去一電：「先生不日回國，以下各點請即準備：（一）對全會的外交報告；（二）物價問題，介公定與先生討論；（三）和平會議的準備；（四）戰後建設問題，此點介公或將請先生負責接洽。再，最近介公在國家總動員會議表示，從前軍事第一，此後經濟第一，足見介公對經濟抱有隱憂。」

由於此時美國正與中國談判有關廢除不平等條約的具體問題，十月七日宋又向蔣報告說「原則上美方當無問題」，但「最好俟文回國面陳後再進行」。但此刻蔣介石似乎並不希望宋立即回國，他在這封電報上親自草擬覆電：「如美政府能提前討論取消不平等條約，則我方應即與之交涉，不必待兄回國也。」然而宋回國的計畫已定，十月十三日，他再次致電蔣介石，說明與美國談判簽訂新約的內容和範圍必須回國面談，如此方能妥善解決，而且美方業已準備了專機送他回國。在此情形下，蔣介石才在回電中批示：「請兄先回國可也。」

宋子文於十月二十五日乘專機經印度抵達重慶，這時他才正式宣誓就職，主持外交部的工作。在重慶期間他曾出席國民參政會會議，並報告外交問題，據十月三十日的《新華日報》報道，當時「政府長官及中委到會參加，極為踴躍，旁聽席上亦座無虛席」，而當宋子文報告外交形勢時，與會參政員「極為動容，全場報以最熱烈掌聲」。此次回國宋子文主要是負責與英、美兩國洽談廢除不平等條約之事，一九四三年二月，宋子文又奉命出國，繼續奔走於與歐美各國的外交談判之中，但他與孔祥熙之間的爭鬥仍明裡暗裡一直在進行。

錢昌照一九四三年三月二十五日致電宋子文：「糧食會議無特別重要性。孔薦郭任首席，似可不與之爭，惟以後如有重要會議，則必須力爭。為國家前途著想，即傷介公及孔感情亦所不顧。」在他們看來，出席世界糧食會議還算不得是件大事，因此孔祥熙推薦郭秉文出席似可不必與之相爭，但若是其他事務，特別是關於人事任免方面的事，即使傷及蔣介石的面子也必須力爭。這就說明宋與孔之間的爭鬥此時已經箭在弦上了。

果然，到了召開世界貨幣會議的時候，宋子文就不予退讓了。四月十日他在致錢昌照的電報中說：

魏伯聰言，據聞孔對幣制會議頗為衝動，有派陳光甫、冀朝鼎出席之說。此兩人既不恰當，與弟亦不能合作，弟是否應向介公力爭？此事關係我國戰後復興異常重大，自願不辭勞瘁，負責參加；抑以消極處之，聽其自然，以免煩瑣。尚祈代酌。

在宋子文與孔祥熙的爭鬥中，戴笠明顯是站在宋一邊的，他雖然是蔣介石的心腹，但與宋美齡的關係卻相當緊張，這很可能就是因為戴笠與孔氏家族之間的矛盾而引起的。一九四三年九月十日，貝祖詒在致宋子文的電報中透露了這一情形：

孔夫人與雨兄情感日惡，此為緝私處更動之原因。蔣夫人返國時，對雨益不相容，聞至今尚未與雨兄談話，甚至對外賓謂政府將令雨兄出國。委座對雨兄信心似未搖動，惟雨兄應付環境痛苦情形，不言而喻，委座亦深感左右為難乎。

宋子文接到電報立即回電，要貝對戴笠的生活予以關心，說戴笠若經濟上出現困難，讓他「即照數接濟，毋須先期電告」。

一九四三年十月十一日，宋子文陪同盟軍東南亞戰區總司令蒙巴頓將軍（Louis Mountbatten）回到重慶，然而沒有多久，宋子文卻在罷免史迪威（Joseph W. Stilwell）的問題上與蔣介石發生衝突，蔣大怒之下，竟將宋完全冷落。儘管宋子文事後不得不委屈求全，請人代筆寫了一份「認錯書」，算是取得了蔣的諒解，但彼此之間的關係畢竟出現了重大隔閡。這種情緒從宋子文一九四四年六月十七日致李石曾的電報中即可看出端倪：

蔣夫人最近告美國女記者霍明威夫人，謂我財部人員辦事不力，大都為文任內之殘餘，該記者以之轉告總統夫人。介公左右對我嫉視太甚，不惜以種種方法，必欲摧殘而後快（文與介公往來電報與資互證之處，先生可以一閱）。如此情形，文何能得總統之信心，更何能對外發展？處境之難，可以想見矣。此電及其他來往電，請隨時交乙黎兄一閱。

然而就在這時，國內輿論對孔祥熙的貪腐行徑日益不滿，國民黨黨內各派系也都群起而發難，特別是關於孔祥熙等涉嫌美金儲蓄公債一案曝光後，蔣介石也無法再堅持了。一九四四年十一月，蔣以孔祥熙赴美開會及治病之名，免去了他的財政部長一職。其後蔣介石又致電孔祥熙，一方面說，有關財政金融等交涉事務仍由其全權處理，但同時又告之，在他未回國之前，派宋子文代理行政院院長。到了一九四五年六月，蔣、孔雙雙辭去行政院正副院長的職務，而由宋子文、翁文灝繼任，對此事蔣介石曾在七月二十五日的日記中發出感嘆：「庸人不可與之再共國事矣，撤孔之舉猶嫌太晚矣！」孔、宋在這場爭鬥中，宋子文占了上風，終於登上政壇的最高峰。然而好景不長，僅僅一年多之後，宋子文又被輿論指責為貪污誤國，一九四七年三月，宋子文與孔祥熙一樣，黯然走下政治舞台。

宋子文的「認錯書」

在民國政壇上，蔣介石和宋子文都是非常重要的人物。蔣介石就不用說了，長期以來黨（中國國民黨總裁）、政（國民政府主席、總統）、軍（軍事委員會委員長）大權集於一身；而宋子文曾歷任財政部長、中國銀行董事長、外交部長和行政院長，也可算得上是「一人之下、萬人之上」的人物了。

蔣介石雖是宋子文的妹夫，但兩人因性格相異，作風不同，蔣對宋並不完全信任。他在日記中曾記載宋子文經常向他威脅，並「以美國外交與財政當局是其知交相眩惑」，指責宋「媚外自私如此，而以欺制元首，不問政策，一以個人之名位自保，不知國家與政府為何物」，「動以不能負責，以美國外援自眩（炫）」，「不願負責任，只知求名邀功，取巧諉過，何以成事」，因此他感到「痛心疾首者，莫甚於此也」。蔣介石還在日記中抄錄《聖經》的一段話「彼輩口如蜜，心中含辛螫，祈主按其行，報彼諸罪孽」，以此來發泄他心中對宋子文的憤怒之情。然而不滿歸不滿，蔣介石在制定財政政策和處理對外關係時，又實在是離不開宋子文的協助，一方面蔣在日記中罵宋「飛揚跋扈、自私」，認為「此人絕不可用」；但又出於無奈，「掌財政者皆以小害大，因之乃有為小而失大之苦痛甚矣」，並不禁發出嘆息：「財政不由己之苦也」。蔣介石在和他的長子蔣經國交談時也曾多次提到不懂外語的困擾，他曾感慨地說：「余今日如能懂英語，則革命抗戰工作當不致如此之阻困也。」

正是因為蔣宋之間的這種微妙關係，兩人經常發生齟齬，一九三三年十月，他們就因理財觀念上的分歧發生爭執，結果是宋子文辭去了財政部長的職務。十年之後，這兩個民國政壇上的重要領導人又爆發了一場激烈衝突，而引發這次衝突的導火線則出自撤換中國戰區參謀長史迪威的問題之上。

太平洋戰爭爆發後，中國躋身四強，國際地位空前提高。為了共同抗擊日本法西斯，一九四一年十二月三十一日羅斯福總統代表同盟國致電蔣介石，建議成立中國戰區最高統帥部，並推選蔣介石擔任最高統帥。對此建議蔣介石自是欣然接受，為了報答美方的這番好意，他又致電一直在美國進行外交活動的宋子文（數天前他剛被任命為外交部長），請羅斯福總統委派一位「親信之高級軍官」出任中國戰區的參謀長。蔣介石在電報中還說明，這位參謀長不一定要熟悉東方的情況，只要是品學兼優的熱心軍官就可以，他還特別指出，該軍官的軍銜以中將為宜。

蔣介石的想法是，中國戰區參謀長當然要接受中國戰區統帥的命令，這個道理再明顯不過了；但美方則認為，中國戰區參謀長除了兼任中緬印戰區美軍司令官之外，他還有權監督租借法案的實施，甚至可以指揮部分中國軍隊。因此中國戰區指揮部自設立之始，中美兩國之間就出現了不協調的聲音，而美方參謀長人選的任命則更加深化了彼此間的矛盾。

美方任命的參謀長陸軍中將史迪威曾經多次駐守中國，並在抗戰初期出任過美國駐華大使館武官，在美國的軍隊中算得上是一位有名的中國通，但是他固執己見、過分坦率、得理不饒人和嫉惡如仇的個性，平時較難與同僚相處，亦曾得罪過不少上司。另一方面，由於他相當了解中國的國情，對於政府和軍隊內貪污腐敗的現象極為不齒，特別是對蔣介石的獨裁深表不滿，甚至私下裡還給蔣取了個「Peanut」[14]的綽號，所以他一接受這個任命就注定會和更加固執專橫的蔣介石發生摩擦。雖然初期蔣介石還顧忌到與美國的關係，對史迪威的所作所為予以容忍，然而隨著衝突的日益尖銳，特別是史迪威提出要插手指揮中國的軍隊，這就觸動了蔣介石的神經，於是他下定決心，一定要將史迪威予以撤換。

在撤換史迪威的問題上，宋子文與蔣介石的態度是一致的。據當時擔任外交部政務次長的吳國楨後來回憶，蔣介石在一九四三年初就對史迪威愈來愈感到不滿，他曾多次密令宋子文，讓他在美國政界游說，要求撤換史迪威，而宋子文的活動亦頗為積極。然而就在宋子文的游說取得進展、白宮高層已經默許將史迪威調回美國之際，宋子文的大姐宋藹齡和妹妹宋美齡卻從中作梗，她們在重慶與史迪威往來頻繁，反覆勸說蔣不要撤換史迪威，甚至宋美齡還親自陪同史向蔣表示忠心。在這種情形之下，蔣介石的決心發生動搖，他又決定不撤換史迪威了。

十月十一日宋子文從美國飛回重慶，但是他沒想到蔣介石此時已經改變了主意，這個突如其來的消息讓宋子文大為惱火。十月十七日，他在向蔣介石匯報工作時即對此事表露出強烈的不滿。宋指責蔣介石，說他費了多少功夫才能完成這一任務，你怎麼能說變就變呢？這麼做的話怎麼對得起美方的友人，又如何讓他們以後對自己有信心？宋子文最後甚至說，像你這樣朝令夕改，以後實在沒法與你共事。

蔣介石起初覺得是有些理虧，因此沒有說什麼話，但他是一個個性極強之人，見宋嘮嘮叨叨說個

14 編注：直譯是「花生米」，美國俚語中有小人物、微不足道微不足道的事、無價值的東西之意。（遠流字典通線上資料庫）

沒完，最後竟敢公開批評他，蔣終於忍不住了，於是大發雷霆，兩人就在辦公室裡大吵起來。

蔣宋二人爭吵的內容旁人不知，但他們吵架的聲浪實在太大，侍衛和祕書先是聽到屋子裡傳出摔杯子的聲音，緊接著又看到宋子文氣呼呼地出來，並將大門拚命一關，整棟房屋都聽得到一聲轟響。時任蔣介石侍從室少將組長的唐縱在當天的日記中記下了這件事：「宋部長不知因何使委座見氣，委座摔破飯碗，大怒不已，近年來罕覯之事。」最初他還以為蔣發火的原因「恐係孔、宋間之問題，否則無此火氣也」，因為孔宋不和早已是公開的祕密，然而直到十一月初侍從室的祕書古達程才將蔣宋爭吵的緣由告訴唐，原來「此次宋部長與委座意見衝突，聞係為史迪威事。當初委座欲換史參謀長，宋部長不贊成。其後宋部長已向美方交涉撤換，委座以情形變化，不換。宋部長表示難於接受，態度倔強，其中所說何話不知，但委座因而大怒，至今尚未與宋見面」。據宋子文的另一名心腹錢昌照（當時任資源委員會副主任委員）後來回憶說，蔣介石吵架時極為憤怒，隨手拿起身邊的兩盤電影膠片就朝宋子文摔去，宋子文當然不敢在蔣面前動手，但他回家後愈想愈惱火，便將所有與蔣合影的照片連同鏡框一起摔碎。數日後錢昌照到宋子文家去，發現地上還有不少玻璃碎屑，宋才告知他此事原委。這個傳聞愈傳愈廣，行政院參事陳克文也在日記中記載了他所聽到的傳聞：宋子文問蔣介石，你倒底要民主還是要獨裁？如果是民主，他還有話說；如果是獨裁，那就無話可說了。蔣介石極為不快，反問宋：「試問現在國內還有人比你再驕傲的嗎？」宋聞言即用力推門，怫然而去；蔣更加憤怒，竟將玻璃杯大力扔在地上。

蔣介石的日記亦曾對此事有所記錄。十六日晚蔣介石約見史迪威，「訓誡往日錯誤，彼承認以後絕對服從也」，「而子文欲固執其個人對史之仇恨及其私見，故其任翻譯，終不能實現我之主張，所談結果，仍以非去史不可為定論」。其後蔣介石再召見史迪威，並由宋美齡擔任翻譯。蔣「警告其撤職回美，對於其個人之損失程度，如其此時能對余表示悔過改善，則余或有轉回恕宥之可能。彼乃完全承認其錯誤與改過，余乃允宥其過，再予以共事之最後機會」。蔣認為他的這一舉動與政策之轉變，「實為國家與抗戰成敗得失最大之關鍵，或有甚於二十年對胡漢民案之危機也」。因此不能再因宋子文而造成當年之大禍。

第二天上午蔣介石又召見宋子文，告訴他昨天晚上史迪威已經悔過，因此他已決定繼續留用，不予撤回，並徵求宋的意見。沒想到宋子文竟「以自悔於對余太忠，以後不能為余再充代表之言。余乃置之，及其最後言至不可與余共事之句，余乃憤怒難禁，嚴厲斥責，令其即速滾蛋，大聲作逐」。寫到這裡蔣介石還不解氣，想起陳年往事又接著在日記中罵道：「此人實不可復教，余自十三年起，受其財政之控制與妨礙，甚至其屢受鮑爾〔羅〕廷之驅策，共同打擊余不知

▲ 1943 年 10 月，宋子文陪同剛剛出任英軍東南亞戰區統帥的蒙巴頓將軍訪問重慶，蔣介石親自迎接。可是幾天之後，由於蔣與宋發生爭吵，蔣再次接見蒙巴頓時，就不讓宋參加了。

凡幾。二十年復以其財政問題各種要挾，以致不能不拘胡，而致黨國遭受空前之禍患。今復欲以個人私見，而期黨國外交政策以為其個人作犧牲，惡乎可比〔鄙〕！誠一惡劣小人，不能變化其氣焰也。」

十月十八日下午四時許，宋子文陪同東南亞戰區司令官蒙巴頓將軍自重慶來到郊外的黃山官邸與蔣介石見面，蔣介石竟「先囑妻令子文自動辭出，否則余寧不與蒙氏相晤。彼乃先退，余方下樓與蒙會見」。可見此刻蔣宋之間的關係已形同水火，一個星期後蔣介石仍未消氣，他在日記中寫道：「子文之自私與卑劣，至此實不能再為赦宥，如不速去，則黨國之後患將不堪設想矣。」十一月十六日下午，宋子安來見蔣介石，替大哥說好話，希望蔣能再見宋子文一次。雖然蔣氏夫婦很喜歡這位小弟，但在蔣的眼中，他還是一個「幼稚天真之人也」。

蔣宋反目之後，倒霉的當然是宋子文。陳克文在日記中寫道：「郎舅齟齬，已屢傳不鮮。宋氏的政治活動根據地中國銀行董事長一職已落孔庸公之手，當為齟齬的結果。」重慶官場上對此事的反應更是非常靈敏，宋子文剛從美國回來那幾天，位於重慶牛角沱的宋公館是車水馬龍，熱鬧非凡；可是一旦聽到宋與蔣吵架的消息，宋家門前立刻就門可羅雀、無人拜訪了。蔣介石更是將宋子文晾在一邊，什麼事都不找他。這個不尋常的現象就連在重慶的外國人都注意到了，美國駐中國大使高斯在致國務卿赫爾的電報中說：「自從十月初宋子文回國後，各種消息來源都報告說，他與委員長之間產生了重大矛盾，已經產生了家族風波。」高斯雖然並不了解事情的真相，但他還是發覺蔣宋「兩人的不和公開化了」，一個很明顯的例子就是，當蔣介石與英國將領蒙巴頓會談時，宋子文竟被逐出門外。甚至於十一月下旬召開的美、英、中三國首腦的開羅會議，作為外交部長的宋子文居然無緣參加。

久居高位、享慣權力的宋子文突遭冷落心中自然不是滋味，十年前他年輕好勝，與蔣介石爭吵後還可撂挑子走人；如今可是不同了，蔣介石的地位早已牢固，根本得罪不起，宋子文再也不肯輕易放棄眼下的職位和榮譽。怎麼辦呢？他的親信吳國楨替他出主意，不如找他妹妹宋美齡代為說情，宋子文卻執意不肯；吳國楨又向他建議，那就乾脆寫封信向蔣認錯，宋子文認為這個方案倒是可以接受。但是宋子文也知道自己的中文水平實在太差，不要說是一封文縐縐的中文信件了，就是日常「等因奉此」的公文電報寫起來也是錯字連篇。這時吳國楨向他推薦了一個人選，他就是蔣介石侍從室的祕書陳芷町。

於是宋子文作出一副禮賢下士的姿態，親自邀請陳芷町到他的寓所吃飯，並在餐桌上講述了此事的來由。陳芷町受寵若驚，自然是應允照辦。陳芷町不愧號稱「天下第一刀筆」，而且他對蔣介石心理的揣測亦極為透澈（一九四九年一月蔣介石宣布下野的文告就是出於他的手筆），不一會兒，就寫出了一封言語懇切、情意動人的「認錯書」。這封簽署日期為十二月二十三日的「認錯書」原稿目前藏於美國史丹佛大學胡佛研究所保管的宋子文檔案第六十三箱，一共有三頁。現按原信格式全文抄錄如下，其中【括號】內的文字應是宋子文抄寫時刪去的內容：

兩月以來，△獨居深念，咎戾誠多，痛悔何及。竊△之於
鈞座，在義雖為僚屬，而
恩實逾骨肉。平日所以兢兢自勵者，惟知效忠
鈞座，以求在革命大業中，略盡涓埃之報。而抗戰以後，內心更加興奮，無論在國內國外，惟知
【埋頭苦幹】秉承
鈞座指導，【為爭取勝利】竭其棉薄。無奈個性愚戇，【任事勇銳，對於環境之配合考慮】任事每
欠週詳，甚或夙恃

▶ 這是蔣介石侍從室祕書陳芷町替宋子文擬寫的「認錯書」。

愛護過深，指事陳情，不免偏執，而流於激切，此誠△之粗
謬，必賴
鈞座之督教振發，而後始足以化其頑鈍，亦即△於奉
教之後，所以猛省痛悔，愈感
鈞座琢磨之厚也。【今△以待罪之身，誠不敢妄有任何瀆請，
一切進退行藏，均惟
鈞命是聽】伏乞
俯鑒愚誠，【賜以明示，俾能擇善自處，稍解
鈞座煩憂，則△此身雖蒙嚴譴，此心轉可略安，而】曲予寬
容，△無論處何地位，所以效忠圖報
鈞座之志，【尤必與青天白日，同其貞恆】始終不渝。惶悚上
陳，伏
祈　垂察。敬叩　　鈞安

其實蔣介石也並不是要將宋子文一腳踢開，有好些事他還真的是離不開宋子文，只不過實在是不能忍受宋子文那種桀驁不馴的態度，想藉此機會殺一下他的傲氣。十二月二十四日，蔣介石看過宋的「認錯書」，認為寫得還算真誠，既然目的已經達到，他也就順個台階下了。此時蔣介石又想到西安事變時

宋子文曾冒著危險前來營救的患難往事，於是同意見面，「以示寬容」。他在日記中是這樣寫的：「自十月痛斥子文以後，始終未准其來見。昨日來函表示悔悟，求見迫切，余乃從親屬與內子之懇切要求，並為慰父母亡靈，故在孔寓與之相見，當觀察其以後事實如何也。如果能真誠覺悟，公私皆蒙其利也。」

宋子文經過這次打擊，深知胳膊扭不過大腿，以後他對蔣介石的態度再也不敢太過放肆了。正所謂「退一步海闊天空」，一年以後，宋子文便接替蔣介石代理行政院長，半年後真除，登上他政壇的最高峰。然而僅僅過了一年多，宋子文又因「黃金風潮」遭到國人的攻擊，蔣介石更在日記中不停地罵宋子文「不學無術，敗壞國是」，並將經濟失敗的原因全都加在宋子文的頭上。因此，宋子文只能黯然辭去行政院長的職務，再次走下政治舞台。

宋子文與戰後初期的財經政策

戰後財經政策的演變

一九四五年八月十五日，日本宣布無條件投降，中國軍民歷經八年浴血犧牲，終於贏得了勝利。

抗戰勝利雖是遲早之事，但它的突然到來還是出乎大部分人的意料，此時行政院長宋子文正在蘇聯談判，隨後又到北美和歐洲尋求援助，根本就來不及制定戰後財經政策。

其實早在抗戰中期，蔣介石就曾多次命令政府各個部門分別對戰後建設方針制定政策，他還以個人名義公開出版《中國之命運》，對近百年間西方各國強加給中國的不平等條約予以嚴厲的譴責。許多西方觀察家將此書的出版宗旨解釋為是排外的，他們認為這本書打著「三民主義」的旗幟，既反對共產主義，又反對「自由主義」（亦即資產階級民主主義），因而是反對西方的理想與實踐的，進而他們得出結論，中國戰後實行的將會是國家全面控制的經濟體制。

儘管政府內部對於戰後究竟應實施自由貿易還是統制經濟的政策存有分歧，但相對說來，堅持統制經濟模式的意見更加強大。一九四五年九月十三日，蔣介石對戰後經濟與貿易的原則發出訓示：

「我國戰後經濟與貿易二種事業，必須確定制度，使能切實執行，合理發展，不可再踏過去聽其自然、漫無規則之覆轍，應依據民生主義之準則及中央已定方針，分別設計具體方案，於一個月內呈報為要。」財政部接奉行政院訓令即按上述指示擬具的《戰後貿易設施方案》，其宗旨還是戰後貿易要堅持「採取『有計畫的自由貿易』，導助公私企業，使得相互協調，合理發展」。

然而戰後國內局勢出現的一些變化，例如物資供應緊缺，物價一度下跌，卻使得有關部門不得不對貿易政策作出重大修正。特別是十月中旬宋子文回國後，立即執掌經濟復員的方針大政，並開始著手制定相關政策，其中最重要的內容就是廢除統購統銷政策，撤銷貿易委員會及其屬下的國營貿易公司。與此同時，國民政府為完成經濟復員、促進全國經濟建設及發展，於十一月二十六日成立最高經濟委員會。該會直隸於國民政府，由行政院正副院長分任正副委員長，各主要經濟部門首長為委員，對各機關經濟工作有統轄之權。這就標誌著宋子文此時已開始主導並著手進行戰後財政經濟政策的變革了。

▲躊躇滿志的宋子文於抗戰勝利前夕出任行政院長，步入政壇最高峰。

抗戰勝利後，物資供應十分緊張，而進口商品與國內庫存物資的價格相對來說又極為低廉，因而鼓勵和刺激進口商品的大量輸入。但因受到進出口結匯方面的限制，而外匯官價匯率極不合理，導致外匯供應無法進行，進出口業務亦就無法取得進展，尤其是出口業務更為困難。一九四五年十二月，隨著外商銀行在上海的復業，黑市美鈔開始有了交易的渠道和市場，上海的進口業務紛紛以美鈔計價，暗中授受，已成為事實上相互交易的工具。此時對外交通業已恢復，外輪亦相繼抵達中國港口，進出口商紛紛要求採用其他結匯方法進行貿易。所有的情況都在說明，這種僵硬的外匯制度已到了非改不可的地步了。

到了一九四六年初，上海等地物價日趨上漲，民眾浮躁不安，為此蔣介石也沉不住氣，二月十五日，他親自下達手令，要求宋子文盡快制定財經政策以安定民心。手令曰：「上海物價高漲不已，情勢嚴重，應即切實更張，此時政府萬不能只管收入，而不顧民生與社會實情。此一政策必須澈底研究改正，否則怨聲載道，民不了〔聊〕生，政府雖聚斂積蓄，適足促成危亡而已。」在這種情形之下，宋子文最終作出決策，為了解決日益嚴重的通貨膨脹，舒緩物資供不應求的困難，他毅然決定放棄戰時實施多年的金融管制政策，改行開放金融市場，並實施「鼓勵輸入」的對外貿易政策。

開放金融市場是宋子文戰後推行的重大財政經濟改革政策，其主要措施是，將法幣匯率改為隨市場供給而自由浮動，由中央銀行操控買賣市場；同時中央銀行還將庫存的黃金以官定價格，透過上海黃金市場予以自由買賣，藉以收回過量發行的法幣，吸收民間游資。宋子文之所以敢於採取開放金融市場、出售黃金外匯的政策，完全是因為當時國庫中充裕的黃金和外匯儲備為他撐腰。據統計，一九四五年年底，中央銀行的黃金和外匯的儲備共計為八萬五千八百零五萬美元（其中黃金儲備為五百六十八萬盎司），達到歷史最高水平，同時抗戰勝利後接收敵偽產業的財產也非常可觀，一九四六年僅上海一地變賣的接收物資收入就高達法幣六千六百九十八億元，更何況還有美國政府所應允提供的二十億美元貸款。

一九四六年二月二十五日，宋子文在國防最高委員會正式提出開放外匯市場的臨時提案，獲第一百八十四次常務會議決議通過。該提案包括《管理外匯暫行辦法》和《進出口貿易暫行辦法》兩大措施。為了貫徹和實行這一政策，宋子文於二十六日還將他的親信、原中國銀行總經理貝祖詒（淞蓀）

調任中央銀行總裁，在這之後，開放金融市場和鼓勵輸入的機制便正式開始運轉。

宋子文最初的設想是，「外匯開放以後，對外貿易便可暢通，各項物資尤可隨人民的需要而增加；游資之流入投機市場以助長物價之波動者，亦納入商業正軌；國外原料及機械也可因對外貿易之恢復，源源進口，來配合國內工業之發展，足以使增加生產，並收平定物價之效果。所以開放對外貿易，在國內可以安定人心，在國外可以導引投資，予我國經濟建設以重要的助力」。財政部部長俞鴻鈞也認為，開放外匯市場至少可以收到以下幾點成效：「第一是可以安定國內金融。以前因外匯官價過低，市面發生黑市投機者推波助瀾，漲跌均甚劇烈，甚至物價隨之漲落，其影響使社會經濟為之不安，此項辦法公布後，黃金、美鈔價值立刻得以穩定，物價普遍下跌，金融漸見安定，今後中央銀行善為運用，不難收平定之效。第二是恢復國際貿易。因以往黑市匯價高低不一，進口商不易計算成本，出口商以低價結匯，關係尤為萎縮，今後由中央銀行控制匯價，出口貨既可踴躍輸入，而進口商亦免去匯兌之冒險，國際貿易可以暢通，對於國內經濟也不難發展。第三是加速經濟復員。因匯價波動之故，經濟事業頗感束手，最低限度亦不敢放手進行，現匯價既有中央銀行為之平準，工業家可以安心進行恢復工廠工

▲抗戰勝利後，國民黨軍隊乘坐美國軍機、軍艦前往各大城市接收敵偽產業。

作，進口物品又有進出口貿易辦法加以限制，亦足以保護國內工業，因之經濟復員可以加速進行。」

三月一日，《進出口貿易暫行辦法》正式公布，除了少數貨品外，絕大部分物品均可自由進口；三月四日，中央銀行掛牌，美金電匯以二千零二十元賣出，一千九百八十元買進，並指定由廣東、匯豐等中外二十九家銀行及十六名外匯經紀人經營進出口外匯業務及外匯經紀業務。與此相配合，中央銀行還制定了《黃金買賣細則》，自三月八日起由中央銀行在上海以明配和暗售兩種方式隨市買賣黃金。以此為標誌，政府「一變戰時統制貿易為平時自由貿易」，亦「是為戰後我國開放對外貿易之始」。

由於當時進口商品的成本與國內物資不斷上漲的物價相比相差很大，所以戰後初期政府推行開放金融與貿易市場對於經營進口貿易極為有利，以致大批商人就充分利用兩者間的巨大差額牟取暴利，一時間經營進出口商行紛紛崛起，特別是在上海的進口商行更是趨之若鶩。在這當中，尤其是以民營面貌出現卻與政府之間具有極密切關係的「官辦商行」，如宋子良的中國孚中實業公司、孔令侃的揚子建業公司和宋子安的中國建設銀公司等豪門資本更是先後在上海「搶灘登陸」，他們利用戰爭期間與美國各大財團建立起的良好關係，以代理商的身分獨家經營進口業務，特別是這些公司依仗特權，經營汽車、電器、藥品、奢侈品等非生產性物資，賺取超額利潤，同時也加快了國庫中外匯和黃金大量流出的速度。

開放市場政策慘遭挫敗

實行金融開放政策的最初幾個月匯價和金價還比較平穩，買進與賣出之間大體持平，而且一九四六年上半年的物價上漲趨勢也確實有所減緩。然而鼓勵進口貿易卻導致外國商品如潮水般湧往國內，外匯儲備大量流失，入超急劇上升；而開放外匯市場的初衷是要消滅黑市，但外匯黑市卻因中央銀行的外匯供給並不能應付市場的需求而依然存在，特別是實施新外匯政策之後，由於對外貿易的大量入超對於外匯市場的售匯造成巨大的壓力，特別是一九四六年六月內戰重啟，社會經濟危機隨之加劇，各地游資紛紛湧入上海，如此巨大的資金在市場上興風作浪，投機取巧，不僅會對政府的開放金融政策帶來沉重的壓力，而且還將導致國庫中大量的外匯流失。在這種形勢之下，中央銀行不得不於八月十九日調整匯率，將法幣貶值百分之六十，改為法幣三千三百五十元對一美元，並實施出口低利貸款、豁免出口稅等措施，希望藉此而促進輸出而減少輸入。宋子文希望透過實施這一政策「求輸出入貿易之趨於平衡及生產事業之活潑發展」，然而外匯匯率仍舊採取「釘住制」，因而並未能完全阻止洶湧而來的進口狂潮。自九月以後，雖然中央銀行對進口貨品的限制逐漸加緊，但外匯黑市的價格仍高於官價百分之五十左右。與此同時，國庫中的外匯和黃金亦大量外流，自一九四六年三月開放金融市場到十一月的短短時間裡，「政府原存六百萬盎司之黃金，與九億以上之美金，大半消耗」，而當初幻想得到的二十億美元的貸款此刻更已成為泡影。

經濟危機的加劇導致國民黨內派系的矛盾更加公開和激化，其中 C.C. 系[15]對宋子文和政學系的攻擊尤為強烈。他們紛紛指責孔祥熙、宋子文的財政政策，甚至要他們下台以平民怨。一九四六年三月五日國民黨六屆二中全會上進行財政經濟檢討，即有多名代表發言抨擊官僚資本和政府的財經政策。

15 編注：中央俱樂部組織（Central Club）之簡寫，為中國國民黨的派系之一。

▲1947年中央儲備銀行發行的一萬元鈔票，反映當時法幣價值大跌。

其中張九如就提出一連串問題予以質疑：黃金政策如何？法幣回籠情形如何？今後是否仍繼續執行黃金政策？黃金流出國外情形如何？外匯管理如不得法，則操縱外匯者，將為辦理外匯之銀行，財部是否有取締方法？他並指出，應禁止奢侈品進口，以免套取外匯，釀成黑市。聞亦有、雷震則以書面詢問的方式要求財政部答覆：一、二次貨幣平準基金之用途；二、開放外匯以前歷年政府供給外匯之詳細數目，及申請人姓名與其用途；三、抗戰期間政府所結得之外匯數目。黨內其他派系對於宋子文、翁文灝、俞鴻鈞等人加以責難，有人甚至要求宋、翁辭職，革新派的主將劉健群更在會議中大聲呼籲：「有辦法拿出來，沒有辦法說出來，幹得了挑起來，幹不了放下來」，竟得到與會者的普遍支持。但是看來此時蔣介石對宋子文的處境還是理解的，對他所實施的政策也是支持的。一方面蔣介石向陳立夫下令：「以後對外不可再發表對於經濟、財政有關之言論，須知此時無論任何人或任何政策，擔任財政與經濟必無良法，只有增加黨國之艱危，尤其是社會紛亂、敵黨環攻之時，更不能自相攻訐，以加強敵方之力量也。」嗣後蔣介石又致電貝祖詒，對他表示慰藉，並拒絕他提出辭去中央銀行總裁一職的請求，電文內稱：「自兄主持中央銀行以來，經濟形勢日見進步，金融基礎亦漸穩定，功效卓著，倚畀益深。務希勿辭勞怨，繼續負責，努力奮勉，所稱辭職一事，自毋庸議。」

然而事態的發展並不像蔣介石所說的那樣順利，經濟局勢不但無法穩定，危機反倒進一步加劇。

十一月十七日，為了應付日益嚴重的經濟局面，國民政府公布了《修正進出口貿易暫行辦法》，同時廢棄了三月一日所頒布的《進出口貿易暫行辦法》。制訂《修正辦法》的主要目的是為了擴大輸出，並嚴格限制進口，規定進口貨品分為「許可」、「限額」和「禁止」三大類別，並對一切進口物品均採取輸入許可證制度，實施「輸入限額分配」的辦法，並於最高經濟委員會之下設立輸入臨時管理委員會，具體辦理所有輸入物品的許可和限額問題。這說明此時的對外貿易政策已由過去的「放任」改為「緊縮」，從而「厲行管制進口，一反前此之自由貿易政策」。

實施「輸入限額分配」的辦法是要求各進口商先向輸入臨時管理委員會申請登記，然後管委會再根據以往各戶對某一商品的進口實績為標準而按比例予以分配。然而這些措施對於那些豪門資本來說並無阻礙，相反，他們卻可以依仗特權優先獲得額度，進口管制物資，再套取外匯。這一現象引起民間進口商特別是外商的強烈不滿，當時上海的各大報紙對此均予以抨擊，其中美資報紙《大美晚報》就曾披露合眾社的一則記者消息，稱「中美商人對於宋子良主持之孚中公司、宋子安之中國建設銀公司、孔令侃之揚子建業公司，利用特權，經營商業，尤多指摘」。此事震動頗大，就連國民政府主席蔣介石聞訊後都不得不親自出面進行干涉，為此他曾下令要求查處：「據密報，近月來上海進出口貿易比值為十二與一之比，入超數字頗為驚人，進口數字以原棉占首位，而屬於奢侈品中之汽車一項占次位，十一月汽車輸入值貳佰貳拾億元之巨。此批新型汽車市上行駛頗多，購買者均係富商大賈等情。此事實情如何，希即查明具報為要。」

蔣介石眼見外匯大量外流心急如焚，一九四七年二月九日他親自向行政院長宋子文、財政部長俞鴻鈞和中央銀行總裁貝祖詒下達手令：「今後外匯每月總數以五百萬至一千萬為最大數，每月匯數如到達五百萬美金時，應即報告候核為要。」與國庫中外匯大量流失、法幣急劇貶值的同時，上海金價亦隨之暴漲，黃金價格一日數變，中央銀行庫存的黃金在不到一年的時間裡拋售出三百七十萬兩，其中大部分是一九四六年八月調整匯率後售出的。在庫存黃金即將售罄的情形之下，一九四七年二月八日中央銀行只能停止暗售，從而在全國各地一下子引發了災難性的後果。由於金融市場上突然失去了官價出售黃金的平抑機制，黃金、外匯的黑市價格頓時失控而狂漲，法幣匯價亦隨之大跌，其他物價則瘋狂上升，終於爆發了「黃金風潮」。

二月十六日，宋子文從南京趕回上海，召集經濟部部長王雲五、糧食部政務次長龐松舟、財政部政務次長徐柏園、上海市市長吳國楨、國防部第二廳廳長鄭介民、中央信託局局長劉攻芸、中國紡織建設公司總經理束雲章等各方面負責人舉行緊急會議。第二天，國民政府公布《經濟緊急措施方案》，正式宣布自即日起禁止黃金買賣，取締投機，禁止外國幣券在國境內流通，並再次調低外匯匯率，中央銀行外匯牌價由一美元對法幣三千三百五十元調整為一萬二千元，同時對進口商品嚴格實施輸入許可證制度。外匯匯率雖然再次貶值，但官價外匯因仍採取「釘住制」，遠比黑市價格為低，因此有關係的進口商仍然可以從輸入配額中賺取差額。在政治局勢上，國民政府原先提出三個月解決國內和平的目標非但沒有實現，反而在軍事戰場上被動挨打，節節失利，並由此導致政治經濟危機的進一步加劇。對此美國的《紐約前鋒論壇報》即指出，「要挽救中國的經濟，就要賴於停止內戰」，「如果貪污腐化和缺乏效率仍照例繼續下去，則政府的法令是不會有多大成效的」；而美國的《商業日報》也強調，「如無政治的和平，即無經濟的安定」。在國民黨六屆三中全會上通過的《經濟改革方案》雖然將失敗的原因歸之為「共產黨蓄意造亂」，但也不得不承認戰後實施的各項措施「不僅效果未彰，而缺點時現」。而戰後初期推行財政金融政策改革的領軍人物宋子文和貝祖詒此刻則被迫辭去行政院院長和中央銀行總裁的職務，黯然走下了政治舞台。

金融與外貿政策失敗的原因

前文曾經提到，宋子文當初制定戰後開放金融市場、鼓勵輸入這一經濟政策的目的是為了舒緩物資供不應求的困難，更重要的是要解決日益嚴重的通貨膨脹，因此在戰後短短的時間內，國家的對外貿易和金融政策就發生了如此重大的轉變，其中最明顯的變化就是從戰時實施多年的管理外匯、統制貿易到戰後初期開放金融市場、放棄統購統銷、鼓勵輸入，簡言之，即是由戰時統制經濟的體制迅速轉變為平時自由經濟的體制。然而這一轉變是否達到了它預期的目的，最終實施的結果又如何呢？

我們先分析一下戰後對外貿易的特點：

由於政府鼓勵輸入，並開放外匯市場，對進口商品採取極為寬鬆的對外貿易政策，而工業和出口業卻得不到政府相應的保護，這就刺激了商人們一窩蜂地從事進口貿易，所謂「工不如商，商不如囤，囤不如匯」的投機心理大行其道，再加上那些有背景的「官辦商行」推波助瀾，進出口貿易逆差的擴大和低匯價的政策導致進口貨值遠超過出口貨值，國庫中大量的黃金和外匯流失，國際收支失卻平衡。抗戰勝利後對外貿易最明顯的一個變化就是美國貨物在進口貿易中占有絕對的優勢，此時整個上海都被「美化」了，社會上廣泛流傳的「無貨不美」、「有美皆備」就是美國商品充斥市場的一個生動諷刺。

再看看戰後通貨膨脹的情形：

抗戰勝利後由於生產遲遲不能復員，財政收入無法增加，相反支出卻大幅上升，據估計這一時期政府支出總額中透過稅收或其他財源以及出售國有金砂、美元和敵偽財產所得的收入部分不足百分之三十五，其餘百分之六十五均依賴發行貨幣予以彌補。在這種形勢之下，物價猶如脫韁之野馬一路飆升，整個中國立刻陷入惡性通貨膨脹之中。據統計，自一九四五年十二月起到一九四八年八月金圓券改革前夕的三十多個月內，以中國最大的金融與商業中心上海為例，物價已狂漲了五千三百三十四倍，外匯匯率增加了七千一百二十二倍。按照惡性通貨膨脹的經濟規律，物價與匯率的漲幅越到後來越為嚴重，事實也是如此，在一九四八年八月前的最後兩個月中，已經以天文數字計算的物價和匯率又上漲了五倍。若與戰前的一九三七年作一比較，此時物價上漲了四百七十餘萬倍，匯率則上漲三百一十萬倍！這也就說明，此時國民經濟已經完全崩潰，而宋子文等人戰後所實施的財政經濟政策已澈底宣告失敗。

戰後財經政策經歷了一個由統制到放任，再由放任到緊縮，最後重新恢復對貿易管制的怪圈，它與當時國內政治、軍事、經濟局勢的動蕩與變化息息相關。其中最明顯的事例就是貿易委員會勝利之初計劃擴大但不久即遭撤銷，後來再設立輸出入臨時管理委員會，其職責與貿易委員會並無實質上的區別。這就說明宋子文戰後初期所推行的金融貿易制度的改革最終以失敗而結束，宋子文本人也因執行這一政策而從政壇的最高峰跌落下來，因此有必要認真分析導致戰後金融與對外貿易政策失敗的原因。

首先應該說明的是，戰時實施的種種統制經濟的政策，包括對外貿易方面的統購統銷和專賣政策，以及僵硬的管理外匯的金融體制既不適合戰後經濟的恢復，亦不利於促進對外貿易的發展，因而對此進行改革是必要的。但是改革的步伐太快，幅度也太大，脫離了當時的實際情形，違背了客觀經濟規律。實際上就在開放外匯市場的方案剛剛公布之際，在國民黨六屆二中第四次大會上（一九四六年三月五日）就有多名代表指責這一財經政策，並藉機抨擊官僚資本主義。雖然這些攻擊帶有一些國民黨內派系鬥爭的色彩，但它還是反映出黨內外對於當時日益嚴重的這種官商勾結、以權謀私腐敗現象的關注。

戰後對外援的期望自然有其客觀原因，但過分的依賴不僅暴露了制定這一政策的盲目性，同時也顯示出主政者的經濟思想缺乏基本信條。本來回收貨幣、進口物資、緩和物價應有一定作用，初期也確實取得一定成效；但由於利之所在，當進口商趨之若鶩、盲目進口外國商品、瘋狂套購外匯之時，導致投機經營成風，引起市場混亂；同時出口貨物由於交通、成本等問題無法解決，以致於經營出口無利可圖，最終導致國際收支失卻平衡。

鼓勵輸入的後果就是大量的外國商品（其中許多是消費品和奢侈品）湧入中國市場，導致國庫中的黃金外匯急劇外流。儘管戰後中國百廢待舉，急需各類物資輸入，但巨額入超又實非戰後經濟所能負擔。出口不振的主要原因就是官價匯率過低，而官價匯率過低又是由於主政者害怕提高匯率影響物價所致，但實際上自抗戰開始以來，物價始終高於匯價，一九四六年三月開放金融市場時美元的匯率為二千零二十元法幣對一美元，與戰前匯率相比約增長了六、七百倍，但此時的物價指數卻比戰前增長了五千倍以上。當時有人將這種狀況稱之為「物價無人管，匯價拚命管」，於是法幣的國內和國外價值就成了跛行狀態。而法幣與黑市外匯的差距越大，外國商品進口的利潤也就越高，又為外貨在中國市場的傾銷大開方便之門。

抗戰勝利後由於主政者過高地估計了勝利對經濟穩定所帶來的優勢，對於戰後恢復經濟局勢過於樂觀，同時對於美援的期望值過高，因而過早地放棄了戰時對於外匯、物價、進出口貿易所實施的各項管制。然而開放外匯市場和進口貿易造成巨大的贏利，導致人們追逐利潤的本性立即表現出來，紛紛套取外匯進口洋貨以圖利。一旦美援成為泡影，而當庫存外匯和黃金大量外流之際，這種毫無基礎的自由貿易政策就根本無法維持下去了。

對於勝利初期金融與外貿政策上的失誤導致國民經濟瀕於崩潰，儘管國民黨將其原因歸之為「共產黨蓄意造亂，利於國家之分崩，利於社會之動亂，以破壞民生為手段，以奪取政權為目標，視其一黨之利益高於一切，漠視國家之生存，罔顧人民之疾苦，陰謀煽動，武力爭奪，無不用其極，使目前復員之工作倍增困難，一息待舒之生機，因而加重其危殆」；但同時他們也不得不承認政府推行的措施「效果未彰」，以致「缺點時現」。其中包括「過去在經濟、財政、金融上之措施，輕決多變，使人民對政府之信賴為之減低」；「經濟政策重點不明，財政金融制度未立，國營、民營畸輕畸重、宜存宜捨、孰後孰先，缺乏明確之劃分與堅定之決策」；「空有平衡預算之懸想，實際預算未能平衡，通貨不免增發」，以致民間剩餘資力「集中都市而成為游資，競事投機，妨害生產」；「金融政策與最大多數人民生活需要相離，尤未能與經濟政策密切配合，以扶植農工，獎勵生產，大部以商為主，趨逐近利，成為『不理農業、敷衍工業與惡化商業』之病態」；而「拋售黃金原為收縮通貨，穩定物價，乃因運用不得其法，反使黃金領導物價上漲，造成市場之狂瀾」；最終乃因「缺乏久遠之籌維與全盤之計畫，捨本逐末，枝節應付，致使內地經濟枯竭，資金集中一隅，造成不均不安之狀態」。

財政赤字的擴大和國內生產的停滯是造成戰後惡性通貨膨脹的主要原因，尤其是內戰爆發後，軍費開支日見龐大，往往占政府支出總額的百分之六十五至七十。本來經濟自由化首先是要以國內和平為基礎，這樣刺激經濟的發展方有所作為。宋子文最初推行自由貿易政策時似乎國內尚有和平的一線曙光，同時他又寄望於美國的巨額經濟援助。然而當他推行的政策剛剛出台，停戰協議即被撕毀，不久內戰重啟，國內和平無望，美援遙遙無期，經濟恢復更是積重難返。宋子文原以為進口國外商品可以解決國內供應和商品的不足，出售黃金和外匯則可以吸收過多發行的貨幣，抑制通貨膨脹，但是他卻沒有辦法去控制政府日益膨脹的軍費開支。內戰全面爆發僅兩個多月後，宋子文就向蔣介石報告財政收支所出現的窘況：「查八月份內雖售巨量黃金及售賣物資等，以期收回法幣，惟因支出浩繁，力不從心。經結算，上月增發法幣二千億元，如此巨額增加發行，實感惶懼。刻下國防部又請每月增撥經費八百億元，國庫羅掘俱窮，無力負擔，且自軍事發動以來，各鐵路亦無收入，胥賴政府撥款，內外交迫，支應乏術。」內戰的消耗是極為龐大的，通貨膨脹則是超速的。更重要的是，戰況的發展遠遠出乎決策者的預料。內戰爆發後雖然宋子文幾次遞交辭呈而未獲批准，但最終還是被趕下政治舞台。這是因為蔣介石已對宋子文、貝淞蓀等人完全失去了信任，並將經濟局勢的惡化歸咎於他們所推行的開放金融政策上。蔣介石對於經濟形勢憂心忡忡，他曾在一九四七年一月三十一日的《日記》上寫道：「農曆年關經濟，社會幸未崩潰，惟外匯基金日減，黃金減空，子文不學無術，敗壞國是，不勝焦慮之至。」二月六日，蔣介石對於中央銀行總裁貝淞蓀臨時採取黃金限額出售措施更是極為惱怒，指責他工作不負責任，「事前既未請示，又毫無準備，造成物價騰漲，經濟更趨敗壞」，甚至申斥貝淞蓀「顢頇無能」；而宋子文則「失其腦力與主宰者然，而唯貝祖詒與勞傑斯之計是從，為之憂戚無已」。此刻蔣介石自己在反省時也不由得發出感嘆：「經濟失敗，亦在余一任子文之所為，以致誤國至此也。」但實際上更重要的原因則是，國民黨低估了共產黨的力量，他們原以為，不論是談判或是戰爭，消滅（或解決）共產黨只需要幾個月的時間，然而日後局勢的發展恐怕不僅是宋子文始料未及，而且由內戰所引起的龐大財政開支也是任何主政者都無法解決的。從這個角度來看，戰後初期開放金融和貿易的政策最終遭到失敗也就是必然的了。

宋子文下台以後

宋子文的政壇起伏

宋子文自踏上仕途，官職便一路攀升，特別是南京國民政府成立之後，他相繼出任財政部部長、中央銀行總裁、行政院副院長等要職，並連續擔任國民黨第二至六屆中央執行委員，算得上是民國時期一位黨和國家領導人了。

宋子文雖然與蔣介石、孔祥熙都是至親，然而彼此之間的關係卻相當複雜。由於理念、性格各方面的差異，特別是涉及到權力和利益，他們三人既相互利用，又存在諸多矛盾。一九三三年十月，宋子文由於在理財方針上與蔣介石發生重大衝突，繼而辭去財政部長，他的所有職務均由孔祥熙接替。

一九三五年三月宋子文擔任增資改組後的中國銀行董事長，並參與幣制改革方案的制定，但畢竟與政壇高層的距離還是遠了些。抗戰爆發後，宋子文主要在香港活動，其間一度想重新出任財政部長，但他要價太高，最終被蔣介石否決。直到一九四○年六月，蔣介石為了尋求美國的援助，終於起用宋子文，讓他作為蔣的特別代表前往美國進行外交活動，但並沒有任何官銜。太平洋戰爭爆發後，宋子文出任外交部長，雖然並未返回重慶，仍在美國活動，但總算是重新回到政治舞台。一九四五年六月一日，宋子文正式擔任行政院院長（在這之前的大半年只是代理），終於登上他在政壇上的最高峰。

然而蔣介石起用宋子文的目的主要還是利用他與美國政經界的關係，對宋本人其實並非完全信任，在蔣介石的日記中就經常出現責罵宋的文字。一九四二年一月四日，宋子文剛出任外交部長還沒有幾天，蔣介石就在日記中記道：「子文對財政無自立方針，始終受英人之迷惑，不能脫離之羈絆，而且執迷不悟，殊可嘆也。應善導之，使之覺悟。」當蔣介石得悉美國欲透過借款來達到控制中國軍隊的意圖後更是十分惱火，並立刻將這種憤怒的情緒記在宋子文的頭上。他在一月十五日的日記中又寫道：「子文私心與野心不能改變，徒圖私利，而置國家於不顧，奈何？」「英美以借我軍餉，且每月分撥，盡用心之鄙吝與侮辱中國已極。而子文贊成，尤為痛之至。……子文贊成美國提案，盡失國體與人格不顧，痛憤無已。本擬電稿痛斥其非，後乃克制緩和，重擬復電，免致懷恨抱怨也。」特別是一九四三年十月，蔣宋二人為是否罷免史迪威之事澈底翻了臉，當然最後還是宋子文認錯道歉才算了事。

抗戰勝利前夕，宋子文以行政院院長兼外交部長的身分前往蘇聯談判，其間曾回國匯報詳情。七月十九日上午宋子文在向蔣介石報告談判經過時稱，如果下面的談判不能按照他的意見進行，他就不準備再次赴蘇參加談判了。此時因孔祥熙捲入美金公債舞弊案，蔣介石決定撤掉其中央銀行總裁之職。宋子文得知後即向蔣介石表示，中央銀行新任總裁的人選必須由他

▲ 戰後蔣介石與宋子文在蔣的書房合影，他們當時是黨國的最高領袖。

來推薦，否則他將無法擔任行政責任云云。蔣介石聞之大怒，他在當日的日記中說，宋的舉止「非強迫即威脅，而以美國外交、財政當局是其知交而眩（炫）惑。嗚呼！國人心理，媚外自私如此，而以欺制元首，不問政策，一以個人名位自保，不知國家與政府為何物，氣（？）之可痛心疾首者，莫甚於此也」。到了第二天蔣介石還沒有解恨，他又在日記中寫道：「昨日受子文壓迫，動以不能負責、以美國外援自眩（炫），其性其氣並無一些改變也。」蔣在發了一通感慨後又抄了一段《聖經》「彼輩口如蜜，心中含辛螫，祈主按其行，報彼諸罪孽。」下面還有幾個字被塗改，雖然現在已分辨不出，但肯定是罵人的話。緊接著蔣介石在「上星期反省錄」中又寫道：「子文自俄回來，其不願負責簽約，是否有意為難，故不能斷定，但其重身輕國之行動，昭然若揭。對於獨占財政經濟之心思，更不可自制矣。此實為我一生最痛苦之一事。」

宋子文並不知道蔣介石曾在日記中發泄對他的不滿，此時的宋子文可以說是躊躇滿志，一心想作出一番成就。抗戰勝利後不久他急於修改戰時的財政措施，寄望透過開放外匯和黃金市場，實現其制止通貨膨脹和發展經濟的計畫。然而事與願違，新政策實施不到一年，大量外匯和黃金流出國庫，進入私人的腰包，並在上海爆發了金融風潮，國民經濟陷入危機之中，國內外輿論群起而攻之。在這場「倒宋」的風潮中，尤以著名的歷史學家、國民參政會參政員傅斯年的抨擊最為嚴厲，他先後發表了〈這個樣子的宋子文非走開不可〉、〈宋子文的失敗〉、〈論豪門資本必須鏟除〉等一系列檄文，指名道姓地攻擊宋子文官商不分、「公私不分」，「自己（包括其一群人）又是當局，又是『人民』」；傅斯年還指責宋子文具有「無限制的極狂蠻的支配慾」，提議立法院、國民參政會徹查孔、宋等「豪門」在國內外企業經營的內幕，包括營業範圍和外匯來源，並徵用孔、宋家族的財產。此刻蔣介石也對宋子文失去希望，一九四七年二月六日蔣介石在日記責罵宋子文「失其腦力與主宰者然，而唯貝祖詒與羅傑斯之計是從，為之憂戚無已」，最終決定換馬，因為他認為「經濟失敗，亦在余一任子文所為，以致誤國至此也」。

在這種內外交困的情形之下，宋子文只能於一九四七年三月一日宣布辭職，他在立法院臨時會議上表白：「本人也是一個普通的人，自然亦不會毫無過失，所謂人非聖賢，孰能無過。所以本人決不敢說所做的每件事，都是確當而有效的，不過都是為一個共同的真實的目標，絕對無私人利益的打算。」他強調說：「本人自從擔任行政院的職務以來，一切盡心力而為之，政策方面，可能有錯誤的地方，而在良心方面，在離開行政院的時候，覺得絕對對得起國家民族。」第二天國內各大報章都在頭版位置刊登了宋子文辭職的消息，並說他「退出會場登車時，步履艱遲，由左右扶登車廂，面部疲憊之態，一若大病初癒」云云。

三月二日《申報》社論〈政局的新動向〉，對宋子文的評判倒還較為公允：

> 宋氏為人，自信甚強，其為政亦頗具毅力，在中國敷衍搪塞相習成風的官場中，不失為別具風格。惟其自信過強，故不易兼聽，惟其有毅力，故往往流於執拗；加以平時所接觸的範圍，又只限於經濟金融之若干人士，而未能默察社會輿情與人民心理的歸趨，以致其所採取之政策，未必即能對症下藥。

美國駐華大使司徒雷登獲悉，宋子文在辭職前曾與蔣介石進行了一次長時間的會談，但「談話無論如何都是不友好的」。蔣介石儘管堅持讓宋保留最高經濟委員會主席的職務，但仍準備接受他辭去行政院長的職務，最終還是接受他辭去經委會的職務。司徒雷登在致美國國務院的電報中說：「從情報中獲悉，在第一次談話中蔣向宋提出強化內戰的特別計畫，考慮到目前的物價，此計畫會在最近增加軍隊的薪水和供應。一方面是無情的戰爭需求，一方面是日益棘手的物資短缺。」司徒雷登認為：「宋對自己曾充滿信心，直至最近他還認為蔣需要他甚於他需要蔣，但蔣不會為財政和經濟的困難為宋公開承擔任何責任，他讓宋離職甚至連一句感謝的話都沒有，以致於蔣夫人都認為『他們讓我哥哥成為替罪羊』。」

世態炎涼

步下政壇的宋子文閉門謝客，原先車水馬龍的宋宅大院一下子變得冷冷清清，門可羅雀，世態炎涼，由此可見一斑。然而還是有幾個心腹親信致函宋子文，並向他效忠，雖然為數不多，卻為憂鬱不已的宋子文帶來些許安慰，要不然他也不會將這幾份函電細心予以珍藏。宋子文去世後，這些資料都被他的家人捐贈給美國史丹佛大學胡佛研究所保管，從而為歷史留下一些記錄。

第一個來信的人叫陳質平，他與宋子文是同鄉，也是廣東（今海南）文昌人，抗戰期間曾任西南運輸處處長，主持滇緬路的運輸事宜，與宋子文的弟弟宋子良共事，然而他是戴笠的親信、並在軍統局內任職的真正身分卻很少有人知道。抗戰勝利後，陳質平先出任駐印度加爾各答的總領事，一九四六年七月改任駐菲律賓公使。一九四七年三月三日報紙剛剛宣布宋子文辭職的消息後，他就立即致函宋子文表達敬意。陳質平在函中先是讚揚「鈞座急流勇退，清高勁節」，接著便對眾人的攻擊深表不滿，最後他甚至竭力表白自己，聲稱「在斯顛倒是非、淆混黑白時會，職擬辭去此間職務，藉獲隨侍左右，而與惡勢力相周旋」云云，向宋子文表忠心。

三月五日，宋子文的另一位部下洪軌（時任江西省政府委員兼財政廳長）也來函致敬，其形式與陳質平來信差不多，不過內容更加詳細，文字更具感染。洪軌在信中首先表示，當他聽到宋子文辭職獲准的消息後「不禁扼腕者久之，緬懷我公受命於危難之際，時值戰事失利，財政奇緊，我公以大刀闊斧之手段，毅然縮併機構，裁汰冗員，使政治風氣因以丕變，前方軍心為之一振。迨後勝利突然來臨，全國物價陡告慘跌，我公復運用黃金及貼放政策，使全國工商業得以安渡難關」；接著洪軌就為宋子文打抱不平，他在信中說：「勝利以還，和平未能實現，戰亂反而更殷，支出浩繁，交通不便，任何人當此危局，均難避免經濟風潮」，但「我公仍持危扶顛，採用各種措施」，從而避免了一次次風波。而「此次滬上金融風暴波及全國，原因複雜，事出意外，非我公之咎也」；而且「我公於事發之後，立即採取緊急措施，強制執行，不數日而風潮平息」，就在此時，「我公以責任已盡，良心已安，然後引咎辭職，退避賢路，此種大政治家之風度，求之近世，實不可得。我公去矣，是非功過，天下後世自有定評」。寫到這裡，洪軌又不禁將宋子文與宋代的王安石及明代的張居正加以比較：「昔者王臨川推行新法，不見容於當時；張江陵革新庶政，屢見阻於同儕。今則談政治者，對於王、張二公之政績每津津樂道，不置後之視今，亦猶今之視昔。」洪軌在信的最後還不忘安慰老上司「以一身繫天下之重」，辭職亦「正所謂求仁得仁」，但最重要的乃是保重身體，因為「復興偉業，將有待於東山之再起」。

第三封信出自於宋子文的親信吳秀峰之筆，這封信雖然來得晚點（大概是一九四七年的四月），但信的內容卻透露了宋下台前後政壇中的某些祕密。吳秀峰在信中說，他在離滬去京前曾專程到監察院于右任院長家中辭行，談到宋子文去職後 C.C. 份子依然在會上吵鬧不休時，于右任不禁慨然曰：「國家培植人物，何等困難；打擊人才，何等容易。國家及本黨均尚待宋先生宣力，今已去職，豈可更

▲ 宋子文與張學良的關係非同一般。

多攻擊？幸經總裁撤消此案，甚以為慰。」

吳秀峰在信中說，他聽了這些話原以為「此不過老先生久於世事，發為公正遠大之意耳」，然而事後他才知道，于院長所發出的感慨實在是事出有因。吳秀峰有一位以前的同事叫李世軍，北伐時曾在馮玉祥手下任職，與復興社的關係相當密切，後來一直擔任監察委員。據李世軍後來告朱秀峰說，當初奉命查辦黃金風潮的何漢文等四名監察委員在提出彈劾貝淞蓀之同時，另外還有專案彈劾宋子文失職誤國。于右任先生因為想取消此專案，特派李世軍進行審查，並從中予以疏通，希望他們撤回提案。圍繞此事先後斡旋了三個星期，但均沒有成效。實際上這幾位提案人背後得到Ｃ.Ｃ.系的支持，因此他們不僅不同意撤消提案，反而還聯絡四十九名監察委員具名備函，指責于院長違法，故意壓制提案，對提案加以拖延，不予辦理；同時中央監察委員會常委姚大海、邵華還向于先生索要此案，要求他依法將提案送交中央監察委員會。在此情形之下，于右任院長仍然拖延不辦，並讓李世軍繼續疏通。因此李世軍以為，「鑒於監院內部及外間之壓迫，如得總裁向于先生提示，此案不應成立，則Ｃ.Ｃ.當可停止進行」云云。

這封信讓我們得知，宋子文最後沒有被彈劾，除了監察院于右任院長暗中保護之外，更重要的還是出自蔣介石的制止。至於蔣介石出面祖護的目的是不是真的考慮到他與宋子文之間的親情尚不得

知，然而有一點卻是可以肯定的，那就是儘管蔣介石對宋子文有諸多不滿，但他決不允許因此案的公開而危及黨國的命運與家族的榮譽。

在宋子文保管的資料中還有一封他寫給張學良的函稿。宋與張之間關係密切，西安事變爆發時，宋子文曾親自前往西安進行斡旋，終於得以和平解決。然而西安事變後張學良卻被長期關押，抗戰勝利後不但沒有獲釋，反而被蔣介石下令祕密押送到台灣新竹繼續監禁。因此長期以來，宋子文、宋美齡兄妹對於張學良都有一種內疚之情。而此刻正當宋子文從政壇的最高峰突然跌落之時，這種感覺恐怕更為明顯。信的內容全文如下：

漢卿兄如握：違別多時，望雲增念。聞台從到台後起居佳勝，深慰馳懷。茲值柳忱兄來台，特託帶奉三畬堂財產清理委員會致兄函一件，及附件四份，敬祈詧閱。弟於二月底辭准院務，暫住滬濱。兩年以來，愧乏貢獻，而心力交瘁，亟須攝養，得遂初願，頗慰私衷。知兄愛我，特以奉聞。屢從在美友人處詢悉許太夫人及尊夫人以次均甚安好，尚希紓念為禱。手此。敬頌

曼福

宋〇〇親簽

莫柳忱先生帶台

這封信是宋子文委託即將到台灣的東北耆宿莫德惠（字柳忱）當面交給張學良的，信雖然不是宋子文親自擬寫（宋子文的中文程度不高，他的閱讀水準應無問題，但書寫時錯別字甚多，更不要說寫如此文縐縐的書信了），但還是能代表此刻宋子文的心情。

「三畬堂」是張學良之父張作霖的堂號，張作霖是奉系軍閥的領袖，號稱東北王，在他統治東北之時曾興辦的眾多企業、商號和錢莊，多以「三畬堂」為號。東北淪陷後，張家的產業大都被日本侵略者所強占；抗戰勝利後，張學良曾向蔣介石提出清查三畬堂財產的要求，並獲得蔣介石同意。此刻宋子文正出任行政院長，對清查之事甚為用心，特別成立由彭賢、魯穆庭等東北軍舊部組成的三畬堂財產清理委員會，接收了張氏原有的財產。張學良此時雖然仍陷囹圄，這筆財產對於他來說只是可望而不及，但宋子文還是認為應將其下落告訴他，同時這可能也是對自己長期以來負罪感的一種解脫。

宋子文下台半年之後，即在國民黨六屆四中全會上宣布，將其個人在中國建設銀公司及其他公司中的股份全部捐出，並成立一個基金，專門接濟那些在抗戰和內戰中死難的黨員家屬。很可能這就是一種交換，因為沒有多久，蔣介石就任命他為廣東省主席，於是宋子文又急匆匆地南下任職。

九月二十九日宋子文剛到廣州就給蔣介石發去一份電報，由於此次任命並未經國民黨中央執行委員會討論通過，因此引起黨內外及社會輿論的反對，而監察院更是抓住宋子文在黃金風潮中的過失不放，宋子文有些擔心。蔣介石立即於十月一日回電予以安慰，說黨內同志只是對程序有些意見，其實「並無其他惡意」，「至監察院卑劣言行，已設法警告」。同時他還囑咐宋子文「應即日就職，勿稍猶豫為要」。然而此刻蔣介石和宋子文可能都沒有想到，這也是宋子文在政壇上出任的最後一個官職了。

宋子文與九龍城寨事件

九龍城寨事件始末

發生在一九四八年的九龍城寨事件，是中英兩國外交關係中的一次衝突，更是戰後中英雙方圍繞香港問題的一次較量。以往很少有人提及剛剛就任廣東省政府主席的宋子文與這次事件有什麼關係，然而珍藏於美國史丹佛大學胡佛研究院的宋子文檔案中卻有幾份相關的文件，說明宋子文在處理九龍城寨和因之而發生的廣州沙面事件中具有相當重要的作用。

九龍城寨位於九龍半島的東部，面積不大，還不到七英畝。鴉片戰爭後，香港被迫割讓給英國，清政府為了對岌岌可危的九龍實施有效的管制，特於此地設立九龍巡檢司，並在其周圍修築九龍城寨，因此城寨便成為清政府在九龍地區的政治和軍事中心。第二次鴉片戰爭後，九龍半島又割讓給香港，英國占領區已逼近城寨。到了一八九八年中英關於展拓香港界址的談判中，清政府雖

▲ 1935 年時的九龍城寨。

▲ 1947 年 11 月，廣東省主席宋子文訪問香港時檢閱儀仗隊。

然同意將深圳河以南的地區（即新界）租給英國，但仍堅持保留城寨的主權。然而不久英方在接收新界的過程中卻將清軍官兵趕出城寨，單方面宣布城寨是為「女王陛下的香港殖民地」的一部分。雖然歷屆中國政府都不承認英國對城寨的管治，雙方亦曾為此進行過多番交涉，但都沒有結果，城寨實際上成了一個所謂三不管的地區。

抗戰勝利後，英國重新占領了香港。一九四七年七月，葛量洪接任香港總督，在對待城寨的問題上態度變得日益強硬。他後來回憶說，他就是要對香港的民眾表示權力，企圖強勢施政，而強行拆遷城寨就是他意圖實施強勢管治的一個主要措施。當時的國民黨可以說是內外交困，不僅在軍事上節節敗退，在經濟上更是危機重重，因此英國外交部認為，無論是南京的外交部或是宋子文的廣東省地方政府，都不願意在這個「傷腦筋」的問題上製造事端。一九四七年十一月底，剛到廣州履新不久的宋子文即前往香港進行訪問，雖然表面上雙方討論的是粵港兩地如何合作，共同打擊走私等問題，但實際上宋子文和葛量洪還是就某些可能發展成不愉快事件的小事進行了洽談，並得到圓滿的解決。在葛量洪眼中宋子文是一個精明的人，更是一個「道地而思想似西方的中國人」，因此認為他與宋之間都具有「喜歡和尊重對方的優點」。而這些所謂「可能發展成不愉快事件的小事」，一定包括當時香港政府正在進行的拆遷九龍城寨的內容。

一九四七年十一月二十七日，港府當局向城寨居民發出通告，限令城寨內所有木屋住戶於十四日內全部拆遷。通告發出後立即遭到城寨居民的強烈反對，他們認為城寨是中國的領土，港英政府根本就無權動遷。城寨居民一方面自發成立組織予以抵制，同時還請求中央和地方政府予以援助。

葛量洪認為城寨居民的反抗是對港英政府的直接挑戰，絕不能因此而示弱。儘管他也知道強行拆遷會導致衝突，中國政府也一定會出面抗議，但他「不認為南京政府會給予麻煩」。一九四八年一月五日和十二日，香港政府兩次出動武裝警員進入城寨強行拆遷，在清拆過程中曾鳴槍並施放催淚彈對付平民，以致多人受傷，並有數人被捕，這就是中英關係史中著名的「九龍城寨事件」。

沙面事件隨之爆發

九龍城寨事件爆發後，中國政府立即透過外交部和外交部兩廣特派員公署分別與英國駐華使館及港英政府展開交涉，但態度並不強硬。然而這一事件卻激起全國民眾的極大憤慨，幾乎所有中文報刊都為此事發表社論，抨擊港英政府的暴行，南京、上海、北平、天津等各大城市也都相繼舉行聲勢浩大的聲援和示威，其中最有影響的就是發生在廣州的沙面事件。

沙面原是廣州市內白鵝潭水面上的一片綠洲，第二次鴉片戰爭之後成為英國和法國的租界，雖然

▲位於廣州沙面英國租借的石橋。

抗戰勝利後根據戰時廢除不平等條約的規定，中國政府已收回租界，但這裡仍是西方各國領事館、銀行和公司的聚集地。而一九二五年六月二十三日震驚中外的沙基慘案就是發生在這裡，因此對於具有強烈反帝傳統的廣州市民來說，沙面的地理位置就具有很強烈的象徵意義。

廣州市舉行的大規模遊行事先得到省市參議會及國民黨官員的籌劃，但在設計遊行路線時關於是否行經沙面而發生爭執，最後因宋子文堅決反對而作罷，但是在十六日遊行的過程中，突然有一千多名學生脫離了規定的路線前往沙面並包圍了英國領事館，之後聚集的人數愈來愈多。在發表演講、呼叫口號的過程中，群眾憤怒的心情達至頂峰，先是有人推倒門外的旗桿，進而破門而入，將領事館的家具和文件拋出來放火焚燒，領事館的四座洋房及所有物件均付之一炬，附近的英國新聞處、太古洋行、渣甸洋行、渣打銀行等機構亦未能倖免，匯豐銀行的玻璃大部被打碎。整個騷亂歷時兩個小時，有六名英籍人士受傷，大火還殃及設在英商洋行內的挪威和丹麥領事館。

關於沙面事件爆發的原因事後有多種揣測，國民政府將其歸咎於中共的陰謀，認為這完全是共產黨的宣傳和策動；也有報章認為這是因為廣東省的地方官員對宋子文的不滿，因此而發動事件來破壞他的管治威望。外交部長王世杰認為這一事件的發生，「一則中共及其他反政府團體之爪牙遍布廣州；

一則宋子文主席無指揮當地黨部及其他民眾團體之力也」。而港督葛量洪則認為這是國民黨內的右翼集團（以C.C.系為代表）策動的反對西方和打擊宋子文勢力的行動。當時廣州一份報紙發表社論稱，沙面事件的發生「直接的導火線是九龍城問題，而實際的基因則是百年以來廣州人民的憤懣。自鴉片戰爭之後，英國問鼎中華，在在以廣州為第一個對象」。這幾種說法可能都有一些道理，但卻未能全面探詢到問題的本質。

國民黨內的角力

國民黨本身就是依靠「運動學生」而成長和壯大的政黨，也正是因為它深深地了解學生運動的威力，在其執政後對於「學生運動」才更加恐懼，生怕因此而動搖它的統治。特別是抗戰勝利後一連串的學生運動，如一九四五年的「一二・一」昆明學生運動、一九四六年年底的沈崇事件以及一九四七年五月席捲全國的「反飢餓、反獨裁、反內戰」學生運動，令國民黨政權狼狽不堪，因而特別頒布《維持公共秩序暫行辦法》和《戡亂總動員令》等一系列惡法，明令禁止一切罷工、遊行和請願。然而儘管如此，國民黨內某些人（特別是主持黨務工作的頭目）還是希望能夠利用群眾運動來達到他們的目的，譬如一九四六年二月發生在重慶的反蘇遊行，很明顯事先就是得到國民黨上層的支持。這次因應九龍城寨事件而爆發的全國性的聲援與抗議，也讓國民黨高層有人認為可以利用民族主義情緒來壓服英國人就範。因此各地的遊行不但沒有受到警方的阻止，反而在遊行過程中還得到憲兵警察的保護和指引；參加遊行的不僅有普通的大專院校學生，連號稱是國民黨黨校的中央政治大學學生也積極參加，甚至校長顧毓琇在勸阻不成後竟也參加了遊行。廣州民眾的遊行也是如此，除了事先得到廣東省參議會及國民黨省黨部的官員直接指導，規定由省參議會主席林翼中擔任主席和遊行的總領隊，而且，省、市政府的社會處長陶林英、朱瑞元、國民黨省黨部主委余雄賢、以及廣州市參議會主席陸幼剛等人亦都曾參與策劃。

宋子文的外交策略

國民黨原先是希望透過民眾運動向英方施加壓力，沒想到事態的發展出了問題，政府不但沒有控制住民眾的情緒，反而在談判中變得愈發被動了。在這種情形之下外交部長王世杰也沒有辦法，一月十七日他致電駐英大使鄭天錫，讓他向英國外交部表示深切的遺憾，但措辭一定要注意，需用 Express deep regret，而不能用 Apology，而且他還強調，此事最好不要見諸報端。

沙面事件爆發後，作為地方政府的最高首腦，宋子文也於十八日向蔣介石發出一封密電，報告粵穗各界外交後援會於事件爆發後舉行集會時所作出的決議：

宋子文雖然剛到廣州就任，缺乏對地方勢力的管治權威，但他曾長期主持中央的外交工作，因此他在有關九龍城寨的問題上態度是比較克制的，並竭力主張透過外交途徑來解決這一難題。事件發生前，宋子文曾口頭勸喻城寨居民保持克制和冷靜，要相信中國政府，並表示外交部已與英方提出交涉，要求港府不要逕行拆遷；事件發生後廣州市民群情憤怒，紛紛要求抗議示威，宋子文對於群眾的義憤當然還是充分理解的，但他卻強調遊行路線不可經過沙面，實際上就是害怕運動失控而引起外交衝突。沙面事件發生後，宋子文立即下令出動軍警維持秩序，並當即逮捕一百一十名參加示威的人士，其中有三十六人為大中學生，其後有二十餘人被指控為「肇事暴徒」，移交司法部門審判。

（一）此次遊行所發生之不幸事件，應由英政府負責；

（二）要求政府釋放所有被捕民眾。

會上還有人提議，若香港政府繼續迫害九龍城居民，後援會應發動海員工會等團體採取進一步行動，所有在場者都表示同意。

宋子文在電報中還報告說，一月十七日廣州各大專院校校長聯席會亦對此事發表宣言，但措辭頗為得體，中外人士反應較佳。最後宋子文表示了他的意見：「該後援會如發表宣言，甚至有所行動，恐更引起一般民眾激烈情緒」，因此他已向市政府和省市黨部下令，迅予設法制止。

宋子文在部署警力、嚴防事件進一步擴大的同時，還施展他的外交手段，主動與英、美等國家駐廣州的總領事聯絡，希望透過外交途徑解決事件。

一月十九日上午十時，英國駐廣州總領事前往省政府官邸與宋子文會面，並向他提出多項要求：

（一）英商「佛山輪」即將於週三（二十一日）到達廣州，希望當地政府派出軍警加以保護，以防不測；

（二）目前廣州市內仍有不少反英標語，要求設法制止；

（三）奉英國大使之電令，要求廣東省政府切實保護英國僑民的生命財產安全。

宋子文當即表示，對於上述要求應盡力予以保護，但他又指出，香港政府近日又進一步驅趕九龍城居民出境，如此則事態將更加嚴重，地方政府很難處理和解決，因此最終的交涉還是應由外交部進行。宋子文指出，此次沙面事件的發生固然有奸徒乘機暴動，但英國人先在九龍城開槍，傷及中國居民，以致激勵了中國人民的民族情緒，這也是必然的反響。反觀英國政府去年在驅逐強占房屋的倫敦市民事件中卻沒有開槍，處理的手法完全不同；而且，香港政府不應該忘記，他們所面對的是中國人民，而不是英國人，香港原為中國領土，而二十多年前沙基慘案的種種情景，在廣州市民中仍歷歷在目，因此希望港方應以歷史的眼光予以觀察，不要一誤再誤。宋子文強調，這些話都是他站在私人的立場上所發表的意見，決不會公開向民眾宣布，以免刺激他們的情緒。

英國總領事強辯，由於沙面事件的爆發激起了港方的憤慨，以致不得不驅逐九龍城的居民。宋子文則指出，兩國政府均應以冷靜客觀的立場應付這類事件，而不能帶有感情衝動的情緒。

英國總領事走了之後，廣東省和廣州市黨政部門負責人亦前來向宋子文報告沙面事件的後續情況。市參議會議長陸幼剛報告稱，市參議會正在召開大會，會上有二十七名參議員聯名提議發表通電，要求以外交懦弱無能為由，罷免外交部長王世杰和外交部兩廣特派員郭德華的職務。而宋子文對此則堅決予以反對，他認為如此舉動對於王、郭二人之犧牲固不足惜，然而卻會將反英目標轉移為反政府，並進而反對國民黨，因此千萬不可大意。

二十日，美國駐廣州總領事鮑克亦致函宋子文，詢問當局準備採取什麼措施保護在廣州的美國及其他國家僑民的利益。宋子文隨即回信稱，自一月十八日起，廣州特別市的警察就與地方駐軍一起接受廣東省綏靖公署副主任兼省保安司令黃鎮球將軍的統一指揮，所採取的措施均直接向宋子文負責，市區除警察外，還部署一支常規軍隊，隨時聽候調遣。宋子文還進一步解釋說，沙面事件爆發後他已發出公告，任何對人身和財產的侵犯都將受到軍法懲處，並已授權軍隊與警察必要時可動用武器。

第二天，宋子文在會見美國總領事時又向他加以解釋，並嚴厲指責廣州市長和警察局長的無能。但是鮑克卻認為，由於宋子文缺乏地方軍隊和警方上層的支持，所以他允諾採取的措施顯然並不足夠。

蔣介石的態度

九龍城寨和沙面事件爆發後，國民政府高層也對此案的交涉展開激烈的爭論。事發後王世杰在日記中寫道，如果此時向英方提出收回九龍和香港的要求，必然會遭到英國的拒絕，「如是則雙方之僵持必益久，社會之紛擾必甚，乃至廣州事件勢必重演於他處」；他以為收回九龍和香港自然應定為今後我方之外交目標，「但提出之時機與方式，則不可不縝密決定」。因此他主張目前的方針就是單純解決九龍城寨這一事件。他的這一主張在一月二十日召開的行政院院會上經過多番爭論，最終獲得通過。

就在這時蔣介石收到了宋子文的電報，隨即於一月二十三日下達指令：

對於九龍問題應以大事化小，並須從速了結為主旨，如有藉此案以期擴大事態，甚至進一步暴動者，應依破壞戡亂動員法令，一律以為匪作倀、危害國家論處。望以此意轉告黨政軍負責人員一律遵行勿誤為要。

一月二十九日，蔣介石再次致電宋子文（這封電報還同時轉發四川、雲南、浙江、上海、廣州、北平、天津、漢口、重慶等省市負責人）：

宋主席並譯轉省市黨部（極密加碼）：關於九龍城事件，我政府現正向英國政府嚴重交涉，以期貫徹我政府之基本主張，即維持我方對九龍城管轄權之立場。英政府對於香港當局決定九龍城拆遷房屋一事之經過，雖不能不有所辯護，但日內我方如無意外事故發生，我政府之基本主張可望貫徹。至希密飭所屬，嚴防類似沙面事件之復發，尤應對於言論機關及學校當局善為指導，以免奸黨利用機會，擴大事態，危害國家，是為至要。

宋子文收到電報後立即予以批示：一、遵轉省市黨部；二、抄交鄒祕書長辦，密令轉飭各有關機關遵照。

九龍城寨事件發生後激起國內民眾的極大反響，英方在中國人民的抗議聲中開始退縮，提議在城寨清拆之後的原址修建公園，原地居民則遷往別處。此時中國外交部的態度也變得強硬起來，王世杰原則上同意英方的建議，但又提出需將兩廣特派員公署設置於公園之內。對此提議英方雖然沒有立刻表示同意，但似乎並不反對。這個方案不僅解決了未來城寨居民的安置問題，更重要的是中國的官方機構將正式進駐九龍，從而改變了自一八九九年以後中國官員被趕出城寨的現狀，其意義非同小可。

然而由於沙面事件的失控和「出格」，使得原來已經軟弱的英國政府又變得強硬起來，原有的提議被擱置一旁，中英雙方又開始了漫無休止同時又是毫無結果的外交談判，最終又回到了原地，談判的內容絲毫沒有進展。四十年過去了，直到一九八七年十二月十日，中英兩國政府才在有關香港主權聯合聲明的基礎上達成協議，香港政府開始有計劃地清拆城寨，妥善安置原居民，並在原址興建公園，至此困擾了近一個世紀的九龍城寨問題方得到圓滿的解決。

宋氏家族在上海的房產

以往人們將蔣宋孔陳稱之為中國的四大家族，過多的是政治上的攻擊，但宋氏家族是民國時期的豪門權貴卻是不爭的事實。然而宋家到底擁有多少財富，這一直是人們極欲想了解、卻也是至今沒有一個正確答案的問題。

就以宋家在上海到底有多少不動產來說，就有各種不同的說法。在網上搜索一下，可知宋子文在上海至少有以下幾處房產。

虹橋路一四三〇號。這是一幢英國式的二層鄉村豪宅，建築特點是二層設在屋頂，建築平面呈曲折形，與東西配樓形成高低錯落的格調。整座建築面積約有四百多平方公尺，室內木質大樑相互交錯，地板、護壁、樓梯木料堅實，工藝精致，在上海也算得上是一幢別具特色的建築。這座別墅大約建於上世紀三〇年代，那也是民國時期社會經濟發展最為輝煌的時期。當時這兒還是郊區，附近大都是農田，一些官僚商賈興起在市郊建築別墅度假之風氣，這裡便為成了首選之地，聽說後來這處房產又被榮家買下。

▲ 虹橋路 1430 號。

永嘉路五〇一號，亦今岳陽路一四五號。這是一座帶有德國建築風格的花園式別墅，占地面積五百多平方公尺，假三層磚木結構，雙坡平瓦屋頂，整座建築的窗型複雜多樣，有圓券形、尖券形，還有方窗，窗框多以紅磚隅石裝飾，建築外牆為灰色卵石，底部則處理成粗石基座。

東平路十一號。這座荷蘭式的花園住宅始建於一九二一年，建築面積一千三百六十四平方公尺，假三層磚木結構，南西兩面墻孤角外凸，復折式紅瓦屋頂，紅色仿石塊水泥墻面。室內樓梯用雕花木扶手，一樓為客廳，二樓為卧室，內有壁爐，左邊則為方形露天陽台，面對外面的大花園。這座別墅最初係美國人羅森菲爾德的住宅，他是一位股票經紀人，一九三二年美國人摩爾買下了這座別墅，太平洋戰爭爆發後被日軍驅逐出去。一九四五年抗戰勝利，宋子文以行政院院長的身分重返上海，方成為這座別墅的新主人。

上述幾處房產應該為宋子文所有，至於他究竟花了多少錢、又是甚麼時候購下的這些別墅就不清楚了。我們都知道，宋子文祖籍是廣東文昌（今海南省），他的父親宋嘉樹（字耀如）早年即赴美國學徒經商及求學，後又接受洗禮，成了一位虔誠的基督教徒。一八八六年宋耀如回到上海擔任牧師，在傳教之餘還進行商

▲ 東平路 11 號。

▲ 永嘉路 501 號（今岳陽路 145 號）。

業活動，獲利甚豐；他的夫人倪桂珍則是明代科學家徐光啟的後人，久居上海，幼年時便是一位接受洗禮的新教徒。宋耀如和倪桂珍結婚後，他們的六個子女都出生於上海，因此對於宋氏家族來說，上海才是他們的根。

宋氏家族久居上海，生活優裕，而且子女眾多，自然不會不自置家產。一九二八年一月二十四日，新婚不久的宋美齡在給她大學時閨蜜米爾斯小姐的信中就提到她們家在上海至少有三處房產，分別位於霞飛路四九一號、西摩路三十號和虹口東餘杭路的老宅。

霞飛路四九一號的房子早已無存，據有心人研究，宋耀如大約是在一九一二年初遷入這座大宅的。這裡原叫寶昌路，就是今天的淮海中路茂名路以西、陝西南路以東的交匯處。宋美齡在信中曾對這處住宅有過詳盡的描述：「我們的房子又寬暢又漂亮，而且備有各種現代化的設施」；她甚至將其視為當時上海最好的房子，共有四層樓，十六個房間，還有寬敞美麗的花園。一九一二年四月三日，孫中山卸任臨時大總統後來到上海，即下榻此處，後經報端披露而為眾人所知；更具浪漫色彩的是，一九一五年宋慶齡就是從這兒翻越窗口、不辭而別，遠赴日本而與孫中山相結合的。而且，那幅唯一珍藏下來的宋氏全家福的合影，也正是在這裡拍攝的。然而這處住宅雖然寬敞，但畢竟離市區較遠，生活不大方便，地板也

▲ 宋氏全家福的合影，於霞飛路 491 號。

顯得破舊，特別是一九一八年五月，當宋耀如去世後，倪太夫人為了離開這一傷心地，便搬遷到西摩路三十號去了。

西摩路三十號（今陝西北路三六九號）建於一九〇八年，原來的主人是位叫約翰遜．伊索的外國人。這是一座兩層半高、四面臨空的英國式花園別墅，雖然它的面積只有霞飛路房子的三分之一，但因當時家中人口不多（只有倪太夫人和美齡、子良和子安三姐弟居住於此），顯得格外溫馨，更具家的感覺。這裡特別要提出的是，一九二七年十二月，轟動一時的蔣宋婚禮就在這座別墅的一樓大廳舉行。蔣介石在日記中記下結婚時見到新娘宋美齡霎那間的感覺：「今日見吾妻如姍姍而出，如雲飄霞落，平生未有之愛情於此一時間並現，不知余身置於何處矣！」新婚第二天，蔣宋二人整日廝守在新房中，蔣介石並在日記中寫道：「乃知新婚之甜蜜，非任何事所能比擬也！」

▲東餘杭路上的宋家老宅。

至於位於虹口區東有恆路（今東餘杭路）的房子是宋耀如一家從川沙遷入上海時的第一處住宅，因此人們稱之為宋家老宅。然而不為人所知的是，抗戰勝利後宋家人曾為追討該處祖屋打過一場官司。

上海檔案館典藏的解放前上海地方法院的檔案中有一件宋子安代表其家族追討房產的狀子（如左圖），聲請人宋子安時任中國建設銀公司總經理，對造人共有六人，分別為沈炳泉、沈志標、毛文海、陳寶海、嚴壽庚和金志良。

宋子安的狀告辭是這樣寫的：

為聲請調解事。查東餘杭路（即東有恆路）五二六弄第廿九號及卅一號房屋係聲請人等祖產，抗戰時間聲請人離滬至重慶，曾被日敵強占管理。迨勝利後國土重光，聲請人等回滬，竟發現第一至第四對造人盤踞於該屋第廿九號內，其第卅一號房屋亦被第五、第六對造人所盤踞。彼輩均與聲請人並無租賃關係，顯係屬無權占有，侵害聲請人之產權。迭經派員通知遷讓，迄置不理。為此狀請鑒核，准予飭傳對造人等依法調解，諭令對造人等遷讓出屋，賠償聲請人因此而所遭之一切損害，以維產權，實為德便。謹狀

上海地方法院公鑒

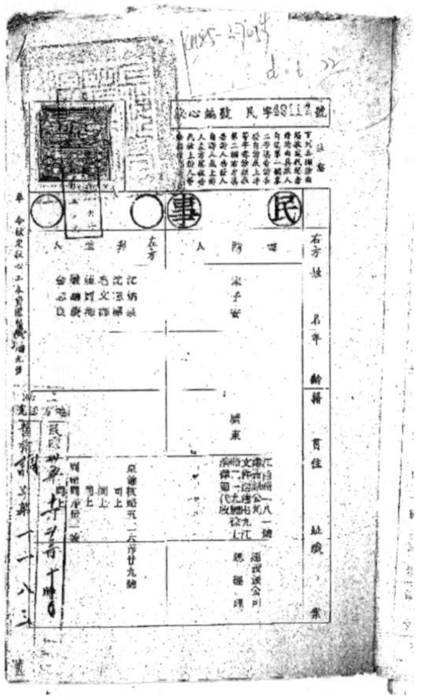

宋子安遞交這封狀告信的時間是一九四六年十一月二十三日，要知道此時他的哥哥宋子文擔任的職務是行政院院長兼最高經濟委員會主任委員，同時他又是國民黨第六屆中央執行委員、中央常委，位居仕途的巔峰，實為黨國的第二號人物，但宋子安追討祖產竟然並不仰仗其家族的權勢，而是依法律途徑解決。儘管我們不清楚此案的結局如何，但僅憑宋子安的這封狀告信，就不能不令人感到吃驚。以往我們說到抗戰勝利後的接收，大都會提到貪污腐敗，官商勾結，接收成了「劫收」，接收大員「五子登科」，但從這封狀告信中，我們是不是還可以得出一些新的啟發呢？

民國股改往事

國有企業私營化在近代中外歷史上不乏其例，譬如晚清時湖廣總督張之洞就曾將虧損巨大的湖北紡紗局及其他官辦三局（織布局、繅絲局和製麻局）全部招商承辦，規定四局產權為官方所有，經營管理則由商董負責，嗣後各局便逐漸轉虧為盈，企業亦獲得新生。當時由外國人編纂的海關江漢關報告就已注意到這一現象，報告指出：「這一個中國人辦的紗廠開工有二十年了……它的命運是在變動的。當它在官廳的手中，常常是失敗的；當它租給一個商人時，除了當地棉花收成不足以外，它總是賺錢的。」類似這樣的事例還有很多，所以國有企業透過招收商股改制為私有化，這可能會在經營管理方面發揮更突出的效益，辦得更有起色。然而最具爭議的地方則在於這種方式很多時候往往並不是一種真正公平、公正、公開的競爭，而變成是官商之間的私相授受，從而造成國有資產的大量流失，引致國人的憤懣。抗戰前夕，位於南京下關的首都電廠股份之轉讓，就是民國時期國有資產私營化的一個明證。

首都電廠的變遷

二十世紀初，中國已開始向近代化邁進，而號稱江南第一重鎮的南京夜間照明卻依然靠著蠟燭和油燈。一九〇九年六月（清宣統元年五月）江南財政局提調許星璧向新任兩江總督張人駿建議，撥款在南京西華門外的旗下街（今西華巷南段）建造一家電燈廠，用以供給江寧將軍府與兩江總督府兩個衙門的夜間照明。張人駿認為可行並予批准，很快電廠便建成竣工，還向上海西門子洋行訂購了三台各為一百千瓦的發電機，命名為「金陵電燈官廠」。開辦後因發電過剩，廠總辦（即廠長）許星璧又向張人駿提議將電廠改為公用電燈廠，餘電則公開出售。一九一〇年八月九日，金陵電燈官廠在《南洋官報》上刊登裝燈廣告：凡官紳學士商各界，如需裝電燈者，請即到電燈廠掛號，以便挨次裝燈；每盞獨光電燈安裝費為大洋五元；每盞電燈每月電費為大洋一元二角；供電時間，無論冬夏遲早，每晚八個小時。

▲ 隸屬於建設委員會時期的首都電廠。

民國建立後，該廠易名為江蘇省立南京電燈廠，用戶方不斷增加，設備亦逐漸更新。一九二七年四月，國民政府在南京定都，遂接收該廠，改稱南京市電燈廠，此時用戶雖已達三千餘戶，但因電壓不足，燈光昏暗，電力更是供不應求，與民國首都之地位極不相稱。在此情形之下，一九二八年二月，國民黨中央政治委員會決定將南京市電燈廠改隸於剛剛成立的中華民國建設委員會之屬下。四月十七日，建委會派員正式接收該廠，並將廠名改為「建設委員會首都電廠」，簡稱「首廠」。自此之後，首都電廠不論在資金籌措或是設備更新諸方面都取得明顯的進步，業務發展更為迅速，至抗日戰爭爆發前夕，首都電廠的營業區域已由南京市區擴展到江寧、句容、六合三縣，資產設備由五十萬元增至一千三百萬元，其用戶亦急劇增加，由接收之初的三千戶上升到一萬六千戶。建委會在接收首都電廠的同時，也接收了無錫的耀明電燈公司和常州的震華電機製造廠，將這兩家私營企業改為國營，並命名為「建設委員會戚墅堰電廠」，簡稱「戚廠」。「戚廠」和「首廠」一樣，在短短的幾年中亦取得飛速的發展，成為建設委員會「發展全國電氣事業之起點」。

然而，正當首廠經營順利發展之際，建設委員會突然對外宣布將其屬下的幾個骨幹企業，包括首都電廠、戚墅堰電廠以及淮南煤礦和鐵路等國有企業改為民營，並委託中國建設銀公司代為招募商股。其後，以首都電廠和戚墅堰電廠為基礎的揚子電業股份有限公司正式成立，順利地完成了國有資產轉換的過程。當時，國民政府正在推行國民經濟建設運動，目的就是要加緊擴張國家資本的勢力，而且已以政府的名義接收和併吞了不少私營企業，但此時為什麼卻將這些國有企業（其中還包括原本由私人手中接管的國營企業）以接受商股的名義，拱手讓給私人經營，這豈不是與國民政府的既定方針背道而馳？

從另一個角度說，首都電廠與戚墅堰電廠無論從經營還是效益來看，都算得上是當時非常成功、也是同類產業中成績優異的企業，並非一般人心目中官營必定是效益低下、經營瀕臨破產的企業。大量的數據表明，截至一九三七年六月底，首都電廠的資金大約為八百七十八萬元，從資產負債的情形看，截至一九三六年十二月，該廠總投資為八百零一萬三千元，固定資產為九百五十八萬七千元，是建設委員會當初接管時的四十四點九倍。戚廠雖然因原先設備較為完善，固定資產的增長情形不如首廠那樣顯著，但根據統計數字，該廠一九三七年度總資產約為四百萬元，實際固定資產則已超過四百萬元，與一九二八年接管時相比，亦增加了一倍有餘。再從贏利方面來看，首廠與戚廠的獲利情形在江蘇乃至全國也一直都名列前茅，一九三五、一九三六年度均保持在百分之二十至二十五左右，這與當時國內供電規模最大的外資企業上海電力公司的百分之五的年獲利相比高出許多。據建設委員會電業室技術科科長陳中熙後來回憶說，建委會屬下的這幾個企業當時每月的盈餘已達四十多萬法幣，在戰前這可是一個不小的數額。為什麼正當這種優質國營企業發展蒸蒸日上之際，政府卻要將它改制而劃歸民營呢？

國有企業的改制

按照建設委員會的解釋，招收商股是因為發展實業需要巨額資金。據建委會估計，兩年內需要籌措資金五千二百三十萬元，而單靠國家的力量是無法完成的，因此才建議「為發展建設委員會主辦之電礦事業，擬具招收商股辦法，以提高社會投資」。然而招收商股的真正原因卻是與張靜江有著莫大的關係。

張人傑，字靜江，同盟會元老，早年曾為孫中山籌措大筆革命經費，亦算得上是蔣介石的前輩。南京國民政府成立後即任國民政府常務委員，不久出任建設委員會主席（以後改稱委員長）。嗣後建設委員會接收和創辦了不少工礦企業，取得了相當大的成績，但同時也存在著一些隱患，其中最突出的問題就是張靜江等人好大喜功，投資項目過多，攤子鋪得太大，未能考慮到本身的承受能力，以致於負債過重，最後甚至到了難以為繼的地步。據統計，截至一九三七年六月三十日，建設委員會本部及其屬下企業的負債總額接近一千八百萬元，虧欠銀行債務與日俱增。張靜江對此也承認：「建設委員會前此辦理電礦事業，純持其本身歷年之盈餘，與夫對外籌措之債款，經濟能力甚屬有限」，乃至於「對外負債超過本會投資約一倍半左右」。在這種形勢之下，蔣介石、張靜江兩人聯名向國民黨中央政治會議建議：「只有設法吸收長期民資，藉圖擴展」，才能完成正在進行國民經濟建設運動的目標。而具體辦法則是學習歐美等國成例，將部分電礦事業改歸民營，以便讓公司的股票和債券在市場流通，使一般游資可以有正常的投資渠道。為此他們建議，首先將建設委員會經營多年、且已頗具成效的首都、戚墅堰兩電廠以及淮南煤礦和鐵路公司等企業作為國有企業民營化的代表進行試點。可見，由於負債過多，財政支出日益龐大，政府已無法注資維持並擴大生產，反而要將已投入之資金逐步抽出改作他用，國有企業的真空便只好招集民間資本予以填補，從而企業的資本結構就會發生重大的變化。

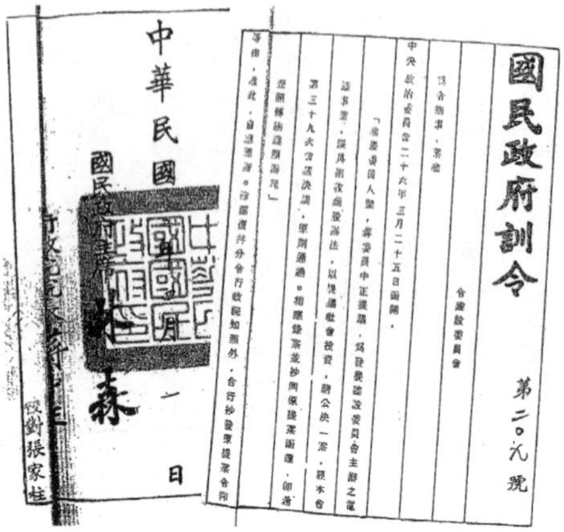
國民政府訓令 第二〇九號
令建設委員會
為令飭事．案准
中央政治委員會二十六年三月二十五日函開：
「常務委員人警，蔣委員中正提議，為發展建設委員會主辦之電礦事業，擬具招收商股辦法，以便吸收社會投資，請公決一案，經本會第三十九次會議決議，原則通過。相應錄案並抄同原提案函達，即希查照轉飭遵照辦理」
等由，准此，自應照辦。除函復并分令行政院知照外，合行抄發原提案令仰
中華民國 …… 日
國民政府主席 林森
校對張家柱

▲ 國民政府訓令。

像首都電廠這樣經營良好、設備完善、資產亦較為雄厚的大中型國營企業改歸民營，對於一般商家自然極具吸引力，但究竟花落誰家，問題並不是那麼簡單。

從操作過程上來看，一九三七年四月一日，國民政府發布訓令，批准張靜江、蔣介石「為發展建設委員會主辦之廠礦事業擬具招收商股辦法」的提案，僅僅過了幾天，建設委員會就擬定具體招股辦法：一、將首都電廠、戚墅堰電廠合併，組織揚子電氣股份有限公司；二、公司資本定為一千萬元，除建委會保留百分之二十外，其餘均招收商股，並委託中國建設銀公司辦理。短短的一個多星期，就完成了那麼多複雜的工作，而且建委會在招收商股的整個過程中，不論是擬具章程，還是吸收股份，一切都在暗中進行，既未刊登廣告，更未對外宣傳，直到揚子電氣公司召開發起人大會時，才突然對

外宣布公司所有商股已經全部募足，令世人大吃一驚。

那麼，建設委員會全權委託招收商股事宜的中國建設銀公司究竟是家什麼公司呢？

官僚與財閥結合的實例

中國建設銀公司（China Development Finance Corporation）是一九三四年由剛剛辭去行政院副院長兼財政部部長職務的宋子文親自創辦的一家投資公司。從表面上來看，這家公司是根據《銀行法》和《公司法》註冊的有限股份公司，與一般私營公司並沒有什麼多大的區別，但實際情形卻遠非如此簡單。首先，公司成立時的股份大部分來自國家銀行和國內最大的十幾家商業銀行，並非個人投資；其次，公司的股東乃至董事和監察人不是政府主管財政金融的高官，就是活躍於商界的金融大亨，或者本身就是身兼二任的人物，彼此之間很難劃分什麼界限。因此自公司成立那天起，它的營業方向與投資活動就與政府之間保持一種極為特殊的關係，可以這麼說，中國建設銀公司的創立即意味著它是國民政府成立後官僚與財閥結合的一個典型事例。譬如說，當時中央銀行的八名常務理事（宋子文、陳行、葉琢堂、唐壽民、陳輝德、孔祥熙、張嘉璈、徐堪）竟一個不差的全都是建設銀公司的理事；而建設委員會委員長張靜江和另外兩名常務委員張嘉璈、李石曾不僅都是銀公司的發起人，又是公司的股東，而且張靜江還是排名第一的監察人。正是這個原因，建設委員會將屬下經營最好的公司交由銀公司接辦也就是很自然的事了。

經過一番包裝和準備，一九三七年五月十四日，揚子電氣公司在上海中國建設銀公司總部召開發起人會議，對外宣布一千萬資本業已募足，除建設委員會保留股金二百萬元外，其他商股均由中國建設銀公司出面募集。七月一日，公司正式宣告成立，董事長宋子文，張靜江和秦瑜（建設委員會祕書長）以官股的身分出任常務董事，孔祥熙、孫科、霍亞民、吳震修代表商股擔任常務董事，祕書長則是建設銀公司副總經理、宋子文的心腹尹仲容。

這裡並不是單純地否定建設委員會將屬下企業招收商股的行為，說不定還應該承認國有企業透過改制或許會在經營管理方面發揮更突出的效益，辦得更有起色。然而最具爭議的地方則在於建設委員會招收商股的這一方式並不是一個真正公平、公正和公開的商業競爭，內中充滿著黑箱操作的活動。

首先，國有企業改制，招收商股，一般說最重要的是要對原有企業的債權和債務進行清理，必須委託具有資格的機構對原有企業進行資產評估，並由註冊會計師予以驗資，否則就會出現有人將國有企業賤價出售，造成化公為私、國有資產流失的弊病。然而建設委員會在處理這個重大的決策時，卻沒有認真履行資產評估這一嚴肅的工作。因為資產評估是一件既嚴肅又細緻的工作，其過程一般需要申報立項、清查資產、評定估算和驗證確認等幾個階段，需要的時間很長。但是建設委員會卻在國民政府批准其招收商股的一個多星期後，就完成了所有改制的手續，即將「首都電廠、戚墅堰兩電廠合併，組織為揚子電氣股份有限公司，淮南煤礦及鐵路組織為淮南礦路股份有限公司，股本各定為一千萬元，除本會至少各保留股份百分之二十外，所餘股份之招收商股事宜，擬由本會委託中國建設銀公司辦理」。很清楚，在短短的一個星期中，絕無可能完成那麼多繁重複雜的評估工作；更何況首、戚二廠與淮南礦路完全是兩種不同性質的國企，各自企業的資產亦絕無可能相同無誤。

其次，建設委員會所謂為「提倡人民投資以擴充國內建設事業起見，擬為已有成效之事業招收商股，組織公司，繼續經營」只不過是一個遮人耳目的宣傳口號而已，所有的招股行為全都在暗中進行，從未公開招募。這裡還需強調的是，所謂商股並非真正意義上的私人資本，這些商股的股東只分別是各家銀行的法人代表，而決非個人的投資，這與中國建設銀公司初創時的情形完全吻合。然而到了抗戰中後期，這些官僚和財閥卻利用手中的特權，以極低的價格從國家銀行中收購了公司的大部分股權，此時國家的資產已與官僚財閥私人的利益完全混為一體，難以區分了。

第三，從揚子電氣公司股東的名單中可以得知，中國建設銀公司是新公司最大的股東，它不但占據了公司近一半的股權，而且其他參股的銀行也大都是銀公司的股東。再從各銀行的股份來看，除了中國、交通、中國國貨和上海商業等四家銀行所擁有的股份較多外，其他商業銀行或公司的股份則完全一樣。這就說明，股份乃為分配攤派，而非自由競爭，至於股份分配的比例則取決於各自銀行的實力及其在銀公司中的地位。

最後需要說明的是，儘管中國建設銀公司是揚子電氣公司的最大股東，但後者的經營管理仍然由原建設委員會的原班人手掌握。從法律上來講，所有權與經營權的分離，是將所有權中占有、使用、收益和處分等四項權能中的一部分交由專門的經營者來行使，而與其所有者相分離，這也正是股份有限公司的重要特點。

一九三七年七月一日，揚子電氣公司順利完成交接手續，正式開始營業。然而開業連一個星期都不到，盧溝橋的上空就響起了日本侵略軍的炮聲。隨著上海、南京等東南沿海一大片國土的淪陷，揚子電氣公司也落入日本侵略軍的手中，屬於華中株式會社；首都電廠則與南京自來水廠合併，改名為華中水電株式會社南京支店。抗戰勝利後，中國建設銀公司依仗其與政府間的特殊關係，迅速將這幾個企業接收，並且很快就予以復業。一九四九年四月，資源委員會計劃將其再次收歸國有，然而沒有幾天，南京就宣告解放，中國建設銀公司以及揚子電氣公司乃至於屬下的首都電廠都被視為官僚資本，由新政權予以接收。

合作與分歧

宋子文與孔祥熙不僅是至親，而且二人長期以來相繼執掌國家的財政金融最高權力。抗戰爆發後不久孔祥熙自歐洲返回中國，一九三八年一月一日起就任行政院院長，同時兼任財政部部長和中央銀行總裁，主持並制定戰時全國財政經濟政策；而宋子文則於上海淪陷前乘船前往香港，此後便以中國銀行董事長的身分常駐香港，與歐美各國政府與財團周旋，致力穩定法幣的發行，並負責管理全國的外匯。因此研究這一時期孔、宋之間的書信電報來往，對於了解抗戰初期國家財政政策內容的制定及其演變的過程是十分重要的。

中國第二歷史檔案館所庋藏的中國銀行檔案中有一卷「貝淞蓀往來函電」，其中就包括一批孔祥熙與宋子文抗戰初期相互來往的密電，雖然時間較短（一九三九年一月至七月，中間還缺三月和四月的電報），並不完全（有的電報只見回電而無來電），但這批電報以前從未見人披露，內容又涉及當時財政金融的幾個重大問題，從中還可看出孔、宋二人的不同態度，因此相當重要。

穩定匯市與管理金融

一九三五年十一月四日財政部宣布以中央、中國、交通三行（後又加入中國農民銀行）發行的紙幣為法幣，並由中、中、交三行無限制買賣外匯，自此中國的貨幣制度即由銀本位改為匯兌本位。抗戰爆發後，上海的外匯市場受到嚴重衝擊，有關部門惟有與外商銀行簽定君子協定，由中、中、交三行繼續執行無限制供售外匯的政策，外匯的官價方勉強得以維持。

一九三八年三月十日，華北偽政權在日本軍方的指使下於北平成立「中國聯合準備銀行」，發行「聯銀券」，其目的就是要破壞法幣的信用。財政部為了防止日偽套購外匯，立即公布《外匯請核辦法》和《購買外匯請核規則》，從而開始對外匯進行管理。此時中央銀行已遷至漢口，外匯的實際審批工作則主要在香港進行，由於外匯核准的數額日漸減少，遠遠不能滿足進口商的需求，於是上海各洋商銀行便自行開價買賣外匯，從而出現了一個脫離官價而隨時變動的市價。到了一九三八年六月，上海黑市價格的外匯價格已較官價下跌了百分之四十六，此時三行只有奉命就市拋售外匯，市價才暫告平定。在這之後財政部和中央銀行不斷根據形勢的變化制訂法規，對外匯加強管理，同時命令中國和交通二行並透過英美銀行在上海和香港兩地外匯市場上參與買賣，以大量拋售外匯來打擊投機活動，穩定匯市。當時這項工作主要是由常駐香港的中國銀行董事長宋子文和副總經理貝祖詒直接參與和指揮的。

為了穩定匯市，保證法幣的發行，在這期間孔祥熙與宋子文之間電報往來頻繁，實際上很多重大的財政方針以及金融政策的制定就是經過兩人來往電報中相互討論而最後決定的。

當時各地銀行為了吸收僑匯、增加外匯，紛紛要求在海外如香港、新加坡等地開設分行，宋子文即曾於一九三九年一月二十七日將此情形告通報重慶，孔祥熙即予覆電，並作出如下指示：

查各省銀行在海外設立分行，除粵省行在新設立分行經部准予試辦外，閩省行呈請到部，即經駁復，桂省行擬在新埠籌設分行，尚無所聞。茲為集中僑匯、穩定匯市起見，自應規定統一辦法，以資辦理。

（一）各省銀行在香港或海外各地一律不准設行；

（二）本辦法施行前各省銀行在香港或海外呈奉本部核准已設分行經營僑匯業務者，應與中國銀行取得聯繫，所有吸收僑匯行市並應照中國銀行規定辦理，不得歧異；

（三）各省行吸收僑匯應照原水單轉售中國銀行，同時由中國銀行付還國幣，仍由中國銀行併案轉售於中央銀行，以一匯政；

（四）省銀行違反易款之規定，一經查明屬實，由財政部予以懲處。特先電徵同意，即希查酌見復，以便通行遵照。

抗戰爆發不久，宋子文就一直周旋於英美政府和銀行界之中，目的就是要爭取得到英美等國的支持，建立一個平準基金來穩定法幣的匯率。二月七日他在致蔣介石和孔祥熙的密電中說，鑒於敵偽正在加緊對華北和華中進行貨幣戰，他本人為此更是「枯思力索，冀謀對策」，目前「正與英方切商，速籌平衡基金之成立」，在他看來，「無論數目籌多寡，只取彼加入與我始終合作」即可，而「美方至少亦須有形式與精神上之援助」。這就說明在宋子文的心目中，即將成立的平準基金委員會其形式遠遠要比內容更加重要。

為了穩定匯市，當時中國銀行只有不斷拋售外匯，吸納法幣，但上海和香港一有風吹草動，匯市就會立刻出現波動。二月十三日宋子文向孔祥熙報告最近上海匯市發生混亂的情形，並將其歸之於中央信託局大量在滬購貨之故。孔祥熙則在十五日的回電中對此加以解釋，他認為「滬匯帶〔滯〕軟，恐因廢歷〔舊曆〕年關用款較多，未必全因中信局購貨付款之故。仍盼由中、交兩行會同匯豐合力維持。至中信局在滬購貨詳情，已電令據實呈復，並飭暫為停止矣」。

實際上對於匯市更大的衝擊來自於敵偽的破壞和商人的投機。二月十四日，宋子文向孔祥熙報告說：剛剛接到中國銀行仰光分行的報告，說最近有不少印度錢商在中緬邊界收買法幣，運往仰光攬售，仰光分行為了維持法幣的信用，只能酌予購進。但是這些商人兜售法幣既有利可圖，今後勢必繼續搬運，則會嚴重影響法幣前途。而香港最近市面上法幣的流通亦日見充斥，中國銀行兩天之間就購進一百四十餘萬元，出售法幣的人仍極為踴躍，可見中國有專任搬運法幣以牟利者。因此宋子文向孔祥熙建議：「令海關嚴飭各關卡認真搜查，必要時並將准帶出口數目酌再減低，以防逃避，而重幣政。」

在宋子文電報後所附的一份英文備忘錄上記錄了當時上海與天津兩地的貨幣儲存量：

上海的儲備情形大致如下：四行聯合辦事處四千五百萬元，外資銀行六千萬元，華資銀行一千萬元，我回來後已將裝運回的三千五百萬元儲存於匯豐、麥加利和花旗銀行，以備急用。

天津的情形：中國、交通銀行儲備七百萬元，外資銀行六百萬元，除此之外，為了急需而用，我們最近已將積聚過剩的七百萬元儲存於匯豐和麥加利銀行，其中當然包括最近從匯豐銀行裝運的四百萬元在內。

這一年的五月，軍政部軍需署向行政院呈報，稱本年購買夏季軍服需要布料約一百一十五萬疋，要求如數匯款至上海購買。行政院考慮到夏季軍服既屬急需，但若購買軍服的款項全數匯往上海，則一定又會牽動匯市，影響市面安定。因此行政院指示盡可能到中國及美國購買。但軍需署經多方努力，在中國採購及在美國購買之數尚不足五十五萬疋，且價格昂貴，因此不夠之數還需要匯款到上海購買，而該署已就價格、質料等細節與怡和洋行聯繫妥當。在此情況下似乎也沒有其他更好的辦法，五月十一日，孔祥熙向宋子文與貝祖詒致電：「查現時已入夏，此項布疋待用至急，自應迅予訂購。惟照目前情形，鉅款匯港，極易牽動匯市，應請迅向怡和商明，該款匯港後勿即向市結購外匯，以免影響。」由此即可了解，當時上海和香港的匯市是多麼的脆弱。

防止敵偽破壞金融與實施統制貿易

日本帝國主義在向中國進行武裝入侵的同時，還發動經濟戰爭予以配合，其中最重要的內容就是破壞法幣的信用，擾亂中國的金融命脈。因此抗戰初期孔宋之間來往的電報中許多內容都涉及到政府應如何對付日偽發動的貨幣戰爭。

一九三八年三月十日，日偽中國聯合準備銀行成立後，即企圖以「收兌舊幣」的方式來驅逐法幣在華北地區的流通，為此曾宣布所有票面上印有天津、青島或山東標誌的中、交二行發行的法幣（即所謂北方票）和河南、冀東銀行發行的紙幣限期於一年之內流通。由於偽聯銀券的信用極差，加上國民政府盡力維持法幣，以致日偽回收法幣的任務遠未達到目標，截至一九三九年三月，回收的法幣也只有二千萬元左右，就連日本人自己也不得不承認「回收進展情況並不理想」。因此日偽方面又不斷改變策略，意圖迅速達到破壞法幣、套取外匯的目的。

一九三九年二月七日，宋子文在致孔祥熙的一份密電中稱：「迭據金融界人自津、滬來港報告，敵軍部以過去一年餘關於破壞吾方金融計畫毫無進展。對敵偽特務工作人員深表不滿，不久恐更趨積極。等語。當飭津、滬各方特別注意，隨時探報。茲查偽組織自宣布貶損法幣價值，自本月二十日起按六折行使後，近復在魯省勒令人民將魯中、交鈔票限期按九折調換偽幣，並聞擬在上海設立興華〔華興〕銀行，發行偽幣，先令偽組織及海關各項稅收均以偽幣為本位，嗣復即仿照華北辦法，在敵偽占領區域內停止我法幣流通。滬市消息靈通者，除日銀行外，有利、花旗等銀行似均已有所聞，故日來該行等在滬購進外匯甚巨，匯價跌落至速，其趨勢恐有再跌之虞。」

二月下旬，宋子文又向孔祥熙報告：

> 迭接敝滬行電稱，津匯滬款日見增加，本行自本年一月起至本月十八日止，已在滬解出津款一千萬元，此後恐有增無減。等語。查邇來津匯滬款增加原因，由於敵偽統制華北經濟漸趨積極，報載三月十日以後敵偽將行禁用法幣，並統制進出口貿易，因此恐此後法幣將流入津、滬，調取滬匯，政府似宜急謀政策，以防情勢日益惡化。茲略陳管見如下：
>
> （一）嚴令華北游擊區負責軍政當局禁種禁運棉花、煙葉、花生；
>
> （二）嚴禁游擊區貨物流入敵偽市場；
>
> （三）政府應派員赴各游擊區，調查當地生產與貿易情形，規定合理分配運銷辦法，以防止物產資敵為唯一目標；
>
> （四）嚴禁使用偽幣，違者除充公外，並予重懲。

四月二十九日，宋子文向孔祥熙報告日偽即將成立華興銀行、發行偽鈔的情況，並建議由財政部和外交部分別與外商和僑商接洽，勸喻他們不要接受偽鈔。五月四日孔祥熙覆電曰：「敵偽濫設銀行、發行偽鈔，送經由外部轉商各國使節，通知僑商，一律拒絕合作，不收偽鈔，不與往來，並以英國在華商業勢力雄厚，各國亦以英方態度為依據。又迭電郭大使，根據英皇在我施行法幣時所頒駐華英僑應一律以法幣為收付之命令，促請注意，已荷照辦。各在案。此次偽興銀行成立，前於接到密報後復由財部咨外部向駐華各使節提出前項照會，一面函四行聯辦總處電滬市商會、銀錢公會嚴守立場，不與來往，並嚴拒偽鈔。尚希吾弟在港各向中外總行切實聯絡，轉飭在滬分行一致拒絕，以嚴防範。」

為了防範敵偽套購外匯、破壞金融，同時也為了爭取外援，償還借款，政府有關部門決定對重要的出口農礦產品實施統購統銷政策，然而對此宋子文卻有不同的看法。五月十三日，他在致蔣介石和孔祥熙的一份密電中指出：

敵偽此次在滬組織偽銀行，發行偽券，最後目的將抄襲華北故智〔伎〕，統制貿易，我急宜預籌根本對策，以打破其獨霸在華經濟權之夢想。查自抗戰以來，政府因需要外匯，不得已由貿易委員會辦理統制出口貨物，按法價結收外匯。在粵漢路貨運暢通之時，自收相當效果，惟查最近六個月，內因交通之阻隔，運輸成本之加重，政府結進出口外匯之數已一落千丈。例如敝行帳上去年五月至十月止，共代財部結進各項外幣綜合約一百八十五萬餘鎊；惟自十一月至本年四月，僅結進卅餘萬鎊，以桐油、茶葉兩項為大宗，於此可見統制出口之效力漸失。而同時因法價與市價相距過遠，走私日多，閩湘、鄂、川內地比較安全地帶積貨甚鉅，只以貨運困難，貨價低落，無法運銷，長此以往，必致影響生產，危及外銷市面。茲擬除將桐油、茶葉、礦產三項因借款與易貨關係暫行仍舊外，其餘各項出口貨物一概免結外匯，俾商販得循自然之途徑，將存貨陸

176

續外運。茲將其關於政治、經濟上有利各點臚陳如下：

（一）在戰區內之貨物，因我方無統制關係，可吸引其經由我方轉運出口，藉以維持推行法幣力量；

（二）可促進後方生產，增加產量；

（三）可增加出口，多得外匯，鞏固法幣；

（四）可杜絕走私；

（五）在外交立場，我實行自由貿易，此項計畫一經公布，世界耳目一新，顯於我之地位有利；

（六）敵偽統制出口，與我背道而馳，照過去數月間情形統計，政府實際所損甚微，而無形中所得必甚大。

作為主持全國財政的首腦，孔祥熙是堅決主張實施統制經濟的，而且他還要求各地迅速執行。對於當時敵偽正欲搶購江、浙蠶繭的形勢，五月二十四日，孔即命令：「關於江浙絲繭事已分別電請江、浙兩省府嚴切注意，設法阻敵利用，一面並飭貿易委員會協同江蘇農民銀行暨浙江省銀行，將本屆繭絲加緊收購利用矣。」大量的事實說明，在實施統制經濟這個問題上，孔、宋之間是存在分歧的。

關於金融政策的建議與分歧

抗戰初期，孔、宋二人在有關制定金融政策某些問題上存在不同看法，譬如一九三九年五月二十八日，宋子文就為日偽將設立華興銀行、擾亂上海等地金融之事向蔣介石和孔祥熙提出建議。電報曰：

查滬市自敵偽宣布組織華興銀行、發行偽幣以來，外匯市面即感受猛烈之攻擊。迭據各方報告，進口商結購外匯甚鉅，間有投機購進，除經一面與各外商銀行聯合一致拒收華興偽券外，並派專員赴滬實地調查最近情狀，以便籌擬切實有效對策。茲據回港報告如下：

（一）本年一月至四月間由滬進口之棉、麥、麵粉、米糧、煙葉、汽車、油類，總數達關金五千四百八十餘萬元，約合英金四百七十萬鎊，棉、麥、麵粉占百分之五十三；

（二）出口貨物因各方統制關係，除蛋品尚有少數運出外，其餘幾等於零；

（三）進出口貨既相差懸殊，其不足之數即向平衡會補進外匯；

（四）近來投機方面除少數敗類銀行間有購進外，尚無鉅數資金逃避之現象；

（五）華興銀行雖已成立，惟偽券尚未能充分發行，惟敵偽將來必在占領區域內一面使用偽券，一面吸收法幣；

（六）津、滬匯水已平，華北匯款亦漸減少，偽券仍比津法幣低百分之二十；

（七）敵偽在北方統制出口，原定偽幣價格一先令二辨士，收效甚微，嗣將進出口對結改照八辨士計算，以進口貨有遠近期關係，仍不能做大宗交易，聞最近此類對結價格已跌至六辨士八七五；

（八）日金在滬價格每元跌至法幣九角，其故由於敵在占領區內濫發軍用及日金券，敵貨出售均係此種軍用券，紛紛以之調換日金，再在滬售出變現，聞此項政策已影響敵國內經濟不安狀態；

（九）上海為全國各埠資金總匯之區，現三行對各地匯滬之款雖有限制，惟每日付出之數仍在數十萬，內政府匯款每月近千萬元左右，日積月累，市面浮資增多，各華商銀行存款陡增；

（十）外商銀行因須墊付進口商貨款，紛紛向華商銀行出高利，兜攬三個月至六個月定期存款。

就上述各項情形探討，可歸納如下：

（甲）法幣目前所感困難，為進出口不平衡，惟棉、麥為民間需要，國內因戰事關係，供不應求，此項進口勢難遏止，且棉織品由上海運西南、西北各省供軍民需要，數不在少，據報本年六個月尚須續進棉、麥達英金五百萬鎊之數；

（乙）華興目前雖尚不致為患，惟如敵偽在占領區內經濟組織日臻健全，而法幣一旦不能維持，該行即可乘機發展，侵占法幣地位；

（丙）市面浮資大〔太〕多，足以影響外匯。

以上各節，弟與羅傑士等研究對策，就下列兩項利害，反覆討論：

（壹）放棄維持法幣政策之利。

（甲）可節省外匯，將各行所餘外匯儘數充作軍用；

（乙）全國各地金融恐慌牽動貿易，短期內敵偽稅收及貿易必受影響。

（貳）放棄維持法幣政策之害。

（甲）全國各地物價飛漲，後方民眾必增加一重痛苦；

（乙）軍隊、游擊隊因物價高昂，餉給不足，難免搖動軍心；

（丙）敵偽將用全力維持偽券之相當價值，經過數月後，難保不將此項偽券向前方軍隊與民眾煽動利誘情事；

（丁）我對法幣既不維持，敵偽必乘機勾引英美各國合作，甚至維持華興偽券，以為國際貿易之樞紐；

（戊）法幣失去對外價值後，政府收買桐油、茶葉、礦產等貨物將發生重大糾紛，影響借款及易貨契約。

若照上項利害關係，似非至最後時期，仍以不放棄、維持法幣為上策。茲參酌實際現狀，擬陳辦法如下：

（一）擬請財部即日電令陳光甫兄，根據桐油借款合約，向美財部提議，增借美金二千五百萬元，即以每年多運半數之桐油為抵品，該借款專備我國購買美棉麥之用；

（二）由財部令行總稅務司，禁止外國煙葉、捲煙、煤油進口；

（三）參照弟覃電辦法，除桐油、茶葉、礦產三項外，取消統制出口，此事頃復得報告，英國之所以未嘗施行領事簽准制度以限制華北敵偽統制出口物品者，因如果施行，政府所管區域與淪陷區域統制貨物必同受限制；

（四）由三行與滬各華商銀行會商吸收滬市浮資辦法，以減少外匯之流出，此項已另商得妥密辦法；

（五）設法充實平衡基金。以上五項辦法如兄等權衡利害，認為可行，似宜即日分別施行。

孔祥熙在收到宋子文的電報後即於六月六日覆電：

抗戰以來，維持法幣迭經困苦艱難，始得有今日之成績，博得中外之好評，且平衡基金成立，英方銀行參加維持工作，使法幣在國際地位益形鞏固，目前自仍以照售維持為得策略。吾弟所陳利害，愚見正得相同，惟維持方法似應妥加研究，以期盡善。尊電所示辦法第一項桐油借款加押問題，早電陳光甫相機洽辦，最近據復，時機尚未成熟，且若訂立棉麥借款，即使成功，亦未必於我有利。如糧食在我後方各省原足敷軍需民食之用，間有少數地方因運儲關係，供需失調，偶感缺乏，而湘、贛、皖各地更因運輸關係，反感糧賤之苦，若再加購美麥，既難運入後方，又無法轉賣得現，必在江海各地輾轉資敵。又美棉係長絨專紡細紗，後方紗細廠甚少，在抗戰時期細紗織品亦非急需，況陝棉已足供給，估計運繳更廉。今購美棉，又必急銷上海，當地外商紗廠多已復工，華廠亦多受敵資操縱，其為資敵無疑。此中利害，吾弟當能籌〔悟〕及。第二項擬將舶來菸葉、捲菸、煤油禁止進口，用意固屬甚善，惟統制進口政府已〔以〕往迭經籌擬辦法，終以外交關係，未能實施。菸、酒等項，多係英、美產品，此刻若予禁止進口，是否引起反感，不無考慮，且大部分海關已非政府力量所能控制，偽稅則之竟付實施，稅款勒存正金銀行及海關添用日籍關員等事，可資佐證。此時政府即使令禁某某等項貨物進口，能否生效，實是問題。第三項覃電所陳辦法，迭經約集相關機關人員及專家商討，已另有電奉復。至英方施行領事簽證辦法，事實上不過外交上一種姿態，其本國所切需之我國土產，斷無有加以限制之虞，況我國在英現有信貸關係，亟需我國土產抵付，後方各省所產鎢、銻、錫、茶葉、桐油、生絲等項，均在其歡迎之列，將來自不慮其簽證限制也。第四、五兩項，已由弟與各方接洽辦理，甚為感慰，惟緊縮籌碼，雖於匯市有益，設若因此而騰出法幣地盤，給偽鈔以擴張機會，亦非所宜，希注意及之。總之政府買賣外匯，在原則上只應在政治力量所能控制之地域辦理，德、意、蘇諸國即係如此，我國當施行管理之初，因有種種顧慮，未能照辦，致有今日之困難。為今之計，只能就管理外匯，以實行進口統制，嚴定標準，分別限制，縝密運用，既可減少不必需要之消費，節省平衡基金之支出，同時對於敵偽套買外匯，亦可藉以防止。以上兩點，諒已在藎籌之中，尚希與羅傑士等就維持法幣及管理外匯、統制進口之整個計畫詳切研討，續行電商為荷。

在宋子文的努力和斡旋之下，中英平準基金雖然於一九三九年三月十日宣布成立，但一千萬英鎊的基金並不能抵擋得住日偽及投機商人的套匯。據偽中國聯合準備銀行承認，自一九三九年三月中英平準基金委員會成立至當年年底，該行「已吸收英幣一百九十五萬餘鎊，美金三百八十餘萬元，連同集中全部出口貨時所增設之外匯斷里匯款，可用之外幣，亦有相當之數額」。在這種情形之下，財政部為防止資金逃避及安定金融起見，規定自六月二十二日起，上海銀錢業支付存款，除發放工資者外，每週支取數目在五百元以內者照付法幣，超過五百元者以匯劃支付，專供同業轉帳之用。上海以外各埠，仍照舊辦理，其有將存款移存內地者，則不受此項規定所限制。

一九三九年七月一日，財政部又公布《出口貨物售結外匯數額核定辦法》。七月三日，行政院長孔祥熙公開發表講話，聲稱「近來運輸困難，出口貨物成本加重，同時奸商套取外匯之使倆反優，外匯市場發生不正當之波動，平衡基金雖有充分實力，而感受此不正當之威脅，自應於防止套取、顧全正當需要，俾利國民經濟之原則妥籌辦法」。七月八日，孔祥熙再次致電宋子文，將其關於穩定上海匯市、限制提款的辦法予以解釋和說明：

對於滬市提存建議辦法，正慎密研究，另電密報。惟（一）查八一三實行安定金融辦法，以有外商銀行合作，金融始終穩定。據報此次限制滬市提存，因外商銀行吸收存款，故由華商銀行轉入外商銀行之存款為數頗鉅。前經電請吾弟並面囑羅傑士轉商各外商銀行，本以往合作精神，停止收受法幣存款，以為釜底抽薪之計，未悉接洽情形如何。此事關係至鉅，尤以英商銀行應明瞭英政府與我共負平衡匯市之責，且其商業關係較重，又在滬為外商銀行領袖，亟應切實合作，以維匯市，而謀共利。除電郭大使逕商英政府轉令上海英商銀行停止收受存款以為首倡外，希切商辦理見復。（二）迭接來電，以上海金融緊張情形見告，衡此常情，在限制提存辦法未行之前，各行既尚能應付，限制以後，存戶每週提存數額，無論存款若干，最高不過五百元，雖小額存款提取略多，或有出無入，而究非最短期內即現窘態。究竟上海各行自新提存限制實行迄至現在止，每家計已提出若干，共計若干，此為應行研究之對象，亟應明瞭，並希會商新之、壽民、琢堂諸兄，急電上海查明見告，以備參考。

抗戰初期，應該說孔祥熙和宋子文在處理國家財政的許多大政方針上二人還是能夠相互配合、互相支持的，當然不免在一些具體問題上也會存在不同的意見，這都是很正常的。一方面這可能是決策者與執行者彼此之間所處的角度和立場不同所致，當然也肯定與二人的理財觀念有關，但卻真實地反映出抗戰初期有關財政政策的制定過程，可供研究這方面的專家予以參考。

「理財高手」孔令侃

孔祥熙經營有術

南京國民政府成立的二十多年間，國家財政金融大權一直由宋子文、孔祥熙二人輪流執掌，他們雖然是蔣介石的至親，也都具留學海外的資歷，但其理財的理念並不完全相同，甚至存在嚴重的分歧，而且彼此間的關係也並不那麼融洽。一般人認為宋子文清高孤傲，較為西化，而孔祥熙卻自詡為孔子之後，恪守中庸之道，為人世故圓滑，態度和靄，馴服聽話，人稱 Yesman 或哈哈孔（H. H. Kung）。當年他和夫人宋靄齡全力支持蔣介石與宋美齡結婚，而宋慶齡和宋子文則堅決反對，因此孔與蔣的關係早就非同一般。一九三三年十月，宋子文因政見及理財方針與蔣介石發生爭執而辭職，孔祥熙便正式接替了財政部長一職，還身兼行政院副院長及中央銀行總裁。在這之後，國內經濟不但沒有陷入危機，相反經過一系列的改革，財政金融和經濟建設出現了一番新氣象。而孔祥熙與宋子文最大的不同就是，他對蔣介石的命令幾乎是言聽計從，這就讓蔣對孔更加信任。一九三六年一月國內銀行界和政界曾有人策劃倒孔，特別抨擊孔在經營公債中舞弊謀利。新任行政院祕書長翁文灝曾在日記中披露，蔣介石對此傳言不以為然，反認為「倒賣公債者係宋子文，而孔祥熙夫婦則甚可信」，孔祥熙則對外聲稱「有人謀攫財長，彼必奮鬥」。一九三七年四月，孔祥熙以國民政府特使的身分前往歐洲和美國，尋求和爭取西方的援助，取得重大成果；回國後更一度出任行政院院長，並仍兼任財政部長及中央銀行總裁，地位之高可謂一人之下，萬人之上，集大權於一身，由此也可看出，此時蔣介石對孔祥熙是非常信任的。

孔祥熙出身於中國山西商賈之家，對於理財確實並不陌生，他曾對蔣介石的文膽陳布雷說：「財政經濟在書生看來甚為複雜，其實很簡單，即是生意而已。」孔甚至公開說，他本人就因為是做生意出身，「故能領略此道」。難怪擔任蔣介石侍從室少將組長的唐縱聽了之後都認為「怪哉此論也」！

如果孔祥熙真像他說得那樣，將其經商的智慧全部用在治理國家財政上，那倒不啻為國家之福；然而他的確是一個生意人，公不忘私，在處理國家事務中不僅絲毫沒有放棄個人及家族斂財的活動，反而利用職權，以權謀私，拿回扣，辦公司，大發國難財。孔祥熙不僅自己經商，還言傳身教，讓其子女參與投機，其中最著名的事例就是讓他的兒子孔令侃直接參與軍火買賣，從中賺取超額利潤。剛從中國上海聖約翰大學畢業的孔令侃只有二十多歲，孔祥熙竟「舉親不避嫌」，將他任命為財政部祕書，後來又擔任中央信託局的理事，常駐香港。此時抗戰已經爆發，中國迫切需要向外國購買軍火，而購買軍火從中可以獲得極大利益，因為仲介人收取佣金是國際軍火市場上通行的潛規則。當時宋子文的心腹鄧勉仁也積極在香港購買軍火，「妄出高價，為粵、桂張羅購買」，孔令侃則要求其父下令「軍火一律由中央代買，否則不發護照」。於是孔祥熙就以行政院院長和中央信託局理事長的身分決定，購買軍火全部由中央信託局辦理，而具體負責人就是常駐香港的中央信託局理事孔令侃。

軍火交易中的潛規則

此時在香港的孔令侃年少氣盛，揮霍浪費，為人側目。時任行政院參事的陳克文曾在日記中寫道：「駐外公務員行為浪漫，生活奢侈，如孔院長公子令侃在港揮霍，冠於一時。此皆抗戰期間，足為氣短之事也。」當時在港、粵兩地有一句流傳甚廣的口頭語，叫「爹爹在朝為宰相，人人稱我小霸王」，人盡皆知，這個小霸王「蓋指孔院長之公子令侃也」。

若僅僅是生活奢侈倒也罷了，令朝野上下極為不滿的是孔令侃利用購買軍火拿回扣的斂財行徑，就連國民黨高層亦為之側目。時任軍事委員會參事室主任、後任國民參政會祕書長的王世杰就曾在日記中多次記載他對孔祥熙的觀感。一九三八年二月十六日他在日記中寫道：「近來中外人士對中央信託局（孔為董事長）購買軍火指摘殊甚，謂有不少舞弊情事，宋子文似亦有電告知蔣委員長，孔氏在會議中力為辯護。」在此之前陳克文亦曾在日記中說：「最近孔以向美定購飛機之權授其子令侃，所得均速率最劣之舊機，每小時不過二百八十哩以下，航空界大憤，但終無法補救云云。孔常於會議中嘆云『如此中國安得不亡』，自己所做不滿人意之事多矣，不知亦念及此言否？」

時任銓敘部次長兼中央監察委員會祕書長的王子壯也在日記中寫道：「孔之用人，據一般人批評確有若干之不當，以其輔及二十之長子，主持關係國家前途重大貿易信託局，少年得志，凌駕一切，外間且攻擊其弊竇叢生」。因此他認為：「此事涉國家，且為彼之親屬，理宜從嚴徹查，糾正錯誤。但蔣先生於到重慶之初，舉行紀念週之餘，盛稱孔之辦理財政卓有成績，至外間有若干之攻擊，經調查結果，或無其事，或係低級人員之錯誤，輕輕一句，頓消前失」；然而實際情形則是「重情節者諉諸小職員，餘則悉予以粉飾」，那麼被處理的人當然會「自怨其非當局之至親而已」。對此王子壯不禁感嘆地說：「處此亂世，信賞必罰，極端重要，蔣先生每屢言之，何行之不篤耶？」

由於通貨膨脹導致財政危機日益加劇，陳誠、白崇禧這些軍頭亦「均對孔庸之極表不滿，並深感財政前途之危機，將向蔣先生有所陳述」。他們要表達的內容就是以宋代孔，為此王世杰亦向蔣提出重新起用宋子文為財長的建議。蔣雖然也一度同意，但宋卻表示就任財長的先決條件是，孔必須辭去中央銀行總裁之職，蔣因而拒絕。蔣介石曾對王世杰解釋：「你們都不了解孔祥熙，孔祥熙這個人做人很有中國人的風度，他自己不要錢。至於宋子文這個人則是西洋人作風，並不講道義。」蔣介石如果說孔祥熙有中國人的風度是說他為人處事圓滑世故，面面俱到，尤其是對蔣幾乎是唯命是從，倒是有一些道理；但若說孔「自己不要錢」，那可就是說瞎話了，後來的事實也讓蔣無話可說。

蔣介石對孔一直信任不疑，並屢加保護，對於這一點就連蔣的親戚和侍從都看得很清楚。戴笠曾向其屬下轉述蔣孝鎮（蔣介石的姪孫）說的一句話：「委座之病，唯夫人可醫；夫人之病，唯孔可醫；孔之病，則無人可醫。」唐縱聽了，覺得確實是這麼回事兒。

然而孔氏家族於抗戰間大發國難財在大後方引發了強烈的不滿，昆明、重慶、成都等地的學生更是連續掀起倒孔的運動。也許是迫於各方的壓力，讓他外出避避風頭，一九四四年五月，蔣介石決定委派孔祥熙前往美國參加國際會議，並商洽有關合作借款事宜，但要求他在臨行前交代其子孔令侃多年前在港購買軍火的帳目。

斂財的祕訣

一九四四年六月，孔祥熙以中央信託局理事長的身分向蔣介石遞交了一份報告，不得不交代孔令侃當年在香港購置軍火而賺取大筆外匯的經過。這份目前藏於台灣的國史館「蔣中正檔案」中的文件，向我們揭示了當年孔令侃購買軍火時所採用的理財手段。

按孔祥熙所說，抗戰爆發之初，國家急需向國外購買大量兵工器材，但因缺少外匯，辦理進口軍火之事極為困難。因此他便奉蔣介石之命，在國庫中撥出一筆專款，交由常駐香港的中央信託局理事孔令侃負責，令其在「不影響外匯而達到完成兵工儲料之目的」。

孔令侃接到命令後即以他的公開身分，並利用中央信託局在香港的機構與人員協助辦理。當時香港的外匯市場風潮迭起，孔令侃認為若投放大量國幣在香港購買，外匯市場勢必更加動盪。因此擬具報告，建議以中央信託局的名義專門收購國際市場急缺的土特產品，並負責向外國銷售，用其所得之外匯，再向西方購買中國所急需的各種軍需物資。他的這一意見獲得批准，國庫先後幾次撥出購買兵工儲料專款國幣五千六百萬元，後因歐戰爆發，原有九百萬元擬向歐洲購買子彈之款項因廠商無法交貨退回外，實際國庫撥出的款項共計為四千七百萬元國幣。

孔令侃拿到這筆巨款後即委派其屬下，以統制經濟的名義在接近淪陷區及大後方各地採購各類出口產品，然後再銷售到國外。在孔祥熙眼中，孔令侃年齡雖輕，但卻極具生意頭腦，稱得上是一個生財有道的大炒家。因為他將售貨所得之外匯並不立即購買軍火，而是「隨時視察英、美國際關係變動情形，預測英、美、港匯漲落，先為轉換，種種運用，極費苦心」，然而經過這一番炒賣，「所得外匯數目，遠超過官價外匯之上」。這筆外匯除了一部分用來購買兵工署所指定的軍用物資得以完成任務外，其餘大部分資金再來炒賣外匯，幾經運作，所得利潤，實非常人所能想像。

一九三九年，由於孔令侃在香港私設電台被發現，港英當局將其驅逐出境，孔令侃被迫辭去中央信託局的職務，轉而去了美國。名義上，他宣稱是奉父命到美國哈佛大學「深造」，實際上卻是將其家族的部分資金、產業加以集中，在紐約設立了一個很大的辦事處，僱用美國律師為他經營投資，開關孔氏家族在美國的商業戰場，這其中想必也有他在香港經營外匯投機所賺取的超額利潤。

按理說，孔令侃既然離開香港，也不再從事軍火買賣，那自然應將手中的資金及帳目全數交出，可是他卻藉口「其時因尚有一部分物資未能運出，一部分物資運出尚未銷售，因此全部帳目未能結束」為由，遲遲不予交接。至於前後帳目不一，孔祥熙解釋，是因「太平洋戰事發生，港滬淪陷，仰光失守，帳冊卷宗亦有未能攜出者，雖一、二項目已經先後整理，而全部帳目勢須戰事結束方能再行具報，至款項因或存港淪陷銀行，或者在英美售貨帳下，因此總數未能集中，致先後報告數目不同」。

據孔祥熙報告，這筆專門用於炒賣購置軍火的款項總共結餘的外匯計為美金五百一十一萬四千九百九十二點九六元，英金二萬二千六百七十一鎊八先令三便士。但是孔祥熙認為這筆錢「既係該理事奉鈞座命令特辦之購儲器材事件，因營運得法，獲得此款，如何處理殊成問題」。孔祥熙的意見是，這筆外匯既非國庫之款，於情於理都不應歸還國庫；同時它又不是中央信託局投資自營之業務，因而亦不能撥回信託局。孔祥熙說孔令侃曾為此事專呈具報，呈文中先是對蔣介石大為吹捧，稱大革命時期因「國內兵工建設多未完成，難以應付強敵，北伐以還，鈞座整軍經武，功在國家」。關於這筆款項的處理，孔令侃提議「可否將此款一部分撥充辦理重要兵工廠建設，用以紀念鈞座之豐功偉績，而垂永遠」；一部分則「以為中央信託局發展戰後貿易之需」，因為中央信託局「既屬國有營業機關，而不以營利為目的，其對於國際貿易擔負之特殊任務，所需資金自不能再由國庫撥給」；所餘之部分再對「協辦得力之人員酌予獎勵，以示慰勉」云云。

此刻距孔令侃經手買賣軍火已時隔六年，但他卻遲遲不將帳目交接，這筆數額龐大的外匯這幾年又進行了哪些投資和周轉更是不得而知；最後雖勉強交出帳目，但具體數額則又前後不一，這本身就存在諸多疑點。儘管孔祥熙為此百般解釋，仍然漏洞百出，然而他的建議卻得到蔣介石的首肯。蔣介石閱畢報告後即親自手批：「此款准以百分之十五數目撥補中央信託局，為國際貿易轉周（周轉）基金之用，其餘之數，皆充作為製造飛機廠基金。」於是，這筆糊塗帳就這樣不了了之、蒙混過關了。

《金山日報》倒孔，孔氏心腹滅火

抗戰中期，國民政府偏安一隅，隨著政治上的一黨專制，軍事上節節潰退，大後方物價上漲，物資奇缺。與此同時，國統區官商勾結、貪污腐敗的行徑卻日益蔓延，引起廣大人民的強烈不滿。其中主管國家財政大計的孔祥熙更成為眾矢之的，馬寅初、傅斯年等人不斷發起攻擊，終於在大後方掀起一個倒孔的高潮。

不僅國內，海外華僑對此情形也非常痛心，在北美華僑中具有極大影響的《金山日報》刊登的一篇文章，就是一個典型事例。

一九四一年二月初，《金山日報》刊登了一封讀者來信，編者並附了一個簡短的按語：

三藩市江尼古西報記者羅士赴遠東視察，本週歸抵美國。在香港時發來飛郵一封，述內地官吏貪污現象，令人髮指。該報與該記者對華素表同情，此次所發表新聞，究竟係代日人造謠，抑係同情之深，故不覺所言之切，聽讀者自斷。茲特不加修潤，將原文詳譯於左。

這封信譯成中文大約有二千五百字，信的前半段主要是介紹當時大後方的經濟局勢，並發表作者個人對中國戰時財政金融政策的感想。主要內容包括：

一、通貨膨脹

過去五個月以來，物價逐月上升，其速度不僅愈來愈快，而且幅度亦愈來愈大；而目前重慶政府的財政收入四分之三至五分之四全靠印鈔票而得來。

二、物價高漲

重慶及四川必需品價格去年秋天已漲至戰前四倍，到了年底又增加了一倍，如今的物價已高達戰前的十一、二倍。

由此而造成的後果是：

一、中國經濟畸形發展，已變成擴充商業活動與增印鈔票之競賽；

二、由於貨幣貶值，以致於民眾個個都想投資於貨幣以外或者不產生貨幣的事業；

三、生產停滯，新建的工廠、商店和礦山已無資可投；

四、人人投資於固定之物品變為囤積居奇，而這也正成為貨幣膨脹之必然現象，亦是物價高漲的原因。

在敘述了大後方的經濟局勢之後，羅士筆峰一轉，他認為造成這一情形，「尸其咎者」，就是當時負責國家財政方針的行政院副院長兼財政部部長孔祥熙，一方面孔祥熙是「中國最富之財主」，是全遠東最大投機生財者之一；但同時他又被人民稱為「中國最痛惡之賊」，他的家族在國難期間大發其財。孔出身於山西錢莊世家，他的家庭祖傳之錢莊為其勢力發展之根源。羅士在痛斥孔祥熙的同時，卻又竭力讚揚宋子文，他甚至說：「宋子文幾為中國唯一之現代銀行家，在美留學，所學似有成就」，而且美國政府對宋似乎也很感興趣，據說美方已提出孔祥熙讓賢、由宋子文接替的建議。然而最大的問題是，宋子文不但是孔祥熙的敵手，而且也是蔣介石的敵手。羅士認為，「蔣介石之誠懇與愛國，除極端左派外，無人加以懷疑；然蔣介石之不容有敵手，亦為公開事實」。這封信揚宋抑孔的立場極為明顯，很可能這也是作者撰寫此信的目的。

《金山日報》（Chinese Time）是由美國華人社團「美洲同源總會」於一九二四年在舊金山創辦的一份華文報紙，歷史悠久，在北美華人世界中享有盛名，因此這封信一經刊出，立即在海外引起極大反響。

民國成立後，海外大多僑人社團均與國民黨保持相當密切的關係，他們所出版和發行的報紙刊物也會定期寄回國內。然而由於戰時交通阻礙，刊登倒孔文章的這一期《金山日報》直到一個多月後才傳到國內，主要負責與海外僑社聯繫的國民黨中執會海外部在收到這份報紙後不敢大意，連忙將報紙寄給孔祥熙。孔氏父子看到這份報紙後的表情可想而知，孔氏的心腹和親信知悉後更是不敢怠慢，他們立即行動起來，想方設法，趕緊要撲滅海外這場倒孔的風暴。在這場滅火行動中表現最得力的人應該就是許性初了。

許性初早年畢業於復旦大學，後赴義大利留學，歸國後曾一度任職於上海的《晨報》，其後便投靠孔家，孔氏父子對他極為信任。抗戰爆發後孔令侃以中央信託局理事的身分長駐香港，許性初則以中央信託局主任祕書兼信託部經理追隨其後，後來孔令侃在香港創辦《財政評論》月刊，就全權交許負責。

孔氏父子對許性初如此信任，許自然感恩不盡，當他得知《金山日報》刊登倒孔的文章時，心想這正是他報答的大好機會。許性初了解海外僑社均與國民黨保持相當的關係，因此若要平息海外這些輿論，最好的辦法就是由國民黨中央執行委員會海外部出面向報社施加壓力，於是許性初便出面找到原先在上海就熟悉的老朋友、現任國民黨海外部負責人的童行白。許性初寫了封信給童，除了說一些要求幫忙的好話外，主要是提供一些反駁的內容，此外還寄了許多財政部近年的政績，目的就是要海外部出面進行干涉。

四月八日童行白回函稱：

> 性初吾兄大鑒：前奉手教，並附財部政績數件，當經檢呈鐵公閱後，即依來件內容撰成通訊稿一篇，交海外社印發各海外報館登載。茲將海外社通訊稿一份送請察收，轉陳庸公院長一閱，如有必要文件欲向海外宣傳者，請交下，當為辦發。

童行白隨信還附上了一份海外通訊社以「李德靈」的筆名撰寫的通訊稿，想先聽聽孔氏父子的意見，然後再直接寄給《金山日報》的主筆。這封長達六頁的通訊稿一開始就強調，原文作者Ross「其妻為日人，袒護日本，自不待言；且其主張一向傾向法西斯主義，仇視我國，亦為意中事」。而且他此次遠東之行並未獲得我國政府接受，亦沒有同意他到重慶來訪問，因此他完全不了解中國的真實情形，有關中國的言論大多是在香港「得自日方反宣傳者之造謠中傷」，所寫內容根本就是「信口雌黃，全無根據」。通訊稿的主要內容就是為孔祥熙歌功頌德，評功擺好，信中說宋子文是否就有點金妙術姑且不論，然而孔祥熙的「理財手腕確為世界上所難得者」。接著即以大量的篇幅吹噓抗戰以來孔祥熙如何在制定財政政策、穩定外匯市場、增加財政收入、制止通貨膨脹等方面所做出的貢獻，「總之，抗戰之所以能有今日之成績，孔先生財政上之貢獻實多，年來復襄贊領袖，宵旰憂勤，政府重要設施，無不躬親」。「李德靈」在信的結尾部分說：「想貴報愛護祖國素不後人，或者一時為道聽途說之讕言所惑，用特揭其真相，藉明黑白，望將此函以同樣顯明地位揭登貴報，亦擁護中央完成抗戰大業、國民應盡之義務歟？」童行白信中提到的「鐵公」，就是身兼國民黨海外部部長及國民黨中央黨部祕書長等要職的吳鐵城，這說明這封所謂讀者來信的內容是經過國民黨上峰同意的。

許性初收到來信後即於四月十二日回覆如下：

行白先生勛鑒：手教暨附件均敬悉，通訊稿編載得體，不著痕跡，拜讀之餘，至為感佩。庸公處當轉陳一切。以後如有宣傳稿件，自當隨時奉煩並請教也。茲將《金山日報》奉還，並祈詧收。鐵老前尚乞轉陳致意。專此布謝，順頌勛祺。

許性初還對海外通訊社的文字精心加以修改，主要是對孔宋之間的矛盾予以闢謠，「按敵人對我國黨政領袖素懷仇忌，挑撥離間是其慣技。原文所載我國政要暗鬥情形，均係無中生有，不值一駁」，更重要的是強調「現任行政院副院長兼財政部長孔祥熙氏之理財能力，為國內人士所一致欽譽」云云。同時許性初還提出，該信的作者化名「李德靈」，而黨國大老李宗仁的字就是「德鄰」，「靈」、「鄰」二字音似，恐生誤會，因而建議還是另取一名為好。

不知此信寄出之後的效果如何，但至少我們可以看到，當時國內外民意對於貪污腐敗的憤恨，而國民黨為了撲滅這場烈火，不惜利用職權，偽造民意，採取各種方法予以破壞。

家僕狐假虎威，孔少仗勢欺人

孔大少爺與孔二小姐

南京國民政府成立後長達二十年，國家財政金融大政一直由宋子文和孔祥熙二人輪流執掌，他們又都是國家元首蔣介石的至親，權傾一時，黨國與家族的利益可以說是榮辱與共，息息相關，「公誼」與「私情」之間難以區分。以往「四大家族」的稱號雖然具有強烈的政治涵意，卻早已深入人心；近年來隨著大批珍貴的史料刊布，重新分析蔣介石與孔祥熙、宋子文之間的關係便成為歷史學家深感興趣的問題。

孔祥熙早年雖然亦曾赴美留學，但他卻恪守中庸之道，不像宋子文那樣西化，為人世故圓滑，態度和靄，馴服聽話，人稱 Yesman 或哈哈孔（H. H. Kung），特別是在演講時更是滿面笑容。孔祥熙的部屬、長期擔任行政院參事的陳克文曾在日記中這樣形容孔：「其實他的笑痕是時刻掛在嘴上的，加以他豐滿光彩的面頰，令人一見便聯想到戲台上天官賜福的面具。他真是生成財神的臉孔，他這樣的臉孔也是政治活動上一種幫助，可以使人易於親近。」然而在抗戰期間卻多次出現倒孔的風潮，最為世人不滿的就是孔祥熙利用所掌握的權力，為其家族牟取私利，對屬下任人唯親，對子女則百般驕寵。

孔祥熙共有四個子女，其中最出名的則是長公子令侃和二小姐令偉。

在國際軍火市場上，仲介人收取佣金是通行的潛規則。當時中國購買軍火主要是透過中央信託局暗中進行的，孔祥熙作為該局理事長，竟任命剛剛從上海聖約翰大學政治系畢業的兒子孔令侃以理事的身分長駐香港，全權負責購買軍火，並從中拿取回扣。

孔令侃不僅在香港經營軍火生意，而且大肆揮霍，為人側目。當時上海的報紙披露，一九三八年香港春季跑馬賽由於國內許多官僚巨商及其家屬的到來，馬票的頭獎亦由過去每年八萬餘元增加到十四萬餘元，孔令侃一人就買了四萬餘元馬票，但都未中獎，引起輿論嘩然。四萬多元在當時可以購買一架偵察飛機或者幾輛運輸汽車，若是救濟難民，按平均每人三元計，可以救一萬餘人（《大美晚報晨刊》〔上海大美日報創辦的中文報紙〕，一九三八年三月十日）。孔令侃還到澳門豪賭，一出手就是十五萬港幣（《大英夜報》〔上海中文版〕，一九三八年十二月十三日）。這些錢大都是他經手採購外國軍械軍火時所得到的回扣，據說他購買的軍用汽車每輛要比別人買的貴二百餘美元（《新青年日報》一九三八年七月十六日）。

孔令偉比他哥哥小三歲，她身為女性，卻常著男裝；終生未嫁，但常與女性同居，而且經常做出一些驚天駭俗的事情。

一九三八年一月，國民政府改組，孔祥熙升任行政院院長，同時還兼任財政部長、中央銀行總裁、中央信託局理事長等多項要職，陳克文在日記中說，當時政府高級官員上上下下都在議論「老孔今日可謂志願達到矣」。然而也有人在傳：「孔以一切公文交未滿十六歲之女兒處理，言下憤極，謂尚未有開苞資格的臭丫頭居然處理國事，我們尚何必再做此官耶？」

一月十四日孔祥熙就任院長後出席第一次院會，會議期間孔二小姐突然闖進會場，正當與會官員感到驚訝之際，孔祥熙卻笑嘻嘻地對大家說，這是我的女兒，經常為國家服務，譬如什麼翻譯電報啦，代閱公文啦，從來沒有向國家要一分錢的報酬。孔還說，就是這樣，外間竟有眾多閒言，真是氣人。散會以後，眾官員都在以不要錢的女兒為題議論紛紛，陳克文不禁苦笑，在當天的日記中這樣寫道：「不知孔作此語時，亦想及其女兒身上羅綺與口中甘果從何來也。國家設官授職，各有專司，孔氏又何以必須尚未成年之兒女過問公務耶？」

時任軍事委員會委員長侍從室少將組長的唐縱因工作關係常常接觸國府高層官員，所以平日亦經常在日記中記載一些重慶政壇間的祕事。一九四一年八月二日下午，唐縱正和重慶憲兵司令張鎮、軍事委員會處長竺鳴濤等人在碼頭排隊，等候輪渡過江，沒事幾個人在一起閒聊，忽然有一輛小汽車不排隊，左衝右撞，強行搶道到碼頭的最前面。在場的憲兵看到正要進行攔阻，張鎮一看就火了，大聲喝道：「誰人車子搶渡，不守秩序扣留他！」一查下來問是誰呢？原來是孔二小姐。張鎮聽了是孔二小姐，不由得嘆了一聲氣，對著唐縱苦笑地說，「恐怕夫人又要叫我去了！」唐縱則大笑道：「大丈夫做事，何懼權貴！」

孔氏家僕狐假虎威

孔祥熙對其下屬也是極為包庇袒護，放任縱容。據說孔的侍從們，包括副官和抬轎子的家丁都佩帶有特殊的證章，或在制服背後印有特殊的印記，用來表示他們是孔府的人，並以此仗勢欺人。二〇一二出版的《陳克文日記》中也有不少地方記錄了孔氏部下狐假虎威、仗勢欺人的事例，且抄錄以下幾段。

財政部一高級職員來四明銀行，談財部腐敗情形。憤言云，只要孔氏一家，便足亡國而有餘。孔氏左右所謂副官隨從一類人物不下百餘人，彼等氣炎〔焰〕比較任何人都可怕。此次由京遷漢，輪船艙位都為此輩及其家屬占據，財部職員無敢正視此輩者。途中汽車夫膳費每餐五圓，猶嫌無下箸處，謂為不禁此薄遇，推桌毀器，大罵隨行之科長，科長亦無如之何。孔氏當不知其部屬之胡為至此，然平日馭下無方，可以概見。做官不難，馭下最難，大概長官之罪惡，成於本身者少，成為部屬者多，此不可不知也。（一九三八年一月十四日）

孔公館的副官某送來一個沒有單據的帳目，要行政院報銷，請示魏祕書長。魏說，孔院長對於公館底下的人素來厚道的，這些人對行政院還算客氣，他們對財政部真是鬧得不像樣子。這些家奴真是可恨，孔氏平日許多不理人口的事，都是這些人做成的。（一九三九年二月四日）

孔院長侍從有一史姓的違反警律，被拘到公安局，要罰金五六元。侍從長來院請設法保釋，免除罰金。這種人平日氣燄凌人，拘罰是很應該的。因蔣處長的囑咐，給電話公安局，但數小時後仍未見釋放。晚間侍從長又來，囑科員吳復年再去一電話，不知結果怎樣。（一九三九年三月四日）

▲《陳克文日記》。

上海市檔案館珍藏的民國時期上海市警察局的檔案中有一組文件，真實地記錄了六十多年前的一

▲ 上海永嘉路孔祥熙舊宅。

段往事，如今讀來仍覺得頗具警世意味。

孔祥熙戰後在上海至少有三處房產，一處位於今虹口區多倫路的二三〇號，是一座東方阿拉伯建築風格的府邸；另一座在虹橋路的一四七二號，是一座西班牙式的花園洋房。還有一處則是位於永嘉路三八三號的西方式建築，它坐北朝南，磚木結構，紅瓦坡頂，四周築有高高的圍牆，面北正中是兩扇黑漆大鐵門，進大門後是一個噴水池，屋內擺設高貴典雅，廳內樓梯呈S形逐級而上，高級木材製作的地板上鋪設著柔軟的印花地毯，會客廳中的牆上掛的都是名人字畫。這座住宅是孔祥熙一九三五年出資委託中國著名建築師范文照設計改建的，一九四七年，孔祥熙和宋靄齡就是從這兒收拾細軟到美國定居的。

其實這本來就是一樁交通違例的小事，反映的卻是當年孔府家僕狐假虎威、孔家大少仗勢欺人的真實寫照。按照當時常熟路分局永嘉路派出所處理該案的警員任春先事後呈述，當晚事發經過大致是這樣的。

一九四六年八月二十一日晚十一時許，任春先正在永嘉路門口值勤，當時夜色昏暗，只聽到有一輛自行車由東向西駛來的聲音，但不見車上點燈。根據當時的交通規定，為避免發生意外，夜間騎車必須點燈，所以任春先便朝著車行的方向呼道：「請將燈點起來！」但騎車人未加理會，任以為他沒聽見，就又大聲重喊了一遍，但還是沒有任何反應。任春先便再次大聲喝曰：「腳踏車，停住！」這時附近的居民聽到叫喊，也都紛紛出來張望。

沒想到騎車人不但沒有停下，反而掉轉車頭加速向前騎行。任春先認為該人是故意違反規定，便隨後緊追不捨，直到太原路永嘉路交界處方將騎車人攔住。據任春先事後的陳述所說，他還沒來得及開口詢問，騎車人反倒拿著手電筒衝著他大聲高吼：「幹什麼，幹什麼！這不是燈嗎！」任春先看到這個人身材高大，氣勢凶凶，認為在外面吵鬧不利解決問題，便決定把他帶到所內談話，但他卻頑傲不從，並大聲辱罵警員，說「有本事帶我回公館去」。任春先當時並不知道他說的是哪個公館，只是為了「保持法律尊嚴及警察威嚴」，堅持將人車一併帶到派出所，但該人員仍不服氣，一路咒罵，直到派出所門口有多位警員到場協助，那人的氣焰才有所收斂。任春先將他送到值班室，自己便繼續外出值勤。事後他才知道，這個人叫周行祥，是孔祥熙公館的衛士。值班員警調查後根據規定，判以拘留一小時的處罰，但周行祥不服，值班員警便請示巡官何國清。過了一會兒，孔府得悉此事，亦派衛士組長前來保釋，巡官又向任春先詢問事實經過。此時已經是夜間十二時多了，在事實面前周行祥也承認錯誤，並寫了一份悔過書，派出所即將其釋放。

周行祥的悔過書是這樣寫的：

具悔書人周行祥，今因所乘自由車未燃燈火，經貴所警員任春先取締未遵，態度強硬，目無法紀，一時錯誤。嗣後如有此等情事，自應受罰。特具悔過書是實。

具悔書人　周行祥

民國卅五年八月二十一日具

本來這件事到此也就算完了，但是孔府的衛士歷來都是耀武揚威的，什麼時候受過這種氣，吃過這種虧？周行祥回到公館後愈想愈不是味兒，便向主子訴苦，並添油加醋說了一大堆。孔令侃一聽，真是氣不打一處來，一個小小的警察竟敢如此無禮，心想打狗還得看主人呢，一定要好好地治治他。八月二十六日，孔令侃便直接給上海市警察局局長宣鐵吾寫了一封三頁紙的信函，目的就是要嚴懲這名警察。

▲ 孔令侃致上海市警察局局長宣鐵吾的信。

孔令侃在信中說，他府上的衛士當天晚上騎車外出回家，途中燈火熄滅未曾注意，以致被永嘉路派出所警員攔截斥罵，並查詢其身分證。衛士當即表示他在孔公館內服務，沒想到警員一聽此話竟說：「汝若係老百姓還可馬馬虎虎，汝既說在孔公館做事，卻非到所裡去罰你不可。」接著他還說，即便是「蔣某某犯法，我照樣要捉他抓他」云云。寫到這兒孔令侃大為憤怒，他斥責說：「查該警員因車燈熄滅攔車面責尚無過當，惟以此小事而竟公然指名辱及主席與院座，實屬駭狂無禮之至。況車燈熄滅之事，根本無關於主席及院座，何得妄加侮辱！」因此提出必須要對這名員警嚴加懲處，而且他以為這是為上海市的警務著想。

宣鐵吾收到信後，見到孔大少發飆，自然不可掉以輕心，他隨即命市局督察長張元靖親自調查此案。八月三十一日，常熟路分局局長趙肇昇即將當時永嘉路派出所處理此案的經過陳述筆錄以及周行祥的悔過書等相關文件一併送呈督察室。經過一系列調查取證，張元靖於九月三日撰寫了報告呈報局長宣鐵吾，他的結論是，孔府衛士「周行祥之態度確甚強硬傲慢，後經其組長來所訓戒帶回，並曾在所內立有悔過書一份」，而值班警員任春先在處理事件過程中「始終態度謙和，當時雖屢遭對方之無禮與辱罵，渠均以警察本位立場處之，對彼毫無惡言，更無侮辱言語等情」。宣鐵吾看過後即在調查報告上批示：「孔宅役人阻礙警察行使職務，已發生糾紛數起，應函請糾正，並請慎勿輕信役人讒言。」

九月七日，宣鐵吾正式致函孔令侃，信中抄錄了當日該派出所處理該案的記錄：「八月二十一日二十三時，門崗警員任春先帶所周行祥，四十歲，奉化人，住迪化路一六零號。緣周行祥所乘自由車未燃燈火，不僅不遵取締，且態度強硬，目無法紀，殊屬不合。即處拘留一小時，以示儆。」宣鐵吾在信的結尾聲稱，此案「據查核屬實，希即查明糾正，並請以後慎切輕信役人之讒言，以免誤會」云云，給孔令侃碰了個軟釘子。

孔府家僕狐假虎威、仗勢欺人早已為世人所知，這只不過是一個真實的個案。至於那個警員是否說過那些話其實已不重要，關鍵是說明當時民眾對豪門權貴的仇視已到了如此嚴重的地步，而上海市警察局竟能頂住孔大公子的無理要求，據理反駁，僅從這件事情的處理情形來看，倒真是難能可貴的。

小數點之謎

《中央日報》一則新聞引起轟動

一九四七年七月二十九日，南京《中央日報》第四版在居中的位置刊登了一則新聞，標題並排分作三欄：「孚中暨揚子等公司　破壞進出口條例　財經兩部奉令查明」，披露「孚中、揚子等公司年來有破壞進出口管制條例之情事發生」，為此「最高當局特令財政部、經濟部會同嚴查，頃已將全部經過調查竣事，並由財、經二部會稿呈報」云云。該報記者並聲稱從財政部方面得知調查報告的主要內容，其中最關鍵的部分就是涉及到孚中實業、揚子建業及中國建設銀公司利用特權、套取大量外匯的內幕。

這則新聞稱，自一九四六年三月四日政府開放外匯市場到同年十一月十七日修正進出口貿易辦法、強化管制進口的八個半月以來，中央銀行共售出外匯三億八千一百五十五萬二千四百六十一．一三美元，而在同一階段，孚中實業公司共結外匯一億五千三百七十七萬八千七百二十三美元，揚子建業公司結匯一億八千零六十九萬一千零六十九美元，中國建設銀公司結購外匯八萬七千七百六十二美元。同時，該報還披露了這三家公司進口汽車及其他電器的數目。

這篇報道中提到的幾家公司來頭可不小，其中中國建設銀公司是戰前宋子文聯合國內最大的十幾家銀行創立的投資公司，而孚中實業和揚子建業公司則是抗戰勝利後宋子良和孔令侃搶灘登陸、在上海成立的進出口貿易公司。由於這幾家公司具有強勢的背景，卻又以民營公司的身分註冊，所以當時人們都形象地將其稱之為「官辦商行」。他們利用勝利初期政府開放外匯和貿易的政策，大量進口汽車、電器和西藥，壟斷市場，牟取暴利，特別是當政府對於進口商品實施嚴格管制之後，他們則透過特殊關係獲得配額，並套購外匯，從而引起國內外輿論的強烈不滿。

孚中暨揚子等公司
破壞進出口條例
財經兩部奉令查明

▲《中央日報》向豪門資本開炮。

這則消息的發布引起外國記者的注意，合眾社記者就此事寫下一則消息，稱「當美國政府派遣特使魏德邁將軍來中國調查大陸實況之後，C.C. 派所控制的《中央日報》今天刊出消息，向宋、孔兩家公司開了一炮」。消息當天在上海主要英文報紙刊出後，立刻在國民黨和政府的上層中掀起一陣軒然大波，因為《中央日報》是國民黨的中央機關報，刊登如此重要的消息，一定代表最高當局的意見，特別是報道聲稱此消息來自於財政部，為此財政部長俞鴻鈞更是惱羞成怒，立即下令徹查消息泄密的原因。

七月三十日上午剛剛上班，俞鴻鈞的祕書黃苗子就奉命召集有關當事人開會，對此事進行排查。可能是時間過於緊張，更可能是心慌意亂，看來他們並沒有仔細核對全文（特別是數額），只是大致從二者的主要內容上加以比較，最終得出的結論是：一、報載內容詳實，標題與數字與本部會同經濟部呈覆國府的措詞相同，因此可以肯定「確係根據原會呈而發表」；二、該會呈係由本部起草，由各級呈閱後再交經濟部會核，過程極為嚴密，「決無抄出可能」，因此「由部泄露之成份極少」，但「原呈於六月十四日送府，迄已一月有半，究係何方透露，殊難判斷」。

這個消息一經披露，立即引起社會上的議論和猜測，因為大家都知道，揚子、孚中和中國建設銀公司是孔宋子弟親自開辦的公司，具有濃厚官方背景，而《中央日報》又長期掌握在與孔宋家族勢不兩立的國民黨內 C.C. 派手中，刊出這一消息，一定有其背景。明眼人紛紛議論，好戲就要開始了。

果不其然，七月三十日《中央日報》第四版又刊登了記者訪問監察院監察委員王冠吾的談話，他說奉于右任院長的命令赴上海調查孚中等公司的帳目已逾三週，目前「已發現孚中等公司有利用人事關係，獲取特殊權利之重大嫌疑，且有以取巧手段、圖謀重利之情形，如將容七人以下之汽車，改裝成容七人以上之汽車而輸入。此種不擇手段、花樣百出，確有礙政府之法令，吾人決不能否認孚中等公司為官僚資本之表現」。接著他更要求政府組織一個調查委員會進行澈底調查，「如確有政府官員利用職權而營私舞弊者，自可依據所獲得之事實，遵循法律途徑，以求合理解決」。

同一天出版的《救國日報》專為此事發表社論，題目就是〈請先沒收孔宋豪門資本〉。社論在歷數豪門資本依仗特權、巧取豪奪之種種事實之後抨擊道：「我們可以看出豪門資本勢力之權威，竟是違禁輸入品照樣通過海關，竟拿得到特別許可證，竟敢違法輸入嚴格禁止的化妝品，這豈不是由政府有權發特許證的高級機構，直到海關，都是孔、宋二家私人的機關嗎？」社論最後大聲呼籲道：「政府當局若不懲治孔宋二大豪門資本，實無以對全國的軍民，和一切因保衛國家而犧牲的死難者！」上海《大晚報》也以〈徹查進出口公司〉為名發表社評，聲稱「有少數國人所辦之進出口公司，被認為有破壞外匯及貿易管制之嫌疑，外間傳說紛紜，真相難明，事關國策及政令，此項事實在政府方面自應詳細調查，並予公布，以明是非，而釋群疑」。

消息傳到海外，也立即引起眾多華僑的極大憤慨，國民黨駐美國總支部在致中央海外部的報告中聲稱，孔、宋二人及其家族「利用其政治上之特殊勢力，壟斷我國出入口貿易，由美輸華商品，不論大小，囊括無遺，國內外正當商人備受壓抑，難與競爭」；「最近中外報紙輿論揭載孔、宋二氏所經營控制公司、商號數十家，此等公司向政府所購取之官價外匯是否合於法定？其所購進之入口貨有無違反入口貨管理規程？其所獲得巨資有無繳納賦稅？實有澈底查究之必要」。因此呈請政府「派員調查孔、宋二氏所組織之公司財產帳目，並依政府經濟緊急措施方案，徵用孔、宋二氏存於外國銀行之款項，以充國庫」。

然而就在國內外輿論為此事爭論得沸沸揚揚之際，兩天後，還是這家《中央日報》，還是在同一版面上又刊登了一則針對前日報道的更正啟事，主要內容是：

其一，本報記者並未親眼所見財政、經濟二部的調查報告原件，其二，該報道中對孚中、揚子和中國建設銀公司結購外匯的數額漏列了小數點，由此便將上述公司套購外匯的數額縮小了一百倍。這件事雖然被遮掩過去，但事實真相到底如何，撲朔迷離，長期以來一直是個謎。

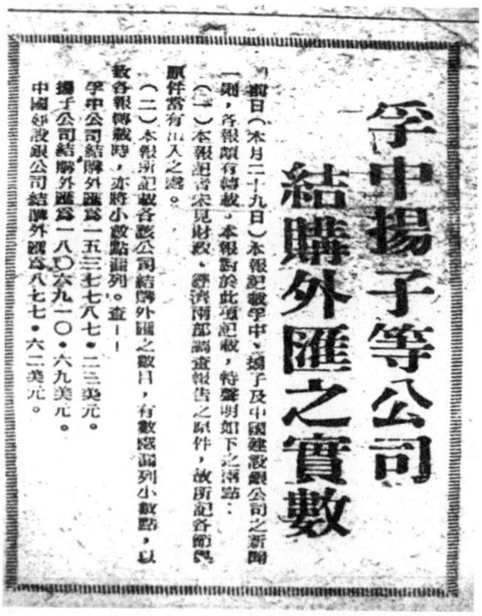

孚中揚子等公司結購外匯之實數

前日（本月二十九日）本報記載孚中、揚子及中國建設銀公司之新聞一則，各報頗有轉載，本報對於此項記載，特聲明如下之兩點：

（一）本報記者未見財政、經濟兩部調查報告之原件，故所記各節與原件當有出入之處。

（二）本報所記載各該公司結購外匯之數目，有數處漏列小數點，以致各報轉載時，亦將小數點漏列。查——

孚中公司結購外匯為一五三七七八七・二三美元。

揚子公司結購外匯為一八〇六九一〇・六九美元。

中國建設銀公司結購外匯為八七七・六二美元。

▲《中央日報》又發布更正啟事。

財、經二部調查報告的由來

要想了解這件事的真相，必須要對戰後初期國民政府財政政策的演變以及豪門資本在這一時期的活動有所認識。

抗戰勝利後百廢待舉，國民政府先後制定和實施了一系列財政政策來應付這突如其來的巨變，其中最明顯的改變就是由戰時的管制外匯到戰後初期的開放黃金和外匯市場，由戰時對進出口貿易實施嚴格的統制到戰後放棄統購統銷政策，同時對進口商品採取極為放任的態度。當時主持國家財經大政方針的是行政院院長兼最高經濟委員會主任委員宋子文，實施這一政策的初衷是想藉開放外匯市場和出售黃金來收回過量發行的貨幣，大量進口外國的商品，是為了解決物資供應不足、物價不斷上漲的局面，希望能在較短的時間內制止自抗戰中期即爆發並日益嚴重的通貨膨脹。然而事態的發展卻與當局的意願背道而馳，開放金融市場導致國庫中在戰爭期間積存的大量外匯和黃金急劇外流，而放任外國商品的自由輸入則使得國際收支嚴重失衡。開放外匯市場的政策實施不久，內戰就全面展開，緊接著上海這個中國最大的商業都市又爆發了金融恐慌，物價飛速上升，而且很快就波及全國。在這種形勢之下，國民政府不得不修改政策，一方面嚴格控制進口商品的輸入，對於外匯和黃金又重新加以管制，而主持財政方針的宋子文亦被迫辭職，黯然下台。

戰後初期國民政府推行開放外匯市場政策最突出的特點就是進口管制極鬆、外匯管理極濫以及外匯匯率極低，雖然此時國家已經大幅度提高了外匯的價格，但進口商品的成本與國內物資不斷上漲的價格之間仍然存在很大的差距。由於這種「鼓勵輸入」和「低匯率」的政策對於經營進口貿易極為有利，眾多商人就充分利用兩者之間的差價大量進口商品，從中賺取超額利潤。據當時報紙記載，由於

「國內物價高，對外的匯率低，法幣的對內價值與對外價值有極大的差別，進口商結得廉價的外匯輸入貨物，依國內高昂的市價出售，一轉手間利市三倍」。就以進口硫化元染料為例，當時從美國購運一擔硫化元到上海，成本約四十美元，而在上海售出後所得法幣，卻可依官價結購到外匯五百美元；若以之再向國外訂貨，則又可買到十二擔硫化元，這樣幾經轉手，時間不過四、五個月，扣除運費、關稅、保險等各種費用，竟有數十倍的暴利可賺。因此戰後初期上海經營進出口業務的商行紛紛註冊，不但經營的戶數劇增，而且經營的貨物也無限擴大，人稱「無貨不美」，呈現出一派蓬勃興盛的畸形繁榮景象。由於對進口商品採取極度放任的政策，致使「政府原存六百萬盎司之黃金，與九億以上之美金，大半消耗」，流入私人手中。當然，這些「私人」並不是一般的人物，大多都是那些手眼通天的進出口商行，而在這些商行中，特別是那些以民營公司的形式註冊、卻又與政府間具有密切聯繫的豪門資本最為令人矚目。這些公司為數不多，但能量卻極大，他們利用其特殊的政治背景及其與政府的微妙關係，戰後迅速在上海「搶灘登陸」，一方面獨家代理美國各大廠商的在華經銷代理權，壟斷汽車、電器、藥品、奢侈品等非生產性的物資進口，特別是當政府改變進出口貿易政策、對進口商品實施配額制度後，他們更是依仗特權，申請配額，套購外匯，賺取超額利潤，其中最具代表性的幾家「官辦商行」就是孔、宋家族成員經營的孚中實業公司、揚子建業公司和中國建設銀公司。

「官辦商行」利用特權申請配額、進口物資、套取外匯的行為引起經營進出口業務的上海商人強烈不滿，外商對此更是憤憤不平。一九四七年三月十三日，具有美資背景的上海《大美晚報》刊登了一條合眾社記者龍特爾的報導，稱目前中國的國營商行「購有價值數十萬萬元之進口貨，絕不受結匯限額及進口條例等限制，本市環球貿易公司、中央信託局及中國供應局現大量進口奢侈品，如汽車、無線電、電機、冰箱及其他政府嚴禁進口之貨物。此次奢侈品大部分為政府有關之商行所定購，供應私人買戶，且傳獲利以飽私囊」；而「中美商人對於宋子良所主持之孚中公司、宋子安之中國建設銀公司、孔令侃之揚子建業公司利用特權經營商業尤多指摘」；另外，這些公司的一些頭面人物還持有中國外交官的護照，在美國從事商業活動。這個消息一經披露，第二天上海各家報刊紛紛轉載，《大美晚報》又發表社評稱，「從其他方面所得之報道，與合眾所稱者相符，望官方能對此事予以說明」云云。

蔣介石看到這一報道後大為惱火，他不僅在一份致財政部部長俞鴻鈞的電報中抄錄了上述報道的主要內容，還命令財政部迅速「會同經濟部遴派妥員，徹查具報」。緊接著，在四月二日召開的國民黨第六屆中央執行委員會第三次全體會議上，以黃宇人為首的一百零三名中央委員聯名提出「擬請懲治『金鈔風潮』負責大員及徹查『官辦商行』帳目、沒收貪官污吏之財產，以肅官方，而平民憤」的臨時動議，動議要求追究宋子文、貝祖詒等負責大員的責

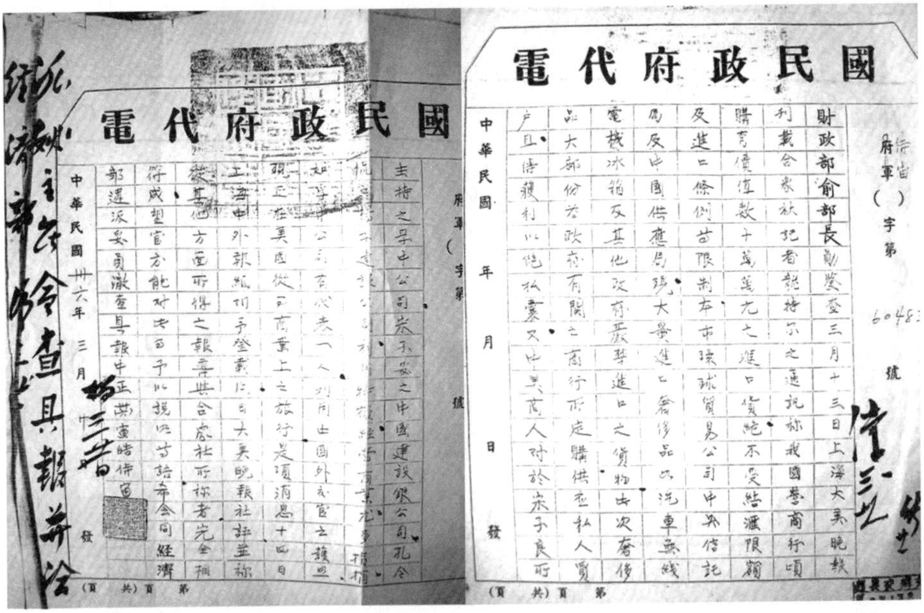

▲ 蔣介石下令徹查「官辦商行」。

任，不能僅以辭職、免職即為了事，因為這些大員「不但運用失宜，且抑有勾串商人、操縱圖利之嫌」，因此應「依法提付懲戒」，並「從速查明議處，以肅黨紀，而彰國法」。臨時動議還聲稱，一統公司、孚中公司、中國建設銀公司、揚子建業公司等「官辦商行」，「皆有利用『特權』、結購鉅額外匯、輸入大量奢侈品情事，致普通商人難與爭衡，外商並因此屢提抗議」，而且「此類『官辦商行』又大抵為官僚資本之企業機構，其間不乏貪官污吏之財產，盡為搜刮民脂民膏之所得」，因而要求有關部門「徹查此類『官辦商行』之帳目」，一旦發現有「勾結貪官污吏之確鑿真實者，應即封閉其公司、沒收其財產，以肅官方，而平民憤」。

在國內外輿論強烈抨擊和黨內抗議聲浪不斷高漲的巨大壓力下，財政部只能遵奉蔣介石的指令，委派專人會同經濟部指派人員前往上海，調查上述公司自開放外匯市場後所購買的外匯數額和進口貨物的詳情。五月二十日，調查組完成初步調查後即撰寫報告，呈送財政部部長俞鴻鈞及次長徐柏園、李儻。六月十四日，調查報告經過整理，即以財政部部長俞鴻鈞和經濟部部長陳啟天的名義會呈國民政府主席蔣介石。然而調查報告的內容極為機密，又涉及到孔、宋親屬直接經辦的公司內幕，十分敏感，因此有關部門在未接到最高當局指令之前，並不準備向任何報刊披露。沒想到一個半月之後，《中央日報》的記者竟透過特殊途徑取得報告，這一報告的主要內容才公之於天下。

當事人的回憶

一則漏列小數點的更正啟事，將孚中、揚子和中國建設銀公司結購外匯的數字縮小了一百倍，同時也暫時化解了一場突如其來的危機。然而真相如何？是不是真的漏列了小數點，還是內中另有玄機，長期以來一直是一個未解之謎。直到四十多年後，幾位親歷者陸續出版回憶錄，又將多年前的這樁謎案重新提了出來。

最早披露這個謎底的是當年《中央日報》的記者漆敬堯，一九八九年一月，他以親歷者的身分在台灣出版的《傳記文學》上發表了一篇文章，題為〈小數點的玄機化解一場政治風暴——獨家採訪宋孔家族利用特權結匯謀取暴利新聞的一段往事〉，詳細回憶起四十多年前的這段往事。

據漆敬堯自述，一九四七年三月「黃金風潮」爆發後，國民參政員黃宇人等人要求政府徹查孔、宋家族經營的孚中、揚子等「官辦商行」結匯及進口商品的數額，「倒宋」的輿情十分激烈。他當時是《中央日報》採訪財經新聞的記者，奉副總編輯兼採訪主任陸鏗的指示，前往財政部詢問有關調查的進展，卻屢屢碰壁；其後他又到經濟部去打聽消息，雖然也沒有得到確切答案，但從商業司司長鄧翰良的表情中猜到一些眉目。當時國民黨為了粉飾門面，成立所謂「聯合政府」，特意拉攏一些小黨派的黨魁進入政府，因此青年黨的陳啟天就成了經濟部的部長。陸鏗在平日採訪中與陳啟天多有來往，在得知這一消息後就帶著漆敬堯親自上門拜訪陳啟天，要求了解孔、宋案的調查情況。對此陳啟天雖然未置可否，但也沒有完全拒絕，因此陸鏗便囑咐漆敬堯，一定要緊追不捨，查明真相。於是漆敬堯就常到經濟部去打探消息，很可能是得到陳啟天的默許，鄧翰良向他表示，待到時機成熟時，他保證先讓執政黨報社的記者知悉案情。

一九四七年七月二十八日，鄧翰良突然打電話給漆敬堯，約他中午到經濟部去聊聊。當時正是用膳時間，經濟部的官員大都不在部中，漆敬堯進了司長辦公室後，鄧很快就從抽屜中拿出一包公文，讓他看看。漆敬堯一看封面，標題寫的正是調查孔、宋家族企業的報告，不禁大喜過望，立刻動手全文抄錄，前後大約花了四十至五十分鐘時間。抄完後鄧司長囑咐他說，這些材料僅供參考，漆敬堯當然只是點頭應諾，趕緊跑回報社。

漆敬堯深知此事重大，一人不敢承擔責任，回到報社後只是悄悄地將抄錄的報告加以整理，待到晚上九時陸鏗來報社上班時，他才將整理過的報告偷偷地交給陸鏗。陸鏗當然也知道此事非同小可，刊出後一定會出紕漏，但若聽任不管，又實在是咽不下這口氣。當時《中央日報》的社長馬星野臥病在家休息，總編輯李荊蓀出差在外，可以向上請示的只有國民黨中央宣傳部副部長兼《中央日報》總主筆陶希聖一個人了。

於是陸鏗就打電話給陶希聖，說財政部發言人透露了有關宋、孔案的內容，不知可否在《中央日報》上發稿。陶希聖不知詳情，因此就在電話中回答，既然是財政部透露的消息，《中央日報》自然沒有理由不發。得到陶的允諾，陸鏗便以代總編輯的身分，決定將這則消息刊登在第四版，文字基本上沒有改動，只是將消息來源由經濟部改成出自「財政方面某高級官員」，一方面是掩人耳目，同時也是對財政部趾高氣揚態度的一個報復。

果然不出所料，消息見報後立即引起轟動，《中央日報》的直接上司中央宣傳部部長李惟果立即來找陸鏗，查問刊登消息的來源，陸鏗一口咬定是他寫的，而且說為了維護新聞操守，絕不可以透露消息來源。然而這件事卻觸怒了最高當局，蔣介石堅持要予以查辦，由於李惟果仗義執言，甘願為此承擔一切責任，再加上陶希聖亦從中曉以利害，認為此事不宜擴大，最終則以漏列小數點為名，將此事悄然化解。

一九九七年，另一位當事人陸鏗的回憶錄也在台灣出版，其中有一章題為〈揭發孔宋貪污與蔣公直接衝突〉，用了二十多頁的篇幅，詳細介紹了本案的來龍去脈。其後陸鏗在接受多家電視台訪問時，也多次重複這些內容，經過如此渲染，孚中、揚子公司套購外匯已成為孔、宋豪門資本官商勾結、以權謀私的重要證據。

陸鏗不愧是位名記者，文字生動，情節曲折，讀來讓人有一種親臨其境的感覺。他的回憶內容雖然大體上與漆敬堯的文章相符，但還是有些不同的地方。譬如說是誰決定刊登漏列小數點的啟事，漆敬堯因為地位低微，對於真相了解不多，而陸鏗則肯定說，這一切都是在陶的設計下所玩弄的「小數點」遊戲，這樣不費力氣就將幾家「官辦商行」套購外匯的數額縮小了一百倍，為此陸鏗還譏諷陶希聖想出這個主意「真是高手」。

再有就是關於蔣介石召見當事人的情形。事件發生後蔣介石十分震怒，一再表示要嚴懲肇事者，並追查透露消息的源頭。後因李惟果主動請責，陶希聖又說明徹查會引起諸多不利，蔣才放棄這個念

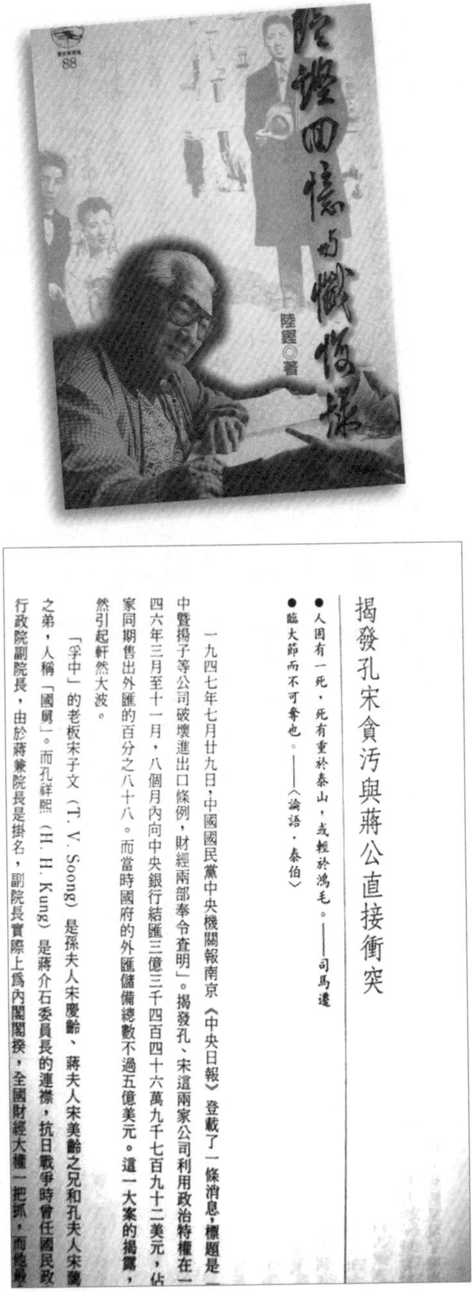

揭發孔宋貪汙與蔣公直接衝突

●人固有一死，死有重於泰山，或輕於鴻毛。——司馬遷

●臨大節而不可奪也。——〈論語．泰伯〉

一九四七年七月廿九日，中國國民黨中央機關報南京《中央日報》登載了一條消息，標題是「中暨揚子等公司破壞進出口條例，財經兩部奉令查明」。揭發孔、宋這兩家公司利用政治特權在一四六年三月至十一月，八個月內向中央銀行結匯三億三千四百四十六萬九千七百九十二美元，佔家同期售出外匯的百分之八十八。而當時國府的外匯儲備總數不過五億美元。這一大案的揭露，然引起軒然大波。

「孚中」的老板宋子文（T. V. Soong）是孫夫人宋慶齡、蔣夫人宋美齡之兄和孔夫人宋靄之弟，人稱「國舅」。而孔祥熙（H. H. Kung）是蔣介石委員長的連襟，抗日戰爭時曾任國民政行政院副院長，由於蔣兼院長是掛名，副院長實際上爲內閣閣揆，全國財經大權一把抓，而他

▲著名記者陸鏗的《陸鏗回憶與懺悔錄》，時報出版，1997年。

頭，但卻要親自傳見肇事者。據陸鏗回憶，當李惟果和他進入蔣的辦公室時，蔣第一句話就是追問「什麼人告訴你的？」陸鏗此時心想乾脆豁出去了，也不管蔣願不願意聽，站在那裡慷慨陳詞，從社會輿論談到黨內鬥爭，從國共內戰說到國家危機，滔滔不絕，一口氣講了四十分鐘。他說蔣的臉色最初很難看，但慢慢地開始緩和起來。陸鏗最後說：「校長，雖然我的動機是好的，但作法是錯的，影響是很壞的。因此請求校長給我以最嚴厲的處分。」這時李惟果也趕快站了起來，說自己身為中央宣傳部長，部下犯錯，責任卻應由本人承擔。沒想到蔣介石卻說：「我什麼人也不處分！」這個事件於此告一段落。事隔五十年，陸鏗的回憶十分仔細，內容栩栩如生，情節跌宕起伏，結局更具有戲劇性的效果。但是漆敬堯的回憶就不同了，他曾聽陸鏗的一位同學王天循談起這段往事。據王說，當陸走進蔣的辦公室之後，蔣只看了他一眼，接著就說，你就是陸鏗，給我滾出去！陸鏗聽到這句話後掉下兩滴眼淚，默默地走出蔣的辦公室。按照漆的分析，依蔣的個性和脾氣推斷，王說比較可靠，在當時蔣盛怒的情形之下，只會叫陸滾蛋。不過王天循並非當事人，其說不一定準確；但從蔣介石當天日記的內容來看，陸鏗的回憶顯然又有不少誇大之辭。

孚中、揚子公司結購外匯的真實數字

由於各人的立場、角度不同，回憶的內容自然也就不會一樣，事隔多年，當事人已大多不在人世，有些情節現在已經很難核對，然而是否漏列小數點則是本案的關鍵。

按照《中央日報》的報導和漆、陸二人的回憶，孚中、揚子兩個公司八個半月套匯數額顯然高達三億三千四百四十六萬九千七百九十二美元，占同一時期中央銀行售出外匯三億八千一百五十五萬

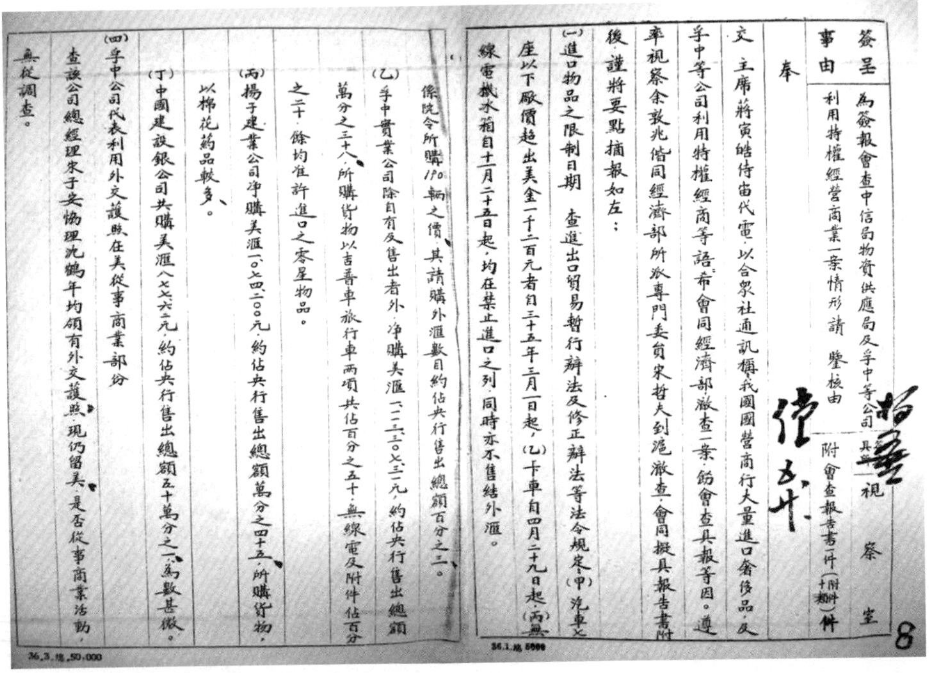
簽呈　為簽報會查中信局物資供應局及孚中等公司利用特權經營商業一案情形請　鑒核由
附會查報告書一件（附件十一件）
具　視察室
奉
主席蔣寅皓侍宙代電，以合衆社通訊稱我國國營商行大量進口奢侈品，及
孚中等公司利用特權經商等語，希會同經濟部徹查一案，飭會查具報等因。遵
派視察余致兆偕同經濟部所派專門委員宋哲夫到滬徹查，會同擬具報告書附
後，謹將要點摘報如左：
（一）進口物品之限制日期　查進出口貿易暫行辦法及修正辦法等法令規定（甲）汽車又
座以下廠價超出美金一千二百元者自三十五年三月一日起，（乙）卡車自四月二十九日起，（丙）無
線電機冰箱自十一月二十五日起，均在禁止進口之列，同時亦不售結外匯。
係院令所購190輛之價，其請購外滙數目約佔央行售出總額百分之三。
（乙）孚中實業公司除自有及售出者外，淨購美滙一二三〇七三一元，約佔央行售出總額
萬分之三十八，所購貨物以吉普車旅行車兩項共佔百分之五十，無線電及附件佔百分
之二十，餘均准許進口之零星物品。
（丙）揚子建業公司淨購美滙一〇七四二〇〇元，約佔央行售出總額萬分之四十五，所購貨物，
以棉花藥品較多。
（丁）中國建設銀公司共購美滙八七七六二元，約佔央行售出總額五十萬分之一，為數甚微。
（四）孚中公司代表利用外交護照在美從事商業部份
查該公司總經理宋子安協理沈鶴年均領有外交護照，現仍留美，是否從事商業活動，
無從調查。

▲1947 年 5 月 20 日財政部簽呈。

二千四百六十一美元的百分之八十八弱，數額如此之大，難怪社會輿論為之憤慨，並紛紛加以聲討呢。然而仔細分析，這個數額是有疑問的。

首先從經營進口商品機構的數目分析。戰後初期由於政府開放金融市場、鼓勵進口貿易，估計有三千家中外洋行從事進出口貿易。而在這一階段（一九四六年三月四日至十一月十六日），進口商是可以根據各自的實力，隨意向中央銀行申請結購外匯，再向國外進口商品的。如果孚中、揚子兩家公司結購的外匯高達百分之八十八，其他三千家中外公司僅結購百分之十二的外匯，這在情理上是說不通的，與當時大批商人因結匯購買貨物進口謀利的實際情形也不相符。更何況在這批從事進出口業的公司中還包括中央信託局、中國紡織建設公司、資源委員會等國營壟斷機構，它們經手進口的商品數額應該占

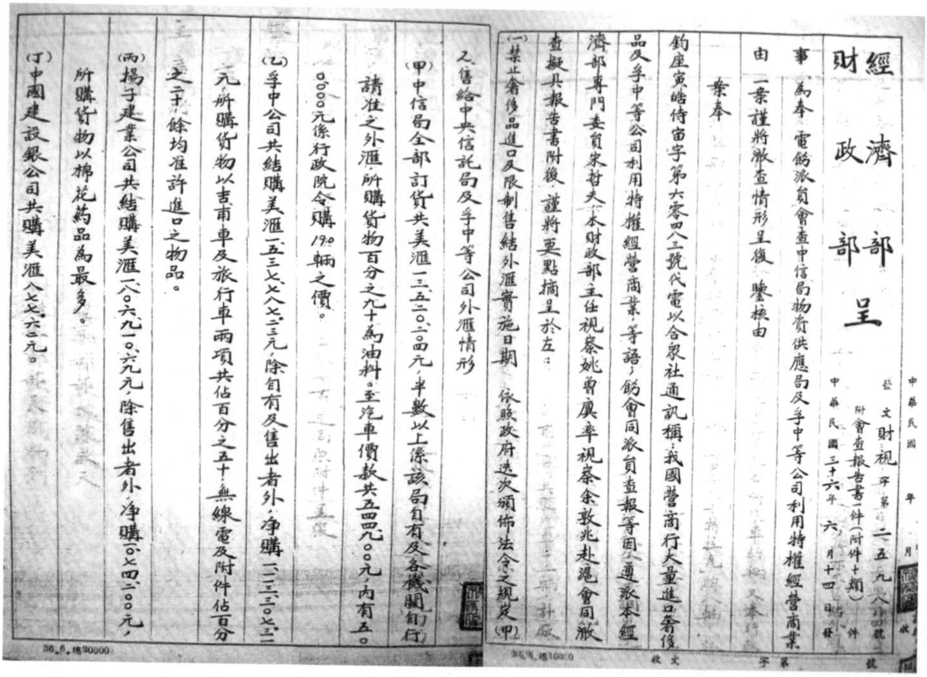
財政部
經濟部 呈
發文財視字第二五九八四號
附會查報告書一件（附件十頁）
中華民國三十六年六月十四日發
事由　為奉電飭派員會查中信局物資供應局及孚中等公司利用特權經營商業一案謹將派查情形呈復鑒核由
案奉
鈞座寅皓侍宙字第六零四八三號代電以合眾社通訊稱：我國營商行大量進口奢侈品及孚中等公司利用特權經營商業等語，飭會同派員查報等因，遵派本經濟部專門委員宋哲夫、本財政部主任視察姚曾廙率視察余敦兆赴滬會同徹查擬具報告書附後，謹將要點摘呈於左：
（一）禁止奢侈品進口及限制售結外匯實施日期　依照政府迭次頒佈法令之規定（甲）乙售給中央信託局及孚中等公司外匯情形
（甲）中信局全部訂貨共美滙一三五二〇、二四元，半數以上係該局自有及各機關AA行請准之外滙，所購貨物百分之九十為油料。至汽車價款共五四四九〇〇元，內有五〇〇〇〇元係行政院令購190輛之價。
（乙）孚中公司共結購美滙一五三七、七八七、三三元，除自有及售出者外，淨購一三二三、三〇七、二元，所購貨物以吉甫車及旅行車兩項共佔百分之五十，無線電及附件佔百分之二十，餘均准許進口之物品。
（丙）揚子建業公司共結購美滙一八〇六九一〇、六九元，除售出者外，淨購一〇七四二〇〇元，所購貨物以棉花藥品為最多。
（丁）中國建設銀公司共購美滙八七七、六二元。

▲ 1947 年 6 月 14 日財政、經濟二部的會呈。

據最大的份額。實際情形也是這樣，據統計，僅中央信託局一個部門結匯額就要占中央銀行售出外匯的百分之三點五。

其次從進口貨品的種類分析。根據國民政府經濟部統計處的調查，這段時期進口最多的物資是棉花及其製品（百分之二十六．○五），以下依次為化學工業貨品（百分之十．四二）、汽油、柴油、煤油、機油（百分之九．六八）、機器設備及車輛船艇（百分之九．三九）、食品及飲料（百分之六．九二）、圖書及紙類（百分之六．三五）、其他紡織纖維（百分之六．一七）等。而據《中央日報》的報導，孚中、揚子公司進口的物資主要是汽車；而按當時的規定，所有汽車價格不得超過一千二百美元，那麼孚中公司進口九百輛汽車至多只需一百萬美金，這與報道中一萬五千三百多萬美元的數額相差實在太遠。

當然，僅憑上述推論並不能說明問

題，最可靠的證據應該是來自第一手的檔案資料。經過反覆查閱，筆者終於在中國第二歷史檔案館保藏的財政部檔案中找到前文提及的五月二十日「財政部簽呈」和六月十四日「財政、經濟部會呈」的原始檔案。

經過認真比對，雖然六月十四日財政、經濟兩部「會呈」中的內容基本與「簽呈」相同，但仍有幾處不一致的地方；而《中央日報》的報導與「會呈」相對照，除了主要文字、措詞等內容基本相同外，在次序和標題上有所變動，內容亦有所刪節，當然最重要的區別就是「簽呈」和「會呈」在公布所有外匯數額時都標有小數點，而《中央日報》除了在央行售出外匯總數中標明小數點外，對孚中、揚子公司結匯的數額均沒有任何標點符號。

最近剛剛公布的蔣介石日記也證實了這一論點。此時蔣介石十分惱火，除了立即下令徹查外，他在八月一日的日記中也流露出當時的心情：

> 近日為宋家孚中、孔家揚子等公司，子文違章舞弊，私批外匯□□（兩字不清），令行政院徹查尚未呈覆，而《中央日報》副總編輯乃探得經濟部所查報之內容，先行登刊發表，並誤記數目，以一百八十萬美金誤記為一億八千萬美金，因之中外震驚。余嚴電財部公布真相，稍息民疑。子文自私誤國，殊為可痛，自應嚴究懲治，以整紀綱。
>
> 朝課後，為查究孚中等公司案，令財部與《中央日報》公布改正，必須根究查辦，水落石出方妥。……召見陸鏗，即在《中央日報》登載孚中公司案者，面慰之，以彼甚懼我懲處其違法登載政府未公布之消息也。

從原始檔案和蔣介石的日記中我們至少可以了解以下幾個問題：其一，孚中、揚子公司確實存在以權謀私的行為，而這些弊案又都牽涉到行政院長宋子文的頭上，蔣介石為此極為憤恨，多次下令予以徹查，並指示迅速制定防止官商勾結的措施；其二，孚中、揚子等公司套匯的數額被擴大了一百倍，《中央日報》的報導確實漏列了小數點，而後來的更正啟事則是蔣介石決定發表的；其三，蔣介石已經了解消息的來源出自於經濟部，但他並不準備予以追查，所以還曾當面安慰陸鏗，因為陸鏗很害怕，「甚懼我懲處其違法登載政府未公布之消息也」。

漏列小數點之謎

既然小數點是真實存在的，那麼為什麼會在報道中漏列小數點？換句話說，漏列小數點到底是無心之失還是有意為之的呢？

我們還是先看看當事人是怎麼說的吧。

最先披露這件事內幕的是抄錄調查報告的《中央日報》記者漆敬堯，據他回憶，他是抗戰勝利後剛剛進入報社的新手，沒有經驗，「由於沒有受過正規的科班新聞教育，最初不知『採訪』、『寫作』為何物，以致常受責備」。當年他是奉陸鏗的旨意追查財政、經濟部的調查報告，最後是在經濟部商業司司長鄧翰良的默許下親自抄錄的。據漆敬堯回憶，當時他是「從頭抄到尾，約抄了四、五十分鐘才抄完交還鄧」。今天我們在檔案館看到的這份調查報告原文一共六頁，每頁十行，連同標點符號大約不到一千八百字，雖然字跡十分清晰，但漆敬堯抄寫的速度算是比較快的了。

漆敬堯是中午時分到經濟部抄錄的，抄完後不敢停留，立即趕回報社（經濟部離《中央日報》社不遠，走路大約只需十分鐘）。漆回憶說，回到報社他還是不敢拿出來，只是到入夜後才將抄到的內容加以整理，然後再悄悄地交給前來值班的陸鏗。漆敬堯只是說將報告加以整理，但到底是刪節了還是修改了卻沒有細說。由於當時沒有複印設備，因此漆敬堯只能用筆抄錄，抄完後又沒有時間校對，因此抄錄過程中如果漏記了小數點也是極有可能發生的。漆敬堯自己也承認，由於「無法記得當時那麼多的阿拉伯數字與小數點的『玄機』，所以事隔四十多年之後的今天才來動筆」。

陸鏗的回憶與漆敬堯略有不同，他說沒有想到他與經濟部部長陳啟天談話後的第二天，漆敬堯就從經濟部商業司司長鄧翰良那裡拿到了這份調查報告。請注意，陸鏗這裡用的是「拿到」而不是「抄錄」這個詞。至於對報告的內容有無改動陸鏗沒有明說，漆敬堯回憶「陸主任僅在第二段動了點手腳，把來自經濟部的新聞改為來自『財政方面某高級官員……』」，目的是轉移讀者的視線。但陸鏗則承認這麼做的原因除了要保護消息來源之外，也是對財政部官員趾高氣揚態度的一個報復。

正如前文所述，「新聞」雖然確實抄自「會呈」，但二文之間還是有些不同，不僅個別文字略有改動，次序有所調整，內容上更是將有關中央信託局和物資供應局結購外匯的數額予以刪節。這段文字字數雖然不多，但內容卻十分重要，因為中央信託局結購的外匯有一千三百多萬美元，如果不列小數點，數額將高達十多億美元，於理不合；但要列小數點的話，那麼孚中和揚子公司結購外匯就應同樣標明，數額自然就不會如此驚人了。

據筆者分析，漆敬堯可能只是個執行者，他自己也承認根本就不記得抄來的那些數字和小數點了；但陸鏗後來的回憶可能就是有意而為之的了，因為既然原文中確實列有小數點，那麼報道中漏列了小數點予以更正也是自然之事，但陸鏗卻將其說成是陶希聖憑空想出的一個補救辦法，而且還說陶「真是高手」。從這些事實分析，即使陸、漆當年抄漏小數點可能是無意之失，但四十多年後的回憶、特別是陸鏗的說法則與事實一定存在某些出入。

還有一點需要注意的是，漆敬堯的文章發表於一九八九年一月，陸鏗的回憶錄於一九九七年出版，而此時幾個當事人均剛剛離世（李荊蓀一九八八年二月因心肌梗塞猝死，陶希聖一九八八年六月病逝，馬星野於一九九一年辭世），因此陸的回憶也就只能成為孤證了。至於陸鏗他們當年為什麼要這樣做，是出自對豪門資本的義憤，還是囿於黨派之間的攻訐，或者更簡單，就是無意中抄漏了小數點，真相不得而知；但四十多年後他們的回憶有一些內容與事實不相符，特別小數點並非事後添加則是肯定的。

其實國民政府自一九四六年三月實施開放外匯市場的政策以來，國家對外匯的管制極為寬鬆，除了極少數禁止進口以及部分須向海關申報許可後方能進口的貨物外，大多數商品均可自由進口，任何從事進出口行業的公司申請結購外匯都很容易，既不需要什麼特殊的關照，也沒有數額上的限制。對於外匯加以管制是一九四六年十一月十七日公布《修正進出口貿易暫行辦法》，嚴格限制進口、實施輸入限額辦法以後的事。正是在這段時間內，由於其他民營公司很難購買外匯，更因難以申請到進口額度，從而無法購買外國商品；而孚中、揚子等這些「官辦商行」方顯示出其巨大的能量，利用特權，從中央銀行中套取大量外匯，再由輸入臨時管理委員會那裡領取進口配額，從中牟取暴利。因此，這才成為外商和那些沒有政治背景的進口商憤而攻擊的原因。然而財政部調查的對象卻是第一階段套購外匯的數額，對於外界輿論集中攻擊的第二階段則避重就輕、不予置評，這才是事實的真相。

當時國民政府正積極向美國政府尋求援助，而在華美商卻紛紛對中國政府的對外貿易政策表示不滿。一九四七年六月二十七日《大公報》的一篇報道中曾披露：「自輸入管制以後，所有進口貨物均由輸入管理委員會加以管制，並以規定限額，配以進口商分別進口，在華之各地美籍進口商因經營困難，均表不滿，並認為進口限額很多配給豪門資本，歧視洋商，不予平等待遇，於日前聯名致電美國國務院，表示於中國政府不予彼等便利情形下，美國政府對於中國政府之要求種種援助，亦應加以審慎考慮。」時任上海市市長的吳國楨後來在回憶這段往事時也承認，這些「官辦商行」雖然都是些剝削者、暴發戶，但他們所做的一切確實沒有問題，一切都合法（法令本身就是他們自己制定的），這是因為「他們有影響力，一切都是在合法的範圍內做的」，比如，沒有人能得到外匯（因申請外匯需要審查），「但他們的人，即孔的人是控制財政部外匯管理委員會的，所以就能得到外匯。每個人都得先申請才能進口必要的貨物，但他們卻有優先進口權。因此，儘管他們的確從中國人民的血汗中發了大財，但一切仍然是合法行為」。而當時《自由天地》的一篇文章更將此事斥之為「像是一幕事先排演熟練的戲，這幕戲演過之後有什麼效果呢？在中國之內從此以後，人們不必再指摘這三公司，因為他們已取得合法的證明，但就對美國輿論而言，這幕戲演了等於不演。因為調查裡的結果，與人家所指摘的，是文不對題」。

正是由於孚中、揚子等「官辦商行」在戰後經營進出口貿易中依仗特權、牟取暴利，所以才成為社會輿論攻擊的一致目標；也正是因為這個原因，儘管《中央日報》在有關孚中、揚子等公司結購外匯的報導中確實是漏列了小數點，但卻為廣大民眾所信服。也就是說即使是謊言，老百姓卻都相信，由此可以看出此刻的國民政府已經毫無公信力。最後還要指出的是，這篇報道雖然內容並不完全真實，但它卻順應了廣大民眾憎惡貪腐、要求公正的心情，同時在某種程度上也削弱或阻礙了豪門資本利用權勢、攫取暴利的行徑。

章太炎抵制外資侵東北礦權

章炳麟，字枚叔，別號太炎，他既是革命元勳，曾參與創建革命黨，推翻大清王朝，立下豐功偉績；又是國學大師，他以樸學為基礎，以玄學致廣大，批判文化，獨具慧眼。因此章太炎的地位，無論是從學術史、思想史，或是革命史來說，都是無人可以比擬的。然而民國初年，太炎先生在就任東三省籌邊使期間，曾嚴辭拒絕帝國主義侵占中國主權，力爭保護東北礦產資源的一段往事，卻一向鮮為人知，就是在他自定年譜中也未見提及。好在中國第二歷史檔案館典藏的北京政府財政部檔案中保存有幾封章太炎致北京政府財政部的親筆書信，為後人留下了珍貴的歷史紀錄，同時也讓我們了解太炎先生憂國憂民、維護國家主權的一片赤子之心。

民國成立，國庫空虛，財政窘困。袁世凱就任臨時大總統後，為了維持其統治，千方百計尋求外國援助，而列強卻趁此機會予以要挾，他們提出種種苛刻的條件，企圖透過借款控制中國的財政命脈，而東北則更成為列強爭奪的目標。特別是日本和俄國都視東北為其勢力範圍，聲稱對其具有特殊權益，不允他國涉足；而英、美、法等國卻要求利益均沾，目的就是要共同瓜分東北三省的鐵路交通和礦產資源。

一九一二年年底，民國政府設立東三省籌邊處，任命章太炎為首任籌邊使。太炎先生受命於危難之際，深感責任之重大，同時他也希望從京城紛亂的黨爭中解脫出來，作一些為國為民有意義的事

222

情。赴任前他曾對外人表示：「鄙人此次進行手續，第一統一幣制，其次興礦，其次開墾。」

東三省籌邊處設於吉林的長春，雖然「僚屬才十人耳，既鮮事，經費亦少」，但四十五歲的章太炎仍懷抱極大的熱情，「被冰雪赴之」。到任之後他便立即著手進行實地調查，招攬人才，徵求民意，組織技術人員精心繪製黑龍江、吉林兩省地圖，並在此基礎上擬定出《東省實業計畫書》。書中稱道：「實業所以開利源，而經營必資於財用，運輸必借於交通。無財用則重價之物與糞土同，無交通則出產之貨與埋藏同。」因此他認為當務之急是要在東北「設立三省銀行，以圓易吊，使民易知」。然而「欲鑄金幣，又不可不預濬金源」，所以「非開辦金礦，收買金砂，不足以供鼓鑄」。與此同時，他還要求「開濬松花江、遼河，去其淤梗」，「以利交通」，並提出「組織報館」、「設會研究」等一系列開啟民智的主張。

當時東北地區的民眾生活困苦，無力籌集資金開辦礦山和修築鐵路，為此太炎先生也考慮到借用外資、興辦實業的計畫。但是他也明確指出，借用外資必須遵循「權自我操」、「利不旁溢」的原則，而且章太炎還想利用帝國主義之間的矛盾，借用日、俄之外的外資來興辦礦業，他認為這樣可以在一定程度上遏制日、俄獨霸東三省的野心。

章太炎先生到任後不久，就相繼有許多外國的銀行和公司前來東北，欲以借款名義，在東北創辦工廠，開發礦產。一九一三年一月，英比銀公司派人到東北進行游說，他們提出借款一千萬兩白銀，條件是承辦東三省礦務，這一無理要求當即為太炎先生所拒絕。然而英比銀公司並不死心，不久之後該公司的代表奧爾西又表示可以提供借款七十萬英鎊，以之興辦東北之銀行、實業和金礦。一月二十三日，稽勛局的張通典背著太炎先生，與英比銀公司在上海祕密訂立了一份借款草約合約，同意了外資的許多嚴酷條件。這份合約以英文為底稿，中文件則是從英文件翻譯而來。中文件的條款已極不合理，而英文原件的語氣則更為苛刻。譬如借款合約開頭便宣稱「開採東三省礦山」，卻隻字不提借款二字；而且合約中所指之礦山漫無邊際，所辦之實業又毫無範圍，這就說明借款的目的就是妄圖霸占整個中國東北的礦產資源。另外，合約第五款用人項內就明確規定，「銀行一切事宜，洋員均可管理，並兼管礦山一切帳目」；第六款擔保項內又規定：「此借款即以籌邊使所選定之各礦山契據及中國政府批准開辦之憑據，全交銀公司收執。」而且，借款的折扣、回扣竟高達百分之十，帝國主義企圖透過借款來掠奪中國礦產資源的野心，昭然若揭！

二月二日，太炎先生見到借款草約的合約，閱後極為憤慨。二月四日，他即致函財政部，對該合約條款逐條予以駁斥。太炎先生以為，該項借款合約實乃「喧賓奪主」，言語則又極為「獷悍」，而「其科條荒謬，不能不與駁斥」，因此要求財政部據理對其予以「層層指駁」。此信雖已寄出，但章太炎先生仍覺得言猶未盡，二月八日，他在致財政部總長周學熙的親筆信函中更是明確指出，這份草約合約「非借款之合同，乃侵占礦產之合同」。章太炎先生認為，「借款可緩，駁議宜速。彼既本本錯誤，惟有直與駁回，亦不必與之商量條件」。因為「若不早駁，彼既云訂約期間不得與他人商議，則雖自款自辦，猶有窒礙，乃以此合同為自殺之具矣」！拳拳愛國之心，躍然紙上。

在章太炎先生的嚴正要求下，北京政府的財政部也認為這份合同條件過於苛刻，絕對不能接受。二月十日，財政部在回覆章太炎先生的信中完全贊同他的主張，並指出該借款「推其流弊，不啻以七十萬鎊之借款，將東三省之礦產、實業一網打盡，喪利失權，莫此為甚」。財政部還責令原訂合約之人「迅向英比銀公司代表聲明作罷」。這樣，一起帝國主義侵占東北礦業主權的陰謀最終得以終止。

章太炎先生雖然在中國東北任職的時間不長，但他為維護東北礦產權益所作出的貢獻卻是永遠值得後人追憶的。

張嘉璈被撤職的前前後後

合作有間

張嘉璈（字公權）早年留學日本慶應大學習財政，民國成立後不久即擔任中國銀行上海分行副經理，一九一六年，張嘉璈竟敢向中央說「不」，公開抵制北京政府的停兌令，一時聲名大振。其後近二十年他相繼任中國銀行副總裁、總經理，致力於中國銀行的創建和發展，在國內金融界和工商界享有崇高的聲望。然而就是這樣一位著名的銀行家，一九三五年金融風潮爆發時，國民政府竟以發行公債、對中國銀行增資改組為名，強行撤去其總經理的職務，將他逐出中國銀行。

作為中國金融業的領袖人物，張嘉璈當然清楚，為了自身業務的發展，必須與政府保持密切的關係。實際情形也是如此，當年國民革命軍在廣州誓師北伐時，張嘉璈就意識到北伐成功的可能性極高，為了能保證中國銀行在南方的產業不受損失，更希望日後得到新政權的保護，他和另一位中國銀行的掌門人馮耿光決定祕密接濟北伐

▲張嘉璈曾是中國金融界的領軍人物。

軍，張本人並在上海成立專門機構，在蔣介石的結拜兄弟黃郛牽線下，直接與蔣建立了聯繫，其後並幾次密令中國銀行南昌支行向北伐軍撥款。南京政府成立之初財政十分窘困，為此上海的金融資本家成立蘇滬財政委員會，發行公債，為新政權積極籌措經費，張嘉璈亦是其中領軍人物。因而蔣介石隨軍進入上海不久便親自赴張宅致謝，張嘉璈一面表示：「此次中國銀行得於北伐前後，對國民革命軍小盡棉薄，實十餘年苦心培植紙幣信用之結果」，但同時又提出，中國銀行「基礎薄弱，尚待扶持」。

然而蔣介石對江浙財閥採取的是恩威並用的方式，一面拉攏利誘，一面又威脅恫嚇。就在拜訪張宅之後沒有多久，蔣介石就強迫中行購買二五庫券一千萬元，蔣先是聲稱中行「上年以大款接濟軍閥，反抗本軍，至今尚有助運之謀」，「若不如數籌繳，不惟妨礙革命進行，且不足以表示贊成北伐與討共大事」。其後因中行未能就範，蔣介石更以中行曾附共為由，逼迫於限期內如數繳納款項。

張嘉璈雖然希望倚重政權的力量，但他的目的卻是要發展和擴大自身資本的實力，這與南京政府欲壟斷國家金融的企圖自然大相徑庭。一九二八年三月，宋子文接任財政部長後不久就向張嘉璈提出，欲將中國銀行改名為「中央銀行」，其官股要超過商股，但張嘉璈卻斷然拒絕。他的理由是，中國銀行在民眾中信譽良好，若驟然易名，必定會引起混亂，同時，若官股超過商股，亦會違背其銀行獨立的目標。宋子文無奈，只能先另行成立中央銀行，將中國銀行定性為特種國際匯兌銀行，然而並未放棄合併的計畫。同年七月，有報紙報道中國銀行將歸併於中央銀行，儘管宋子文在報紙上闢謠，但張嘉璈卻在自己的筆記上寫道：「此項謠言之來，由於宋部長曾與我討論關於成立中央銀行問題，承詢應否設立中央銀行，抑就中國銀行改組，故亦非全無根據。」

當時中國銀行無論在實力上或是信譽上都遠遠超過中央銀行，一九二八至一九三一年，中國銀行的發行、存款和放款數額均占中央、中國、交通三行總數的百分之六十至七十以上。作為中國銀行的總經理，張嘉璈雖然在政治上依賴南京政府，但對其指令並不唯命是從，特別是對政府予取予求、將中行視為國庫的作法極為不滿，並在行動上不時有所表現。

一九二八年九月，蔣介石電召張嘉璈到南京開會，張恐蔣以將中行視為籌款之來源，故推辭未就。蔣介石聞訊極為惱怒，索性電令中國銀行立即籌款一千萬元，隨即親自到上海，召集在滬國民黨中央委員開會，提出查封中國銀行庫存，並準備以勾結桂系和奉張為理由通緝張嘉璈。後雖經黃郛、虞洽卿等人從中斡旋，蔣也意識到時機尚不成熟，因而暫時平息了風波，但彼此之間已存下芥蒂。

一九三〇年中原大戰爆發，蔣介石迫切需要軍費，但國庫空虛，六月二十日，宋子文擬稿並以蔣的名義向張嘉璈、錢新之、李馥蓀等上海金融巨頭發電，要求他們出資援助軍費。密電稱：「中正與諸兄相違已久，緬懷夙昔之相助，銘刻在心。此次忍痛作戰，固出萬不得已，最後勝利，中正敢負其責。唯是餉需所出，仍賴金融各界相與維持。自政府成立，對於債信，始終無稍損失，此同仁所共知。此次調劑，以鞏固艱難創造之局，仍不得不期望於諸兄。」然而當張嘉璈等人未能完全按其旨意行事之時，蔣介石立刻就變了一副面孔。七月十五日，蔣介石在前線發給宋子文一封密電：「迭據各方密報，張公權勾結閻、馮，擾亂金融，圖危政府等情，希即嚴密查復，以憑核辦為要。」由於此時南京政府尚未完全統一，經濟上亦需要江浙財團的支持，此事方不了了之，但這些事實卻在在說明南京政府與江浙財團之間只是相互利用的關係，一旦涉及黨國的切身利益，那就不會顧及以往的交情了。

增資改組

一九三四年，美國實施購銀政策，大幅提高白銀價格，導致中國存銀急劇外流，國內出現嚴重的金融危機。國民政府為了挽救金融，計劃對落後的銀本位制進行澈底的改革。然而改革幣制必須先要控制全國的財政金融，必須增加中央銀行的資本，一九三五年三月，財政部以救濟國內金融為名，發行金融公債一億元，除了用作中央銀行擴充資本外，其餘部分均作為增加中國、交通銀行的官股，這樣加上原先的官股，中、交二行的官股便占絕對優勢。孔祥熙、宋子文在作出這一決定之前，曾先於二月二十八日飛往漢口向蔣介石請示，蔣自然全力支持，然而這件事事前行政院院長汪精衛竟然毫不知情，張嘉璈當然更是一無所知。

三月二十日，國民黨中央政治會議通過發行金融公債的提案，孔祥熙隨即在上海發表談話，稱「此舉完全為增厚銀行資本，以便通融資金，安定市面。中央、中國、交通三行，向為工商界通融資金之中心，唯博施濟眾，難於應付，故政府發行公債，以充三行資本」云云。汪精衛因不了解其中內幕，深怕此舉影響與中國銀行張嘉璈等人的關係，因此他於同日致電蔣介石，曰：

> 發行公債整理金融案，經中政會通過後，頃知庸之兄此舉並未徵取中、交兩行張公權等之同意，恐將因此引起風潮。庸之兄即夜車赴滬，能調解否未可知，弟已託吳震修亦即晚車赴滬，切囑公權等務須和衷解決，萬勿決裂，因聞公權等已準備辭職也。弟於此舉事前亦未接頭，現事後補救，未知能有效否。盼尊處亦電致公權，安慰其意為荷。

但此刻蔣介石撤換張公權的意念已決，他在二十二日的日記中寫道：「為政府增加中、交兩行資本政策，張公權等從中反對作梗，此乃唯一財政政策，切請中央堅持到底。」同日他在致孔祥熙的密電中更將目前財政危機的原因全部歸咎於中國、交通銀行不與中央合作，因此決意「斷然矯正」，目的便是要讓「三行絕對聽命於中央」。密電云：「國家社會皆瀕破產，致此之由，其結癥乃在金融幣制與發行之不能統一，其中關鍵全在於中、交兩行固執其歷來吸吮國脈民膏之反時代之傳統政策，而置國家社會於不顧。若不斷然矯正，則革命絕望，而民命亦被中、交二行所斷送，此事實較軍閥割裂、破壞革命為尤甚也。今日國家險象，無論為政府與社會計，只有使三行絕對聽命於中央，澈底合作，乃為國家民族唯一之生路。」蔣介石還要孔祥熙將此意轉達給國民政府主席林森以及行政院長汪精衛、立法院長孫科、監察院長于右任、司法院長居正和考試院長戴傳賢，要讓他們「堅持主張，貫徹到底，以救垂亡之黨國」。至於對張嘉璈的處理，考慮到他的聲望及其社會影響，蔣介石建議或委以虛名，將其調任中央銀行副總裁，或出長實業部，但必須「勸其完全脫離中國銀行關係」，這條原則是不能變更的。為了讓這一決策順利實施，蔣介石還致電國民黨中央祕書長葉楚傖，命他「設法密囑京、滬各報一致擁護主張，促成其事，使反對派不能造謠惑眾，俾定人心」。

張嘉璈在聽到要讓他脫離中國銀行這一消息後悲憤莫名。中國銀行自創辦之初他便參與其事，二十多年來，風雨飄搖，可以說為中國銀行的建設和發展傾注了全部心血，而今突然叫他離去，怎不令人齒寒。此時張嘉璈還想再盡最後的努力，他突然想起了一個人，他就是隱居於莫干山上的黃郛。黃郛不僅是蔣的拜把兄弟，而且還是當年他與蔣介石之間牽線的中間人。三月二十七日，張嘉璈請黃郛代發去一封電報給蔣介石，懇求留任。電報是這樣寫的：

> 璈與中國銀行歷史悠久，即時擺脫，深恐影響行基，躊躇未決。奈孔部長一再催促，因思當此經濟困難時期，苟利黨國，捐糜在所不惜。顧又慮在金融尚未安定以前，設以個人進退，影響行務，間接及於財政金融，益增鈞座焦慮。萬不得已，或由璈暫行兼任中國銀行總經理，一俟渡過難關，再行完全擺脫。

然而，當宋子文明白地告訴他，讓其脫離中國銀行完全是蔣介石本人的旨意時，張嘉璈才澈底絕望，不得不答應辭去中國銀行總經理的職務。

三月二十八日，孔祥熙訓令中國銀行，增加官股二千萬元，以一九三五年金融公債如數撥充，並令中國銀行即日召開董事會議，修正中國銀行條例，提交股東大會辦理。第二天，中國銀行遵照財政部增資改組的訓令召開董事會，會上張嘉璈首先向董事會遞交辭職信。他的這一舉動實在出乎與會理事的意外，一時群情激憤，紛紛提出異議，歸納起來大致有以下幾點：（一）政府何能以未上市之公債繳充股本；（二）政府如希望中行增資，理應先盡商股股東認購；（三）原頒中行條例，無異官商合股之契約，何以未經同意，即予修改；（四）中行資金並不缺乏，放款總額計達四億元以上，並經白銀風潮後，仍增加四千萬元。因此一致主張向政府提出質疑。張嘉璈了解其中內幕，深知若中國銀行與政府對抗，無異以卵擊石，因而竭力加以勸阻。

在這種情勢之下，中國銀行不得不召開股東大會，被迫接受官股，同時，中國銀行董事長李馥蓀、總經理張嘉璈宣布辭職，其職務分別由宋子文、宋漢章接任。這樣，南京政府只用

▲張嘉璈主持倫敦中國銀行經理處開業。

一紙公債，不費分文現金，就兼併了中國、交通這兩個中國最大的銀行，初步完成了對全國金融的統制。蔣介石、孔祥熙對於這一舉措非常得意，蔣曾說：「三行之增加官股，即統制經濟之開始。」孔祥熙亦直言不諱地承認：「政府舉措之最重要者，莫如改組中、交二行，增加政府資本，俾於救濟改革幣制之設施上得與中央銀行通力合作，借收事半功倍之效。」

撤職之後

張嘉璈被迫辭職對他精神上造成很大打擊，不久便稱病住院。四月一日，他在日記中的隨筆裡無奈地記道：

> 天下無不散之筵席，手栽的美麗花枝，何必常放在自己室內，能讓人取去好好培養，何嘗不是一樁樂事。所惋惜者，自民國成立後，希望以中行之力，輔助政府建立一完善之中央準備銀行，一面能永保通貨健全，一面能領導公私金融機關分業合作，創造一力能發展經濟之金融系統。庶幾內有資金充沛之金融市場，外具誘導外資之堅強信用，足以追蹤經濟發達後進之日、德兩國。此志未遂，斯為憾事。

張嘉璈辭職後先被任命為中央銀行副總裁，但他並未就職。四月二日，蔣介石致電孔祥熙，說他以為讓張任實業部長比較穩妥，「當先安其心，且勿使人難堪也」。此時實業部長是汪精衛的親信陳公博，覬覦此位的人大有人在。五月四日，蔣介石再次致電孔祥熙：「實業部事以先任公權為妥，如此時由子文兼任，則更為眾矢之的，而於政局亦必生變化，更多不測。」而且由張出任實業部，「於公權方面亦可略予面子，不使其不安也」。

一九三五年八月，中央信託局成立，孔祥熙兼任理事長，邀請張嘉璈任局長，張答應了，並希望能將中行總帳室主任劉攻芸借調任副局長。其後孔祥熙又調杭州中國銀行分行副經理壽毅丞任總行業務局副局長，張嘉璈聞訊後深恐宋子文誤會是他的主意。果然，宋子文為此事大發雷霆，並懷疑這是張嘉璈的安排。張嘉璈在日記中說：「彼疑心如是之重，不問事之始末，動輒以惡意推人，如何可受人信服耶？」為此事張嘉璈特地給孔祥熙打電話，希望他從中作些解釋。雖說孔強調此事與他無關，但他仍「恐與宋之裂痕又增加一層耳」。

過了幾天，新任中行總經理的宋漢章告訴張嘉璈，說宋子文對此事仍不諒解，張回答說：「若彼必無中生有以疑人，顯有成見。余除借調攻芸外，決不用中行一人。」就在這一天（八月二十日），張嘉璈從中行的寓所中搬到自置的物業，從而與中國銀行斷絕了關係。

八月二十三日，蔣介石約張嘉璈見面，等到張嘉璈從上海乘火車趕到南京的勵志社時，因蔣要趕乘飛機去四川，所以只談了二十分鐘，但蔣介石言猶未盡，要張陪他同車去機場。蔣介石談話的內容主要是為上半年中國銀行調動之事事前未曾接洽而表示歉意，並希望今後仍能繼續合作。蔣介石還透露，國民黨不久就要召開六中全會，中央機構要進行調整和改組。當天晚上孔祥熙與張見面，仍勸他出任實業部部長。張嘉璈未置可否，但在日記上卻寫道：「余實不願參加此無組織之政府。」

八月二十九日，蔣介石的另一位親信張群又問他有無出長實業部之意。張嘉璈卻以「一無錢，二無事權，三則政府對各國經濟關係難有確定方針，四則不願離開金融界」為由，予以拒絕。九月三日，孔祥熙再次提及此事，張嘉璈回答說，已向汪精衛、張群當面婉拒，而且中信局剛剛成立，未便撒手。孔祥熙也說，他其實也有難處，一是怕陳公博不滿，又怕汪精衛懷疑他不顧大局。最後說這件事還是由張自己決定吧。

一九三五年十一月十二日，國民黨五全大會在南京召開，決定對國家行政機構進行改組，並聘請若干專家名流加入政府。十二月八日，孔祥熙約見張嘉璈，說若他出任行政院院長，那就希望張出長實業部或就任行政院祕書長，張均婉辭。同一天，蔣介石又叫張群帶話，想讓他出任駐日大使，張嘉璈說實在難以從命，因外交實非其所長。張嘉璈的理由是：「（一）外交非其所習；（二）日人之致尊敬於我者，以金融上之經驗與信用，一旦涉足外交，觀念頓變；（三）與蔣先生素未共事，日人疑我不能全權代表。」因此覺得他實在不能擔任駐日大使。

第二天，張嘉璈又接到民生公司總經理盧作孚從南京寄來的函件，說蔣先生希望他出任鐵道部長。張嘉璈見蔣介石如此禮賢下士，不好意思再行拒絕，於是就對張群說：「萬不得已，即就鐵部。」蔣介石聽到張的答覆後十分高興，立即請張到南京一談。

張嘉璈即於當晚乘夜車赴南京，十二月十日上午十時與蔣介石見面。張嘉璈說：「（一）向來只知對事，不知對人；（二）喜直言；（三）非黨員；（四）喜廉潔，不能容惡人，所以不宜做官。」對於眼下的局勢張嘉璈表示：「（一）華北外交險惡；（二）財政金融日陷絕路，恐徒勞無功。」蔣介石表示，只要他願意出來做事，一切為難之事均由他出面解決。最後談到政務次長的人選，蔣提議曾養甫擔任，張沒有意見，因為過去他們二人曾在浙江共過事，彼此相知甚深。至於常務次長張則提出聘請曾鎔浦出任，他曾參與內外債的整理和庚款的運用，對於日後整理鐵路債務極有幫助，蔣自然也沒有意見。如此皆大歡喜，張嘉璈脫離了中國銀行後終於找到了新的方向，日後他在整理鐵路外債和戰前建設鐵路方面取得了輝煌的成績；而蔣介石亦知人善任，雖然他一定要張嘉璈離開中國銀行，但之後卻不厭其煩地為他安排職務，也算是有情有義了。

唐紹儀被刺的原因

一九三八年十月一日，上海和香港的各大報刊都刊登了一則重大新聞，報導前一天上午在法租界福開森路發生了一樁命案，兇手用斧頭劈死一位年近八旬的老翁。這樁兇案手段殘忍，令人髮指，更重要的是死者不是別人，而是民國耆宿唐紹儀，因此引起滬上各種傳聞。有人說，唐紹儀暗中與日本人勾結而被國民黨特務處以極刑；也有議論與其恰恰相反，說唐紹儀是因不願為日本效力而被其殺人滅口。十月五日，遠在重慶的國民政府以主席林森和行政院長孔祥熙的名義下令對唐紹儀予以褒獎，同時撥付治喪費五千元，「並將其生平事跡存備宣付國史，用彰政府篤念勛耆之至意」，似乎在為這種說法增添依據；而當時南京的偽維新政府則將唐紹儀列入《殉難先烈名單》，加以悼念。然而多年之後，台灣出版的《總統蔣公大事長編初稿》提及此事時的說法卻是：「是日，政客唐紹儀在上海被刺殞命。聞其時唐正與日方勾結，將在南京建立一融合各方之偽組織云。」這就是說中央此時已知唐與日人勾結，但又未承認刺殺是國民黨所為，紛紛攘攘，莫衷一是。近二十多年來，隨著大批檔案及當事人的回憶陸續出現，這樁刺殺案的真相終於大白於天下。

日本對唐紹儀的勸降

為了說明真相，還需要了解當時的背景。

一九三七年十二月，隨著上海、南京相繼淪陷，日本帝國主義的侵略氣焰更加囂張。一九三八年一月十六日，日本首相近衛文麿發表第一次對華聲明，聲稱「帝國政府今後不與國民政府為對手，而期望真能與帝國合作的中國新政權的建立和發展，並將與此新政權調整兩國邦交，協助建設復興的新中國」。這一所謂「新政府」，指的就是那些由日本帝國主義扶植豢養的傀儡政權。雖然此時偽華北臨時政府和偽維新政府已先後在北平和南京粉墨登場，但其成員因多係聲名狼藉的北洋政府遺老遺少，就連日本官方也都認為「此等人物並不能使中國人信服」，因此日本軍方此刻的目標便集中在唐紹儀、吳佩孚等人的身上，這就是所謂「南唐北吳」計畫。根據國民黨特務打探來的情報說，日本這一計畫的具體內容是：「經唐紹儀關係，拉攏戴季陶、居正、吳稚暉、何應欽、張群、吳鼎昌、劉湘、龍雲及桂系財政巨頭，使唐組織全國政府，取蔣地位而代之；由交通系葉恭綽等拉攏兩廣資本家擁唐，唐與日方條件為承認滿洲國，取消北平臨時政府。」顯然，唐紹儀是這個計畫的關鍵人物。

其時上海雖已淪陷，但國民黨各個部門的情報人員在租界的活動仍然十分活躍，其中有一位神祕人物叫胡鄂公，號南湖，此人早年加入同盟會，參與辛亥革命及後來的反袁戰事，大革命時期又加入中共，成為中共的特別黨員，因此他與國共兩黨之間都保持著非常密切的關係。此時他正留在上海，擔任行政院院長兼財政部長孔祥熙的政治經濟顧問，主要工作是刺探滬上各種情報，其中很重要的內容就是報告唐紹儀的舉動。

▲唐紹儀。

這些情報現都藏於中國第二歷史檔案館收藏的孔祥熙個人檔案中，為後人留下了一份珍貴的歷史紀錄。

唐紹儀，字少川，是晚清中國最早官費赴美留學的幼童之一。唐紹儀在美國中學畢業後即入讀哥倫比亞大學文科，一八八一年回國後即涉足外交，又督辦鐵路，辦理洋務，後出任奉天巡撫，成為封疆大吏，亦是袁世凱的心腹。中華民國成立後唐紹儀更出任首屆內閣總理，他還加入了同盟會，因此稱得上是晚清重臣，民國元老，然而在這之後的仕途卻不甚得意。自一九三四年他受陳濟棠排擠離開廣東後，就一直居住在上海法租界的公寓中，此時他雖已年近八旬，但仍熱衷政治，不甘寂寞。抗戰爆發後唐紹儀的一些老朋友勸他離開上海這個是非之地，廣東各界社團不僅聯名致電催他南下，還匯去二萬元用作旅費，但他都置之不理。南京淪陷後，唐紹儀的態度一度發生動搖，據國民黨情報人員報告，唐紹儀在上海與日本特務確有接觸，溫宗堯聲稱作為他的代表，曾先後與日本駐上海的特務機關長楠本以及松井石根等見過面。相傳唐紹儀也同意「一俟軍事上達到相當敗績程度，即進行與日議和」。一九三八年二月七日，專程由北平到上海進行漢奸活動的張英華在與唐紹儀會談後亦對人說：「少川意頗活動，但須於日軍占領津浦全線後，再看大局如何演變，始能做個人最後決定。」

對唐紹儀的異動國府高層相當清楚，軍事委員會參事室主任王世杰曾在二月九日的日記中寫道：「今晨開國防常務會議時汪先生報告，陳中孚正勾結唐少川出面擔任華中方面之偽組織，並已在滬與日軍部接洽。其口號為保存黨治，但反對蔣委員長，聞日方對於保存黨治之條件不接受。」

此時日本內閣與軍方為了加緊對唐紹儀、吳佩孚等人進行勸降工作，派遣臼田寬三到上海等地活動。日方的辦法是，先在各地網羅一批北洋遺老和失意政客到南京召開「國民大會」，制定「約法」，然後推舉唐紹儀、吳佩孚出任正副總統，再由總統任命國務總理及各部部長。如果唐、吳表示拒絕，日方則於占領津浦全線之後，不惜以綁架方式，將他們挾至南京，迫其就範。

唐紹儀深知自己毫無實力，即使是就任「大總統」，手中沒有一兵一卒，也只不過是一個傀儡。同時，國民政府亦不斷派人游說，勸其保持晚節，他也不願意擔當漢奸之罵名而遭民眾唾棄，因此態度又發生轉變。二月二十一日，當溫宗堯將與臼田寬三談判的情形轉告唐紹儀時，他即以年邁為由予以推辭，同時還勸溫宗堯也不要幹，稱「我輩出處應極端慎重，當此空前巨變之際，若稍有苟且，則一經投足，即無術自拔」。結果是「溫憤然退」。

然而日方並不罷休，仍加緊對唐的策動。王世杰在三月二日的日記上記載：「敵軍近又有在南京成立偽組織之說，聞正向唐紹儀、梁鴻志、陳群、章士釗等接洽，唐之左右溫宗堯聞甚活動。今日國防會議集議，群主設法勸阻國民黨中舊日要人參加。」三月十一日他又在日記中寫道：「外間盛傳日方欲推唐紹儀在華中組織政府，並擬以唐為總統。」王世杰認為當今形勢十分險峻，「倘國民政府能固守武漢，則華北偽組織之實際力量、華中偽組織之產生與活動，當不甚易；如武漢失陷，前途自甚艱難」。到了五月，正當日軍大舉進攻徐州、妄圖全線占領隴海、津浦鐵路之際，拉攏和勸降唐紹儀的工作又開始積極進行。五月十六日，日本軍部及外務省顧問船津辰一郎抵達上海，隨即與唐紹儀的故舊江天鐸等人祕密會晤，商洽成立所謂新政府之事。船津聲稱，日本內閣依軍部之主張，已一致決定於日軍攻下徐州，打通津浦、隴海兩線時，即將華北臨時政府與南京維新政府合併，在南京成立一個「統一政府」。至新政府的人選，日方仍決定由唐紹儀和吳佩孚任正副總統，同時派遣他和谷正之（日本駐華大使）二人專門辦理此事。船津還表示：「唐紹儀若願出任組織統一政府，這是再好不過的。」

五月十九日，江天鐸與船津第二次會談時，船津再次提出，只要新政府同意中日和平五原則，即澈底根除抗日思想、共同防共、經濟合作、內蒙自治以及必要地點駐扎日本軍隊，日本政府即與該政府開始和議談判。第二天，江天鐸將日方的意圖告知唐紹儀，唐即對江說：「你再見到船津和其他日本要人時，你可對他說，我們說話，彼此要說心裡話。我以為中日議和，第一，要停戰，如若戰都不願停，而說議和，豈不是欺人之談？所以，要議和，第一要停戰。第二，議和談判時，要雙方聲明將以前所成立的各種協定一概取消後，重新再來。因為不如此，你這個和議協定成立後，他今日來個廿一條是這樣的，明日又來個淞滬協定、梅何協定是那樣的。所以，和議談判時，要將以前的所有協定一概取消，重新再來一個協定。他說要澈底反對國民黨一層，我們要問他，是不是要反對中國每一個人呢？他是因國民黨抗日才反對的，中國人也是抗日的，他是不是也要反對？設若他說一到和議成功就不反對中國人，你告訴他，國民黨也是中國人呢。和議成功，國民黨也就不反日了。這樣一來，他當然就不要反對國民黨了。」

船津的工作沒有取得進展，七月三日奉調回國後，日本又任命土肥原賢二為駐中國特務總機關長，到上海繼續進行拉攏和勸降唐紹儀的工作。這一切都說明，自南京失守到唐紹儀被刺的十多個月中，日本政府和軍部一直都沒有放棄對唐紹儀的勸降工作。

蔣介石、孔祥熙對唐紹儀的態度

此時寓居在上海的唐紹儀雖然只是身兼國民黨中央監察委員、國民政府委員等幾個閒職，但因他是當年的赴美幼童，又是民國元老，知名度高，人脈廣泛，影響力還是挺大的。抗戰爆發前夕，蔣介石曾想利用他在美國的力量調解中日衝突，任命他任駐美大使，但因唐要價太高而未成。抗戰爆發後，據說國府高層一度讓他在上海打探日方的要求，後來因又委派德國駐華大使陶德曼調停而作罷，但唐紹儀卻依然與日方官員保持密切的關係。

鑒於唐紹儀的政治影響和社會地位，國民政府一直關注他的行蹤，深恐其一旦被日方拉攏，給國家造成惡劣影響，因而曾採取各種方式勸他保持晚節，不要為敵所用。一九三八年年初，蔣介石託人攜帶親筆信，要他盡快離開上海前往武漢；其後又委派唐的女婿諸昌年等人專程赴滬，目的就是請他早日脫離日偽的包圍圈，先行移居香港。三月下旬，行政院長孔祥熙親自致電海上聞人錢新之，讓他向唐紹儀轉致敬意，曰：「少老在滬，謹嚴自守，遠道聆訊，欽慰交加。乃因相隔兩地，躬候無從，只能聊致餽贐，藉表敬意。少老如有所需，擬請隨時電告，自當照匯。」一個多月之後孔祥熙又致電唐紹儀，表示他若能來武漢，即當委任外交委員會主席，以便「共圖國事」。電報中全是對唐紹儀的溢美奉承之辭，如「少老納豪，外交碩彥，聲譽懋著，國事前途，利賴實深」云云。

到了四月份，唐紹儀的又一位故舊羅家衡也奉命從廣東來到上海，目的仍是勸他力持鎮靜，保全晚節。據胡鄂公的情報說，羅家衡此次來滬是受吳鐵城、曾養甫等粵籍大佬之託，負有勸說唐紹儀盡快脫離上海、移居廣東之使命。然而值得注意的是，羅家衡完成在上海的任務後卻趕赴武漢向孔祥熙報告此行經過，並受到孔的讚許。五月中旬羅家衡回到香港後又給唐紹儀發去一封密函，稱「中央對我公將來出主和議甚表同意，日方條件程度如何，望由競庵（江天鐸字）兄向日方先事探知」。在此之前章士釗也從武漢經香港抵達上海，據他在上海的律師幫辦彭希民所稱，章士釗此行「係在漢受中央之囑，專事來滬探討唐少川意旨，並影響唐在中央領導下一致對日。故章到滬後，僅與唐晤面兩度，即返港也」。這就說明，孔祥熙一方面勸說唐紹儀離開上海，但同時也希望透過他了解日方的底牌。因為此時國民政府並未完全放棄與日方和談的幻想，然而自從日本宣布「不以國民政府為對手」之後，公開的渠道已經中斷，若能拉攏唐紹儀以其私人身分與日方周旋，這樣既可探知日本關於和談的內容和條件，同時又不會陷於被動。唐氏親屬保存著一份孔祥熙七月九日致唐紹儀的一封英文信函，孔祥熙在信中一方面認為唐紹儀的許多看法「對指導國家事務極具價值」，並對他「個人關於展開達成體面和平的談判的建議」表示欣賞。但同時他也強調，這場戰爭是日本強加在中國人民頭上的，一旦爆發，我們別無選擇，只能堅持到底。因此關鍵的問題是「什麼時候以什麼方式去達成體面的和平」。從這些細節來看，孔祥熙是同意唐紹儀去打探日方議和的條件，當然這樣的默許有一個前提，那就是唐紹儀不能背著國民政府去幹投降日本的事。

然而蔣介石對唐紹儀背著自己繼續與日方朝野進行交涉似乎並不滿意，潛伏在上海的軍統特工人員也不斷向他報告唐紹儀與日方接觸的情形，因此蔣曾多次命令戴笠轉告住在香港的杜月笙，讓他致函唐紹儀，催促其盡快離滬。雖然唐紹儀回答寧可當亡國奴也不會當漢奸，但蔣介石對他依然不放心。七月九日，蔣介石在談到當前對日方針時特別在日記中寫道，日本政府「企圖以唐紹儀領導偽組織，拆散我政府」。

八月八日，孔祥熙根據香港的情報向蔣介石報告，據唐紹儀之女、諸昌年夫人說，日本陸軍最高長官的全權代表曾向唐紹儀提出三項和談條件，即停止反日運動，反共，經濟合作。又說日本對中國「決無領土野心，願保障中國主權完整，無賠償」。諸昌年夫人還說，此次唐紹儀與日方代表見面，完全是因孔祥熙再三勸慰的結果，所談條件可以當作談判的基本原則，但不能保證日方以後不再修改云云。八月十日，蔣介石在致孔祥熙的一封電報中明確反對讓唐紹儀進行所謂和談的工作，電文曰：

> 關於少川接洽和議事，弟極端反對。請其於政府未決定整個政策與具體辦法前，切勿再與敵人談話，以免為敵藉口。又，日人近特放一種空氣，甚傳兄屢提條件交日人，皆為日敵所拒。此種空氣作用影響於我內部心理甚大，而且俄人亦以此相談，務請兄注意為禱。

孔祥熙接到蔣介石的電報後立即予以解釋，竭力想撇清自己的責任。他在八月十一日的回電中說：

少川為人秉性及過去在粵經過，為我兄所深悉。前因首都淪陷後，日人對少川多方誘惑，時思利用，且聞伊不甘寂寞，曾發牢騷，恐其萬一為敵利用，影響大局，同志中屢為弟言，囑早設法。故利用其親友，盡力勸慰，設法羈纏，使其為中央用。談及和議問題，完全彼方自動，時有報告前來，所以未曾拒絕者，原欲藉以觀察敵情，供我參考，並未提及任何條件。日人放造空氣，原屬慣技，與弟絕無關係。此次諸夫人談話，顯係買好，原電轉陳，藉供參考。不意增兄煩慮，殊覺不安。

其後蔣介石曾於九月十二日的日記中寫道，日寇六、七月間氣焰極為囂張，主要是因為他們以為我們內部分裂，有逼蔣下野之可能。「而我內部文人態度曖昧，與唐紹儀老奸之施弄陰謀，更增敵寇之野心，於今可以證明余之所料為不誤」。說明此時的蔣介石已對唐紹儀完全失去信心。

唐紹儀被刺經過

一九三八年八月，日本參謀本部制定的秋季作戰指導要點就是要占領武漢和廣州，與此相配合的則是抓緊成立傀儡政權。九月十日，土肥原賢二從北平來到上海，策劃所謂「和平運動」。土肥原與唐紹儀是舊交，早在寧粵分裂時兩人在廣州就曾有過接觸，九月下旬即親自到唐宅登門拜訪，雖然二人密談的結果不為人知，但從其後事態的發展來看，唐紹儀在家中被人暗殺肯定與土肥原的到訪有密切的關聯。

據唐紹儀十一女唐寶瑢回憶說，當年其父之所以會見土肥原，是因為她的大姐寶珠和大哥唐榴先後經香港到上海時，曾帶來蔣介石、孔祥熙、宋子文、居正和戴季陶的親筆信，要他向日方打聽和談的條件。因為此舉對國府至少有以下幾個好處：首先唐在日方心目中地位甚高，可以就此與日方討價還價；其次，若事情傳出，因其並非政府代表，不會損害政府面子。她還說，唐紹儀被刺後，軍統扣押了他的哥哥，目的就是要追回那五封信，但信由其大姐保管，以後唐家後人保證絕不泄露該信內容，方將其兄放行，並任其為駐檀香山總領事。唐紹儀女兒的說法聊備一說，因為至今未見此信內容，所以尚無事實依據，而且和談之事並沒有必要由五個人分別寫信，至少從上述蔣介石的電報上來看，他是絕不可能讓唐紹儀出面與日本進行談判的。

在此之前，上海的軍統人員已開始奉命部署暗殺唐紹儀的計畫，但唐宅地處法租界，周圍時有巡捕巡邏，宅內又有保鏢護衛，唐本人深居簡出，很難下手。強攻不行，只有智取。軍統特務了解到唐紹儀有收集古董的嗜好，同時又找到合適的刺客人選，他就是廣東大埔人謝志磐。

謝志磐與唐紹儀相識甚久，早在唐出任中山縣縣長時，謝即為唐在廣州創辦過報紙，吹捧他的業績；其後為了躲避陳濟棠的迫害，謝曾藏匿在唐宅數日，彼此關係甚篤。抗戰爆發後，唐紹儀在上海閉門謝客，但對謝志磐卻是熱情有加，以至唐宅內外守衛都對他毫無防備。事發前謝志磐曾對唐紹儀說有一位古董商手中有不少古物願意低價出售，唐自然大喜，雙方約好時間，到時由謝親自帶人帶貨上門。

由於刺唐是件大案，因此軍統上海區副區長兼行動總隊長趙理君決定親自出馬，他偽裝成古董商，隨身攜帶一件贗品瓷瓶，放在一個精製的楠木盒內，權當古董。九月三十日上午九時許，趙理君、謝志磐和另外兩個軍統特務李阿大、王興國一行四人乘轎車前往福開森路十八號的唐府，王興國在車內守候，趙等三人進入公館。唐從樓上下來後，趁彼此寒暄之際，趙理君先將客廳內的火柴藏了起來，等到唐紹儀招呼僕人為客人倒茶點煙之際，到處找不到火柴，僕人只好出外去取。就在唐紹儀掏出眼鏡，低頭準備仔細觀賞花瓶時，早已取出利斧的李阿大轉到唐的背後，狠狠地向唐的後腦劈去。唐紹儀一聲未吭，頓時倒在沙發上。趙理君看到任務已完成，便立刻讓謝、李二人先行撤離，他最後走出大門，一邊走一邊還向大宅內打招呼告別，絲毫沒有引起守衛的懷疑。等到僕人回到客廳時，才發現唐紹儀早已人事不知，滿頭是血，斧頭還嵌在頭上。當即被送到廣慈醫院搶救，但為時已晚，終於在當天的下午四時許去世。

▲ 唐紹儀舊居。

唐紹儀被刺後，滬上輿論大嘩，但真相卻一直撲朔迷離，軍統特務早在案發後就致電上海《新聞報》、《譯報》、《導報》、《華美晨報》等各大報刊，放風將唐紹儀被刺的責任推諉於日方，上述報刊亦予以配合。實際上國民黨高層早就對此心知肚明。刺唐案發生之後不久，財政部駐滬的特務就向孔祥熙的兒子孔令侃報告：「刺唐紹儀之謝志磐，係蘇浙行動委員會委員，即藍衣社幹部分子。」而蔣介石更是直接在十月一日的日記中寫道：「唐紹儀在滬斃命，此實為革命黨除一大奸，此賊不除，漢奸更多，偽組織與倭寇更無忌憚矣。總理一生在政治上之大敵，為我黨革命之障礙，以唐奸為最也。」就在同一天，日本外相宇垣一成也在日記中透露，日方原曾將唐紹儀作為爭取的唯一目標，最終還是被國民黨刺殺，從而貽誤大局。為此他也不得不承認：「蔣介石真是手段驚人」。

從上述事實中可以了解唐紹儀被刺的原因主要有以下幾個方面。

其一，日本政府和軍部一直都在對唐紹儀進行拉攏和勸降的工作，雖然唐一直沒有公開表態，但其周邊的許多人，如溫宗堯、岑德廣等人與日方關係密切，對於成立偽政府極為熱心，而且他們後來亦都相繼落水，成了漢奸。

其二，孔祥熙確實曾希望唐以個人的名義出面打探日方的和平底線，但蔣介石事先對此卻並不知情，獲悉後則極力反對，而土肥原與唐紹儀的會面是最終促成軍統執行暗殺的重要誘因。

其三，唐紹儀在抗戰初期雖然立場有所波動，但並未公開投敵，軍統執行制裁雖然一定得到最高當局的首肯，但畢竟沒有取得確鑿證據，因而案發後也只能由國府出面對唐予以褒揚，以此堵住各方的猜疑。唐紹儀就這樣不明不白地丟掉了性命，這也是大時代中的一個悲劇。

張自忠：以死明志，以身殉國

一九四〇年五月十六日，國民革命軍第三十三集團軍總司令張自忠將軍為國捐軀，他是抗戰以來陣亡沙場軍階最高的將軍，更是中國抗日軍民萬眾敬仰的英雄。然而在盧溝橋事變爆發前後，因為他曾出面與日軍進行周旋和談判，一度被國人視為屈膝賣國而飽受責難。唐朝詩人白居易詩云：「周公恐懼流言日，王莽謙恭未篡時，向使當年身便死，一生真偽有誰知。」恰似對張自忠將軍人生軌跡作出最好的形容。

苦撐危局

張自忠，字藎忱，一八九一年生於山東臨清，年輕時曾就讀於天津和濟南的法政學校，其間先後加入同盟會和國民黨，後從軍，不久即加入馮玉祥部。由於他訓練認真，做事謹慎，深得上司的器重，由排長、連長、團長一路升遷至旅長和師長，成為馮玉祥的親信。

中原大戰後，馮玉祥部失敗，原西北軍被整編為二十九軍，軍長宋哲元，下轄三十七師（師長馮治安）和三十八師（師長張自忠）。當部隊整編後調出山西時，正是日本關東軍發動九一八事變之際，張自忠聞訊義憤填膺，立即通電請纓，聲稱「寧為戰死鬼，不作亡國奴」。一九三三年長城抗戰中指揮三十八師夜襲日軍，殺敵數百名，是為「喜峰口大捷」，威名傳天下。

塘沽協定之後，日本加緊對華北進行蠶食，並不斷製造事端，將中央軍的勢力驅逐出華北。一九三五年，二十九軍開始主政冀察平津，張自忠先是代理察哈爾省主席，同年年底，冀察政務委員會成立，二十九軍軍長宋哲元出任冀察政務委員會委員長，張自忠任委員，後又出任天津市市長。這正是華北最為複雜混亂的時期，日本政府和軍方一直採用各種手段，對二十九軍更是軟硬兼施，其目的就是企圖讓華北特殊化，脫離中央政府的管治。

此刻張自忠的日子並不好過，出任天津市長後更是如坐針氈，如履薄冰，他在給部下李致遠一封信的結尾部分曾附上這麼一段話：「兄實不才，任津市實在幹不了，覺著苦地〔得〕很，尤其是精神上，更苦到萬分。」這倒是真實地反映出他當時舉步維艱、兩頭受氣的處境。

一九三七年四、五月間，日方邀請冀察委員會高層訪問日本，宋哲元委派張自忠率團出訪。儘管張自忠一行在日期間並未簽定任何喪權辱國的協定，但在當時舉國仇日的情形之下，張自忠的日本之行勢必引起愛國民眾的反感。

最令國人對張自忠強烈不滿的是他在盧溝橋事變爆發後的所作所為。

一九三七年七月七日，二十九軍駐守在盧溝橋的吉星文團對日軍的挑釁予以還擊，揭開了中國軍民全面抗戰的序幕。此時二十九軍軍長宋哲元命張自忠主持華北大局，代理冀察事務，並負責與日方談判交涉。在此之前，日本華北駐屯軍經常挑起事端，如察東事件、第二次張北事件、大沽事件、金鋼橋事件等，每次都由中國方面委曲求全，與日方調停衝突，最終讓步解決。七七事變之初，宋、張等將領和戰不定，猶豫不決，以為此次事件與以往一樣，可以透過談判解決，同時又誤信了日方所謂「不擴大事態，就地解決」的謊言，而且中央又有「不屈服、不擴大」的方針，因此張自忠於七月十一日及十九日先後代表二十九軍與日方簽定協議。然而這一決策與當時全國軍民同仇敵愾的抗日決心完全背道而馳，更因他們對時局的誤判，使日軍爭取到時間，待到增援部隊抵達後，立即發動進攻，致使二十九軍措手不及，北平、天津相繼淪陷。儘管張自忠對日和談的舉動並非其個人所為，而是在得到宋哲元的同意下進行的，但畢竟這一時期是他在主持華北軍政大權，而且他本人亦確實幻想透過妥協讓步來解決衝突，導致貽誤戰機，因而負有責任。

平津淪陷前後，張自忠奉命代理冀察政務委員會及北平市長，苦撐危局，卻因此遭到國人的指責。後來張自忠解釋他當時的想法是：「一為北平市百萬生命和歷代古都的文物免遭塗炭，二為二十九軍全部及各高級將領安全撤至安全地帶，三為我們和平願望的最後掙扎」，所以他才「忍淚吞聲」，「暫留北平」。然而當時朝野上下卻一致攻擊張自忠，說他「自以為忠」，是「張邦昌之後」，《大公報》在一篇題為〈勉北方軍人〉的文章中頌揚北洋老將段祺瑞、吳佩孚具有民族氣節，同時強調，在此民族危亡的關鍵時刻，「萬不要學鮮廉寡恥的殷汝耕及自作聰明的張自忠」，說明此時的輿論已將張自忠與漢奸殷汝耕相提並論。

日軍進入北平城之後即到處打聽張自忠的下落，他知道若落入日軍之手決無好下場，因而匿藏起來並辭去所有任職，同時積極尋找逃離北平的途徑。最後在美國傳教士福開森的協助之下，終於逃離虎口。

張自忠自北平脫險後忍辱負重，先是在濟南與老長官見面，後又歷盡波折來到南京。在他去南京前給部下李致遠的信中曾表示，北平

▲為國捐軀的張自忠上將。

淪陷前後他因「未獲與諸兄弟共同殺敵，致令諸兄弟獨任其勞，深以為歉，而社會方面頗有不諒解之處」。因此他已抱定「誓死雪恥」、「必死而後能生」的信念，認為只有如此，方能見諒於國人。十月八日，張自忠抵達南京，軍事委員會即以「放棄責任，迭失守地」為由，將其撤職查辦。第二天張自忠晉見蔣介石報告平津失守經過，其後他在回答中央社記者的詢問時表示，此次回京是向中央自請處分，承蒙委員長「策勵有加，許以待命自贖」，今後若有機會效力，誓當「拼命奮鬥衛國，赴湯蹈火，決不敢辭」。

南京淪陷後，由於戰況危急，經馮玉祥、李宗仁等將軍的力薦，軍事委員會終於取消對張自忠的處分。此時三十八師已擴編為五十九軍，軍政部乃命他回原部隊任代理軍長。張自忠對部下說：「我這次回來，是準備為國家而死的。」他說：「別的部隊可以敗，我的部隊卻不能敗，我只有一拼與死，拿真實的戰績，才能洗白乾淨我的冤曲。」

此時的五十九軍劃歸第五戰區指揮，張自忠率軍堅守陣地，馳援臨沂，在徐州會戰和武漢會戰中與敵鏖戰，屢立戰功。其後張自忠轉戰豫南鄂北，被任命為第三十三集團軍總司令兼五十九軍軍長。正是他「一戰淝水，再戰臨沂，三戰徐州」的英勇抗戰，方掃除了民眾過去對他的誤解。

為國捐軀

一九四〇年，抗戰已進入第四個年頭，在中國抗日軍民的英勇抗擊下，日軍速戰速決的企圖已告破滅。這年四月，在中國軍隊冬季攻勢的打擊下，日軍大本營為確保武漢地區安全並進而窺犯西南，特別抽調駐贛北的第四十四師團和駐湘北的第六師團之一部，與原湖北境內的第三、十三、三十九等師團會合，在第十一軍司令長官圓部和一郎的指揮下，以南陽、襄樊、棗陽為目標，採取分進合擊的戰術，兩翼包抄中國軍隊，企圖將其圍殲於南陽以南、襄陽以東地區。

這時任第五戰區右翼集團總司令和第三十三集團軍總司令於一身的張自忠將軍遵照大本營「先發制敵」的作戰指示，親自率領所部於襄河以西的鍾祥、京山之間布防，截斷日軍退路，完成合圍包抄之態勢。

五月一日，日軍主力集中於信陽、隨縣、鍾祥三地分路進攻，其左翼以第十三師團配備戰車二十餘輛、飛機四十餘架，由鍾祥北進，首先向三十三集團軍陣地發起攻擊。此時張自忠並不急於應戰，而是等到敵軍主力通過大半，方令部隊奮起攔腰痛擊，利用地形與敵激戰，血戰五晝夜，戰況極為慘烈。

當戰鬥剛剛打響的時候，張自忠將軍就深知日軍此次進犯，必有一番惡戰，因而已抱必死的信念。他在給所屬各師、團長的信中激勵大家說：

> 看最近之情況，敵人或要再來碰一下釘子，只要敵來犯，兄即到河東與弟等共同去犧牲。國家到了如此地步，除我等為其死，毫無其他辦法。相信只要我等能本此決心，我們的國家及我五千年歷史之民族，決不至亡於區區三島倭奴之手。為國家民族死之決心，海不清，石不爛，決不半點改變。願與諸弟共勉之。

由於張自忠所部英勇抗擊，打亂了日軍的作戰部署，然而這也增加了三十三集團軍正面的壓力。

五月七日，襄河以東戰況危急，且總部與三十八師、一七九師失去聯絡，情況極為不利。張自忠為了截擊日軍進犯，命令主力部隊堅守陣地，決定自己親率七十四師一部由宜城渡過襄河。他在渡河前給三十三集團軍副總司令馮治安留下了一封信，實際上就是他的遺書：

因為戰區全面戰爭之關係及本身之責任，均須過河與敵一拼，現已決定於今晚往襄河東岸進發。到河東後，如能與38D、179D取得聯絡，即率該兩部與馬師不顧一切，向北進之敵死拼。設若與179D、38D取不上聯絡，即帶馬之三個團，奔著我們最終之目標（死）往北邁進。無論作好作壞，一定求得良心得到安慰。以後公私均得請我弟負責，由現在起，以後或暫別、或永離，不得而知。

張自忠將軍率部渡河後立即投入戰鬥，並在形勢極為不利的情況下，行師南下，截擊向東南大洪山區退卻之敵。五月十五日，張自忠在電報中向蔣介石報告了戰況，這也是他發出的最後一份電報：

職昨率七十四師、騎九師及總部特務營，親與南竄之敵約五千餘名血戰竟日，創敵甚重。晚間，敵我相互夜襲，復激戰終夜。今晨敵因敗羞憤，並因我追擊，不得南竄，並調集飛機卅餘架，炮廿餘門，向我更番轟擊，以圖泄憤，並奪路南竄。我各部經繼續六七次之血戰，犧牲均極重大，但士氣仍頗旺盛，現仍在方家集附近激戰中。

十六日，日軍調集大批增援部隊，並配備飛機、戰車輪番向南瓜店陣地進攻。這個時候張自忠身邊只剩下總部特務營少數兵力，而且裝備也都是些輕武器。此時在敵軍炮火的密集轟炸下，陣地已成一片火海，然而張自忠臨危不懼，身先士卒，指揮部隊英勇還擊。到了中午時分，張自忠左肩中彈，血流不止，據他的衛士谷瑞雪負傷歸隊後報告，當時部下都懇求他撤出陣地，包紮傷口，但張自忠卻怒目斥責道：「此吾成仁日也，有死無回！」一面仍神色自若，指揮作戰。到了下午二時左右，戰況更加慘烈，這時張自忠胸部、頭部又負重傷，他欲拔槍自殺，手槍被隨從副官奪下，然而他終因身上多處中彈，流血過多，倒臥在陣地上。在張自忠彌留之際，他還囑託部屬說：「你們快走，不要管我，我自有辦法。」又說：「對國家、對民族、對長官，良心很平安。」在他生命的最後一刻仍用力高呼：「大家要殺敵報仇！」

軍人之魂

此時蔣介石密切注意棗宜會戰的進展，對張自忠的情形更是特別關心，然而由於與前方的聯絡中斷，張自忠殉國的消息尚未得到證實，五月十七日蔣介石聽說張自忠只是受傷，因而在日記上寫道「生死莫卜，不勝憂惶」。第二天，蔣介石終於得到張自忠犧牲的消息，第五戰區司令長官李宗仁在電報中說：「國仇未復，喪我股肱，遽聞噩

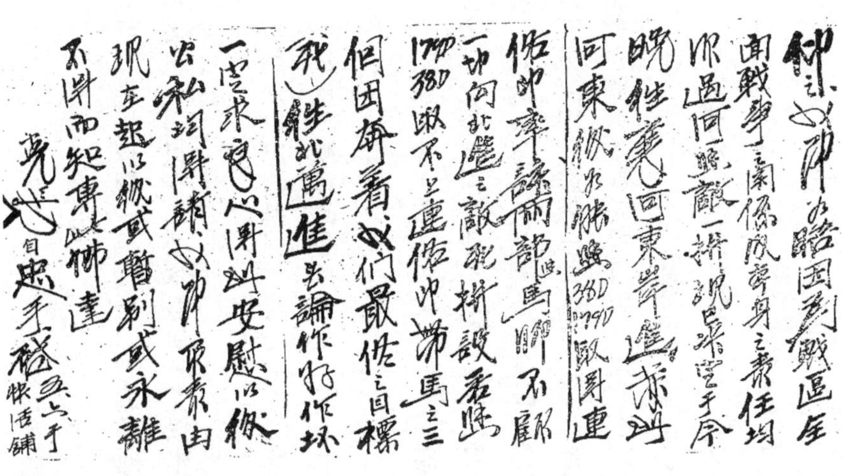
仰之弟如晤：因為戰區全面戰爭之關係及本身之責任，均須過河與敵一拚，現已決定於今晚往襄河東岸進發，到河東後，如能與38D、179D取得聯絡，即率該兩部與馬師不顧一切向北進之敵死拚。設若與179D、38D取不上聯絡，即帶馬師之三個團，奔著我們最後之目標（死）去。無論作好作壞，一定求良心得到安慰。以後公私，均得請弟負責，由現在起，以後或暫別，或永離，不得而知。專此布達。

小兄 張自忠手啟 五、六，于快活鋪

▲張自忠陣亡前的遺書。

耗，震悼實深。」一時間蔣介石亦深感「痛失良將，悲不自勝」，並說張自忠是「抗戰中最忠勇之一人」。同日，蔣介石急電李宗仁：「聞張蓋忱與鍾毅各將領陣亡，不勝悲痛之至。務希立派專員前赴其陣亡地點，覓得其遺體，以慰忠靈。」

張自忠殉國後，日軍發現他身中七彈，對這位英勇奮戰的對手亦極為尊敬，將張自忠的遺體運至三十餘里外的陳家集附近，用酒精棉細心擦拭身上的血跡，白布裹包，再以上等棺木盛殮，並以木牌標誌，上書英勇上將張自忠等字樣。

三十八師黃維綱師長奉命率部隊親自搜尋，終於擊退日軍，找到張自忠的遺體，護送至荊門縣襄河西岸的快活鋪，再以上將禮服重殮後，將靈櫬運抵宜昌，登上「民風」號專輪運至重慶。當地十萬民眾聞訊聚集江邊恭送，時雖有敵機在上空盤旋，卻無一人躲避。

蔣介石聽到張自忠英勇殉國的報告後，不勝悲痛，他原本想親自撰寫表彰張的悼文，但一時間竟「以痛悼良深，未能著筆」。在蔣介石眼中看來，張自忠英勇就義固然壯烈，但是他「更愛其戰前與倭周旋，不避毀謗，含羞忍辱之功為尤大也」。想當年，蔣介石面對日軍的入侵，依然堅持「攘外必先安內」的國策，不也是引起國人的強烈反對嗎？為此他自己不也是在日記中表露過「茹苦負屈，含冤忍辱，對外猶可，對內尤難，何黨國不幸，使余猶當此任也」的無奈心情嗎？眼見張自忠以死明志，為國捐軀，以此壯舉鼓舞抗戰，並洗涮身上的冤曲，惺惺相惜，恐怕這才是蔣介石內心最真實的感受。

五月二十八日清晨，張自忠將軍的靈柩抵達重慶儲奇門碼頭，軍事委員會委員長蔣介石、副委員長馮玉祥等國軍高級將領以及國府各院首長均前往迎靈，蔣撫棺痛哭，情極感人。隨後靈柩暫時移送至重慶北碚安葬。

張自忠英勇就義後蔣介石以國民政府軍事委員會委員長的身分親自擬文通電全國，文中在歷數張

國民政府軍事委員會委員長通電　　李煜瀛敬書

張總司令藎忱殉國之噩耗傳來舉國震悼今其靈柩於本日運抵重慶中正於全軍舉哀悲慟之餘謹述其英偉事蹟為我全體將士告追維藎忱生平與敵作戰始於二十二年喜峯口之役迄於今茲豫鄂之役無役不身先士卒當喜峯口之役殲敵步兵兩聯隊騎兵一大隊是為藎忱與敵搏戰之始抗戰以來一戰於淝水再戰於臨沂三戰於徐州四戰於隨棗而臨沂之役藎忱率所部疾趨戰地一日夜達百八十里與敵板垣師團號稱鐵軍者鏖戰七晝夜卒殲敵師是為我抗戰以來克敵制勝之始今茲隨棗之役敵悉其全力三路來攻藎忱在棗陽之方家集獨當正面斷其歸路殲敵無算我軍大捷假藎忱不死則此役收效當不止此今強敵未夷大將先隕摧我心膂喪我股肱豈唯中正一人之私痛亦我三百萬將士同胞之所同聲痛哭者也抑中正私心尤有所痛惜者藎忱之勇敢善戰舉世皆知其智深勇沈則猶有世人未及者自喜峯口戰事之後盧溝橋戰事之前敵人密佈平津之間乘間抵隙多方以謀我其時應敵之難蓋有千百於今日之抗戰者藎忱前主察政後長津市皆以身當樽俎折衝之交忍痛含垢與敵周旋眾謗羣疑無所摇奪而未嘗以一語自明唯中正獨知其苦衷與枉曲乃特加愛護矜全而猶為全國人士所不諒也迨抗戰既起義奮超羣所向無前然後知其忠義之性卓越尋常而其忍辱負重殺敵致果之概乃大白於世夫見危授命烈士之行古今猶多有之至於當艱難之會內斷諸心苟利國家曾不以當世之是非毀譽亂其慮此古大臣謀國之用心固非尋常之人所及知亦非尋常之人所能任也中正於藎忱信之尤篤而知之特深藎忱亦堅貞自矢不負平生付託之重方期安危共仗克竟全功而乃中道摧折未竟其志此中正所謂於藎忱之死重為國家前途痛悼而深惜者也雖然國於天地必有與立而三民主義之精神即中華民國之所由建立於不敝者也今藎忱雖殉國而三民主義之精神實由藎忱而發揮之中華民國歷史之榮光實由藎忱而光大之其功雖未竟吾輩後死之將士皆當志其所志效忠黨國增其敵愾翦此寇仇以完成藎忱未竟之志是藎忱雖死猶不死也願我全體將士其共勉之蔣中正手啟

中華民國二十九年五月二十八日

▲ 蔣介石手撰悼念張自忠將軍文。

自喜峰口以來英勇殺敵的事蹟後突然掉轉筆峰：「藎忱前主察政，後長津市，皆以一身當樽俎折衝之交，忍痛含垢，與敵周旋，眾謗群疑，無所搖奪，而未嘗以一語自明，惟中正獨知其苦衷與枉曲，乃特加愛護矜全，而猶為全國人士所不諒者也。」蔣介石深有感觸地說：「夫見危授命，烈士之行，古今猶多有之；至於當艱難之會，內斷諸心，曾不以當世之是非毀譽亂其慮，此古大臣謀國之用心，固非尋常人所及知，亦非尋常之人所能任也。」

六月一日，蔣介石聽說日軍渡過襄河、襄陽失守的消息，不禁在日記中寫道：「如藎忱不死，則敵軍決不敢窺越襄河一步。」可見張自忠此刻在他心目中的地位有多高。

同年十一月十六日，國民政府舉

▲ 張自忠將軍國葬，蔣介石擔任主祭。

行隆重的國葬，蔣介石身著戎裝，親自主持，並題寫「英烈千秋」四個大字刻石立碑，置於墓道。張自忠將軍殉國後，中共領導人毛澤東、周恩來、朱德也分別題寫「盡忠報國」、「為國捐軀」、「取義成仁」的輓詞，深刻悼念這位英勇就義的民族英雄。一九四三年五月十六日，在張自忠將軍殉國三周年之際，周恩來撰文回顧他的一生，「張上將的抗戰，遠至喜峰口，十年回溯，令人深佩他的卓識超群。迨主津政，忍辱待時，張上將殆又為人之所不能為。抗戰既起，張故上將奮起當先，所向無敵，而臨沂一戰，更成為台兒莊大捷之序幕；他的英勇堅毅，足為全國軍人楷模。而感人最深的，乃是他的殉國一役。每讀張上將於渡河前親致前線將領及馮治安將軍的兩封遺書，深覺其忠義之志，壯烈之氣，直可以為我國抗戰軍人之魂」。蓋棺論定，張自忠終以他的熱血與生命證明了他抗日愛國的忠心。

戴笠也做媒？

人們一提到戴笠，腦海中可能會立即浮現的是一個殺人如麻的屠夫形象：暗殺、恐嚇、行刺、綁架……。這也難怪，戴笠自從黃埔軍校六期畢業之後就長期從事特工活動，歷任中華復興社特務處處長，國民政府軍事委員會調查統計局（簡稱「軍統」）第二處處長、副局長，中央警官學校校務委員會主任委員，中美特種技術合作所所長，一九四五年獲頒陸軍少將軍銜，同年擔任軍統局局長，成為國民政府中從事軍事情報活動的最高首腦。因此有人稱他是軍統魔王，也有人稱他是亂世梟雄，那都是沒錯的。最近筆者在中國第二歷史檔案館汗牛充棟的檔案中發現戴笠用派克筆手書的一封信，才知道就是這個殺人不眨眼的特務頭子還曾經替別人做過媒呢。當然能讓他出面做媒的肯定也不是一般人物，他就是時任中國銀行副總經理的貝祖詒。

貝祖詒，字淞蓀，江蘇吳縣人，早年先後畢業於蘇州的東吳大學和唐山鐵路學院，嗣後便投身銀行界，歷任中國銀行北京總行會計，廣州分行代理會計主任、總會計師兼營業主任、副經理及代理經理，中國銀行上海分行經理，一九二八年，中國銀行改組為專業外匯銀行，貝祖詒被推選為代表私人股東董事長兼總行營業主任，後又長期

▲戴笠。

▲宋子文的親信、著名的銀行家貝祖詒，字淞蓀。

出任中國銀行外匯部主任（經理）。抗戰爆發後，貝祖詒以中國銀行副總經理的身分派駐香港，協助董事長宋子文，負責中國銀行的主要業務，一九三九年三月起又兼任中英外匯平準基金委員會中方委員，承擔國家管理外匯的重要工作。

貝祖詒較戴笠年長四歲，按理說他們倆從事的職業風馬牛不相及，但從他們彼此間的稱呼來看（戴稱貝夫婦為「淞兄玲嫂」，自稱「雨弟」）又決不是一般的關係。他們的相識很可能與宋子文有關，宋子文一九三一年九月曾遭刺客暗殺（未遂），事後戴笠曾費盡心思抓捕兇手，因此宋對戴便另眼看待，並視為知己，而作為宋子文親信的貝祖詒與戴笠相熟也就是很自然的事了。

抗戰爆發後，貝祖詒派駐香港，戴笠則在重慶指揮各地的情報活動，兩人雖難得見面，但彼此間卻常有書信來往。一九三九年三月，戴笠準備前往黔陽主持中央警官學校特種警察訓練班（簡稱「特訓班」）畢業典禮之際，又收到蔣介石轉來第四戰區代司令長官張發奎要他到廣東視察的電報。戴笠心想正好可以利用這一機會到香港去逛逛，於是就在這個月的二十三日透過他在香港的部下轉給貝祖詒一份電報，電報中戴笠先是寒暄了一番「吾兄賢勞，國計民生，實深利賴」的客套話，接著就直奔主題：「弟因黔陽訓練班學生之畢業與韶關張代司令官電呈委座促弟前往商粵省緝私處事宜，月底擬赴湘粵一行，但能否成行尚須看此間之事能否部署定妥以為決定也」，透露了他即將來港的訊息。

四月間，戴笠完成了視察廣東緝私事務之後便來到香港，並專程拜訪貝祖詒，貝氏夫婦自然是熱情招呼，設宴款待。久別重逢，又是酒逢知己，話也就特別多。酒足飯飽之際，貝夫人還半開玩笑半認真地對戴笠提出為其長女作媒的要求。戴笠聽了此話一方面覺得突然，但更多的感覺恐怕還是高興——這畢竟是對他的信任嘛。

貝夫人這番話可能只是隨便說說，可是戴笠卻當真了，而且他回到重慶後還將此事一直放在心上。

四月三十日，朱家驊晚上要宴請正在重慶訪問的德國商人克蘭，約戴笠坐陪。儘管朱家驊只比戴笠長四歲，但他早在辛亥革命時就在上海參加中國敢死團，後來又到德國留學，獲柏林大學博士，而且他在國民黨內的資歷也很深，此時不但擔任國民黨中央執行委員會祕書長，還兼任中央調查統計局局長，算是戴笠的老長官了。而漢斯．克蘭（Hans Klein）雖然只是一個商人，在德國政府中沒有任何官職，可是他卻與德國經濟部長沙赫特、外交部長牛賴特、國防經濟廳長托馬斯等高層人物過從甚密，即使是德國元首希特勒也時不時要接見他；在中國，他並沒有什麼外交官的身分，也從未擔任過國民政府的顧問，但他卻是財政部長孔祥熙、軍政部長何應欽、經濟部長兼資源委員會主任委員翁文灝等人的座上客，這是因為戰前中德兩國間著名的易貨借款就是此人從中斡旋，並發揮了重大效益，為此一九三六年國民政府還向他這位唯一的「平民」頒授勳章。

克蘭也是戴笠的老朋友，此次他祕密訪問中國，主要是想出面挽救正處於危機狀態的中德關係，因此受到國府高層的極大重視。雖然戴笠平日不大願意參加這類應酬，但既是朱家驊出面邀請，宴請的又是克蘭，於情於理他都無法拒絕。

克蘭此次來華並沒有下榻旅店，而是住在他的老朋友齊焌的家中。齊焌當時擔任軍事委員會祕書，兼任德文翻譯，與戴笠算是同事，彼此之間關係也不錯，因此晚宴之後，戴笠就親自護送克蘭回住處，熟人相見，言猶未盡，大家又坐下來閒聊。這時齊焌又將剛剛回國的胞弟齊熨介紹給戴笠認識，當然是希望他日後能多加關照。

戴笠仔細端詳了一下齊熨，發現他「體格儀表均可，且頗誠樸」，而且「方由德學士敏士製造，得博士頭銜回國，今年三十二，留德已十七年」，在德國期間齊熨曾參與中央鋼鐵廠籌備處計畫和克魯伯工廠的設計等工作，此刻剛剛回國，擔任重慶兵工署第二十四兵工廠工程師。再經細談，方知他尚未結婚，克蘭和齊熨趁這個機會就張羅著要戴笠幫忙介紹對象。

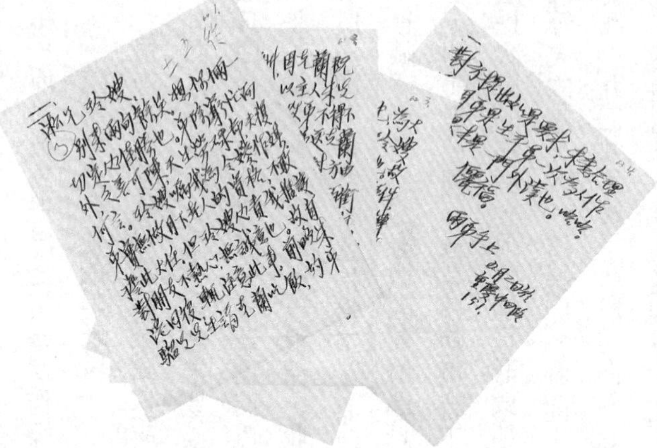

▲ 戴笠給貝祖詒夫婦的親筆信（1939 年 5 月 2 日）。

此刻戴笠馬上想到的就是貝夫人所託之事，在他看來，齊、貝兩人的家庭既門當戶對，彼此的年齡、相貌也挺相配，「故弟認為機不可失」，因此就問齊熨找對象有哪些條件。「熨固怕羞，不肯遽答」，只是由他的哥哥代為表達，戴笠一聽，「覺條件不苛」，因此就將貝家大小姐的性情、品學及愛好等情形大致作了一番介紹，克蘭與齊熨聽了極為滿意，齊熨也未表示反對，只是提出能否先看看貝小姐的照片。

兩天後，戴笠就手書一信寄往香港，將此事原委一一道出，並徵求貝氏夫婦的意見：「未悉兄與嫂能答應否，對方提出如是要求，未悉合理否」，最後戴笠還在信中加以解釋：「因弟是生平第一次為人作媒，根本是一門外漢也。哈哈。」

戴笠生平的第一次作媒不知最後成功與否，但至少我們知道日後他對作媒這事還挺關心的，最為人所知的例子就是他為至交胡宗南作媒之事了。順便說一句，齊尉後來曾擔任國民政府經濟部資源委員會北泉酒精廠廠長，抗戰勝利後受資源委員會奉派前往東北接收，任資源委員會遼寧水泥公司協理，一九四八年初調任台灣水泥公司協理，嗣後加入嘉新水泥公司，任總工程師，當然這些都是後話了。

有關宋美齡訪美的幾封電報

一九四二年十月，美國總統特使威爾基（Wendell L. Willkie）訪問重慶，他在與蔣介石夫婦會面時建議宋美齡訪問美國，並藉此機會向美國朝野宣揚中國軍民抗日的決心。威爾基認為，以宋美齡的才氣、智慧、語言能力以及出眾的魅力，一定能夠說服美國國民支持中國的抗戰。此時宋美齡離開美國已有二十多年，她當然很想重回故地；另一方面，宋美齡患有各種疾病，也需要前往美國治病。然而宋美齡訪美最重要的目的，還是為了希望贏得美國國會及一般民眾的好感，從而支持中國的抗戰。

宋美齡此次訪美獲得極大的成功，她在美國國會以及其他場合的演講，使美國朝野上下對她的風采發出由衷的贊揚，同時也讓美國人民進一步了解了中國人民堅持抗日的決心，因而此次訪美也成為宋美齡個人生涯中最光輝的時段。

宋美齡是十一月二十六日晨抵達美國佛羅里達州 West Palm Beach 的，她的兩個弟弟宋子良和宋子安親自到機場迎接，當天轉往紐約，隨即便入住哥倫比亞大學的醫院，美國總統羅斯福（Franklin D. Roosevelt）特別派他的代表霍普金斯（Harry Hopkins）陪同宋美齡到醫院，其後羅斯福的夫人也經常到醫院看望，可見美方對宋美齡的來訪極為重視。此時宋美齡雖住在醫院，但卻多次與霍普金斯和總統夫人會面，交換兩國間的情報，並不斷將談話的內容向蔣介石匯報。

宋美齡在哥倫比亞大學醫院整整住了十一個星期，直到一九四三年的二月十二日方出院。這時她的身體已有所康復，而她最重要的任務就是在美國國會發表演講。為了準備這一講稿，蔣介石曾多次致電（僅十三日一天就接連發去三份電報），對演講的內容及原則予以具體指示。對此宋美齡表示：「所告卓見非常感佩，妹向國會及各地演詞，當予分別遵照電示，總以維持我國家尊嚴，宣揚我抗戰對全世界之貢獻，及闡明中美傳統友好關係為原則；私人談判，當曉諭美國當局以我國抗戰之重要性；公開演講，則避免細節，專從大處著眼，以世界眼光，說明戰後合作之必要。」

二月十七日，宋美齡一行（包括國民黨中央宣傳部副部長董顯光、隨從祕書孔令侃以及孔二小姐等）由紐約乘火車抵達華盛頓，車站內外，萬頭攢動，彩旗飄揚，當地市民熱烈歡迎她的到訪。第二天，宋美齡以中國第一夫人的身分在美國國會參眾兩院發表演講。國會大廳座無虛席，宋美齡更是神采奕奕，與剛到美國時滿面病容相比，簡直是判若

▲ 1943 年，宋美齡在美國國會發表演講，成為她畢生的巔峰之作。

二人；而她那略帶南部口音的標準英語以及幽默的語言，更是打動了所有議員的心扉，博得了一陣陣掌聲。隨後，宋美齡便開始了她在北美大陸被稱之為「征服美國」的演說行程。六月二十九日，宋美齡乘坐來美時同一架飛機啟程返國，於七月四日抵達重慶，此次訪美歷時七個多月。

有關宋美齡訪美的經過舉凡中美關係史或抗日戰爭史的著作都有較詳細的介紹，眾多海內外出版的宋美齡傳記更將這方面的內容列為重點，而台灣國民黨黨史會亦曾將宋美齡訪美期間與蔣介石的往來電報以及重要演講加以編輯，其中《中華民國重要史料初編：對日抗戰時期》第三編《戰時外交》第一冊就收錄了多份宋美齡致蔣介石的電報，成為研究這段歷史最重要的史料。然而筆者在宋子文的檔案中發現了幾封涉及宋美齡訪美的電報，雖然內容並不完整，亦較為零散，但因未見公布而鮮為人知，故特為摘錄，以供關心和研究這一問題的學者予以參考。

宋子文是一九四〇年六月以蔣介石特別代表的身分前往美國從事外交活動的，其間他積極遊說美國的政界和商界，洽商借款。太平洋戰爭爆發後，一九四一年十二月二十七日，他又被任命為外交部長。但是宋子文並沒有回國，而是繼續長駐美國，因為他的主要任務還是尋求美國的軍事與財政援助。

宋美齡雖然是宋子文的胞妹，她出訪美國的任務亦與其兄大致相同，但兄妹二人之間的關係似乎並不如想像般那麼融洽，特別是宋子文一直視對美外交為其禁臠，因此最初他並不贊成宋美齡訪美。然而宋美齡的決心已定，宋子文亦無可奈何，只能與美方聯絡，要求美國空軍準備專機到重慶接送，但是宋子文對她到訪的來由總是有些猜忌，為此他不惜動用他的情報關係，多方打探宋美齡訪美的真正目的。

一九七一年宋子文在美國去世後，他的家屬將其保管的文件交給美國史丹佛大學胡佛研究所珍藏，但有部分資料長期並未對外開放，直到二〇〇三年十月宋美齡去世之後，這部分檔案方陸續予以

1942 年，史迪威將軍前往重慶擔任中國戰區參謀長，蔣介石及宋美齡親自接待。

公布。在這中間，第五十八箱主要珍藏的是宋子文私人文件，其中就包括他與宋美齡之間的一些往來電報，從中可以看出他們兄妹之間不為人知的關係。

宋子文檔案中收有幾份電報，發電人為古達程。關於古達程這個人的背景目前還不是很清楚，從各種零星的檔案資料中得知他三十年代初曾擔任過全國經濟委員會駐滬辦事處的工作人員（宋子文是該委員會的創辦人和實際負責人，全國經濟委員會後來撤銷時，宋子文曾親自寫信，為駐滬辦事處的人員安排工作，其中就包括古達程），後在行政院任職，抗戰期間曾在蔣介石侍從室任祕書（侍從室少將組長唐縱在日記中提到過此人），因而他能接觸到蔣介石的往來電報。從宋子文與他之間的往來電報來看，古應是宋子文安插在蔣身邊的線人。古達程曾不斷地向宋子文報告重慶官場的異動以及蔣介石的一些動向，其中亦包括宋美齡訪美期間與蔣介石來往的數份電報。

一、古達程來電（一九四三年四月二十二日）

致夫人電如下：

史迪威、陳納德今日飛美，兄與史談話紀錄，已託其帶上。史此次奉召回美，對陳納德甚懷疑。此人如有神經病然，甚難共事也。

1943年春，羅斯福與邱吉爾計劃在華盛頓召開一個代號為「三叉會議」（Trident Conference）的軍事會議，重點討論歐洲西西里和亞洲緬甸的戰役，因此要求中國戰區參謀長史迪威（Joseph W. Stilwell）和飛虎隊隊長陳納德（Claire L. Chennault）前來參加。這封電報透露出史陳之間的矛盾頗深，而蔣介石對史迪威的不滿之情更是躍然紙上。

二、宋子文草擬致羅總統備忘錄大意（一九四三年五月十日）

蔣委員長獲悉閣下與蔣夫人商談之結果，囑余從〔重〕新聲明：

（一）陳納德隊需要最近三個月中印空運，每月以四千七百噸供應空軍，俾得實施空中攻擊，破壞日敵在中國沿岸之水上交通線，預期除削弱敵空軍力量外，並將消滅敵水運五十萬噸。

（二）蔣委員長確信，北非會商之決議，復經重慶、加爾各答會議決定者，在中國實施空中攻擊，及今秋大舉攻緬等計劃，為打通國際運輸線之唯一途徑，故須實踐，美國派遣三個師至印度，並盼施行。

史迪威將軍建議縮小攻緬範圍至緬北為上，鑒於AKYAB之敗，必無效率，故不能接納。北非之決議如有不能實行理由，蔣委員長希望有切實詳明之解答。

（三）總之，蔣委員長依其歷久之經驗——且事實如此——堅信非立即實行空中攻擊，不能緩和中國目前之危機，不實行此項攻擊之危險性，遠甚於實行；再則，如以強有力之美空軍，配合中國軍隊，將使日敵在中國各項之蠢動，不發生嚴重的顧慮，否則影響之巨，殊難預測也。

三、宋子文致蔣介石電（一九四三年五月）

虞、佳各電敬悉。文昨赴紐約見三妹，交閱關於四人會面及盼望美方派有力海軍控制各電，文並提議催促總統派正式陸軍參加戰事。三妹與文同意關於四人會面事不必太客氣。至派正式陸軍參戰，三妹意，前渠向總統談時，要求派美軍參加〔戰〕緬北，故此時最好亦請其派兵參戰緬北。唯文意此次決定緬北、緬南同時進行，最多亦不過二、三星期之差，故最好不指明參加〔戰〕緬北。如指定緬北，則參謀本部或將謂緬北運輸困難，有中英軍隊作戰，美軍為運輸關係加不上。如何之處，仍請鈞裁。

四、古達程來電（一九四三年五月十七日）

頃委座致夫人電稱：

如參加會議時，務盼與文兄態度一致，若有不利於中國之決議，以暫時保留，待先請示政府，此時不能擅允答之可也。

五、古達程來電（一九四三年五月十八日）

頃夫人致委座電如下：

十三日電及文兄轉來庚、元電均悉。妹來美本未負任何使命，但為國家前途設想，不辭辛苦，經與總統談辯多次後，探美、美對整個反攻緬甸目前毫不在意，蓋英認為擊敗德國後，不損一兵一卒，緬甸將不攻而獲，屆時若需用兵力，則不必有第三國參加，以免我軍參與立功。妹經千辛萬苦、日夕焦慮，才使羅即允諾派飛機軍隊前往，助我反攻孟德勒與臘戍，因此妹始將美國加入緬甸戰線，此乃收復仰光之第一步，現見既謂上項計劃無用，妹即完全停止進行聲援，妹並未允諾放棄全面反攻緬甸，而文兄諒已盡將兄意照為轉達，妹當乘機靜養。兄所謂美、英食言，與軸心無異一節，所見甚是，我兩當知國際上武力即真理。邱相十四日致兄通電，希詳察之。

「三叉會議」於五月十二至二十三日在華府召開，在蔣介石的要求之下，宋子文也被邀請參加。第二、三兩封電報應是宋為參加此次會議準備的報告，而四、五兩份電報則是蔣介石與宋美齡對是次會議交換意見的來往文件。

六、古達程來電（一九四三年五月二十七日）

頃委座致夫人電稱：

近日戰況確甚緊急，本星期內關係最大，所以致此之故，實由史迪威催促我精兵抽調入滇，準備攻緬，以致前方空虛，為敵所乘。其實去年至今，自緬戰至此次戰爭，皆為史所陷害也。紐約報載兵變之說，絕無其事，自信對戰事最後仍有勝算，請勿過慮，一星期內勝負即可分明也。

一九四三年五月，日軍第十一軍司令長官橫山勇率領十萬餘兵力向湖北西部沙市、宜昌我第六戰區駐軍發動進攻，史稱「鄂西會戰」。中國軍隊頑強抵抗，經過一個多月的拚殺，敵我損失慘烈，六月十日，日軍主力撤回漢口，雙方恢復戰前態勢。這封電報講述的主要是這場戰事，同時蔣介石又在電報中又將戰局的惡化歸咎於史迪威用兵的錯誤，可見此時蔣史之間的矛盾已日趨激烈。

七、蔣介石致宋子文電（一九四三年六月七日）

支電悉。對於羅總統擬約邱、史與余四人會談，並願先與余暢談之提議，甚所感紉。惟余覺蘇聯與日本尚未公開決裂以前，余之參加會談，是否將使史太林感覺不便，若果有此顧慮，而目前為商討戰略，英、美、蘇有提先會談之必要時，似不可因待四人會談而遲延，故余意或請英、美、蘇三國領袖可先行會談。至余個人甚願與羅總統把晤傾談，若屆時有機會請總統賜約，隨時可趨教也。惟如羅總統以為此次會談余有參加之必要，而無如此以上所述之顧慮，則中亦不敢堅辭。請照此意面見總統，密為切商，並請將此意先商三妹，然後再送羅總統可也。中正手啟。虞。

▲開羅會議上，蔣氏夫婦與羅斯福、邱吉爾合影，宋美齡出盡風頭。

一九四三年初，隨著盟軍在歐洲、北非和太平洋戰場上不斷取得勝利，德意日法西斯軸心國的失敗基本上已成定局。為了重新安排戰後世界的格局，羅斯福設想成立一個以美、英、蘇、中四國為首的國際組織，主導日後的國際事務。由於美國在此次戰爭中對於各盟國所提供的援助，戰後各國也離不開美國的支持，因此美國必定會在這個組織中處於支配的地位。為此羅斯福希望盡快召開一次四國首腦會議，以討論成立這一組織以及在歐亞戰場上的各種細節問題。這封電報就是蔣介石對羅斯福提議所作出的回答，一方面蔣非常感謝羅斯福對中國地位的重視，但他又認為蘇聯目前與日本仍簽有相互中立的條約，因此不便參與有關對日作戰戰略的制定。因此當年十一月美、英、中三國領袖參加的開羅會議，就是在這種背景下召開的。

八、古達程來電（一九四三年六月十九日）

致夫人各電略稱：

（一）史迪威來見，得悉海軍所用兵力，請向總統表示感謝，並望其能加派陸軍二、三師。（二）關於史丹林覆函內容，於可能範圍內，請總統明告一二，余甚望俄能供給美國以西比利亞空軍根據地，俾直接轟炸日本。（三）對戰後遠東和平善後問題，應照面囑各事，再與羅商討，作一結論，迅即回。（四）關於旅順、大連問題，中國只可與美國共同使用，不宜與他國共用。（五）與羅別時，最後應相機提出史迪威問題，但不必太正式，亦不以不可不撤換方式出之，只以實情告之如下：（甲）史對余不能合作，余為大局計，均能容忍，惟其對中國軍民成見太深，以廿年前之目光，看我今日之革命軍民；（乙）故自史來華，我軍隊精神因之消沉頹喪，蓋史視中國無一好軍人，無一好事，而根本不信我軍能作戰，更不信我勝利，故欲其指揮盟軍以求勝利，無異緣木求魚，而彼對自己所處理之事與計劃，以為無一不好，固執不變，毫無商洽餘地；（丙）故現在我軍對史失望，以為如再聽其指揮，不惟無勝利，必大受犧牲，非至全敗不可。彼之態度，是來脅制中國，而非協助抗日，其結果與美國之熱忱援助及友愛精神相反。余為史對於一般軍官嚴加勸誡，令與合作，惟長此以往，時時發生誤會，則不勝防制之苦。故為作戰及大局計，深望羅總統明瞭此事真相與現狀，蓋甚恐其華盛情將來失望，故不敢知而不言也。

六月二十四日，宋美齡在結束訪美之前要向羅斯福總統辭行，蔣介石事先對她發出各項指示。這封電報包含兩個主要內容，其一是關於戰後遠東關係，此時蔣介石已經預見到蘇聯戰後對遠東必定會有極大的野心，因此他主動提出旅順、大連港戰後只能由美國和中國共同使用。果真不久，斯大林即在雅爾達會議上提出蘇聯戰後獨占旅順軍港的問題，然而美國卻為了本國的利益，竟然背著當事國，同意了這項侵犯他國主權的條件。第二個內容就是史迪威的問題。

太平洋戰爭爆發後，中國躋身四強，國際地位空前提高。為了共同抗擊日本法西斯，一九四一年十二月三十一日羅斯福總統代表同盟國致電蔣介石，建議成立中國戰區最高統帥部，並推選蔣介石擔任最高統帥。對此建議蔣介石自是欣然接受，為了報答美方的這番好意，他又致電一直在美國進行外交活動的宋子文（數天前他剛被任命為外交部長），請羅斯福總統委派一位「親信之高級軍官」出任中國戰區的參謀長。

蔣介石的想法是，中國戰區參謀長當然要接受中國戰區統帥的命令，這個道理再明顯不過了；但美方則認為，中國戰區參謀長除了兼任中緬印戰區美軍司令官之外，他還有權監督租借法案，甚至可以指揮部分中國軍隊。因此中國戰區指揮部自設立之始，中美兩國之間就出現了不協調的聲音，而美方參謀長人選的任命則更加深化了彼此間的矛盾。

美方任命的參謀長陸軍中將史迪威曾經多次駐守中國，並在抗戰初期出任過美國駐華大使館武官，在美國的軍隊中算得上是一位有名的中國通，但是他固執己見、過分坦率、得理不饒人和嫉惡如仇的個性，平時較難與同僚相處，亦曾得罪過不少上司。另一方面，由於他相當了解中國的國情，對於政府和軍隊內貪污腐敗的現象極為不齒，特別是對蔣介石的獨裁深表不滿，甚至私下裡還給蔣取了個「Peanut」的綽號，所以他一旦接受這個任命就注定會和更加固執專橫的蔣介石發生摩擦。雖然初期蔣介石還顧忌到與美國的關係，對史迪威的所作所為予以容忍，然而隨著衝突的日益尖銳，特別是史迪威提出要插手指揮中國的軍隊，這就觸動了蔣介石的神經，於是他下定決心，一定要將史迪威予以撤換。這封電報就是蔣介石要求宋美齡親自向羅斯福表示蔣對史的不滿，但不知是甚麼原因，宋美齡回國後卻又堅決反對蔣撤換史的決定，為此還引發出蔣介石與宋子文之間的一番爭吵。

九、孔祥熙致宋子文電（一九四三年六月二十一日）

宋部長子文弟勛鑒：

〇密。文、皓兩電諒達，三妹即將再訪羅總統，恐將詢及平準借款清償結束問題。請即將文電照抄一份，密送三妹接洽，俾作談話參考。祥熙。馬。

最後一份電報是孔祥熙發來的，內容非常簡單，主要涉及的是平準基金。

一九四〇年六月，宋子文以蔣介石的特別代表身分訪問美國，為了爭取美國的援助以及穩定中國的幣制，他四處遊說，多方活動，中美、中英平準基金協定終於在第二年的四月簽定。在宋子文看來，這是他爭取西方援助的得意之作，但是行政院副院長兼財政部部長孔祥熙對此卻竭力加以阻撓。

在重慶，孔祥熙與宋子文不和的傳聞早已是官場中公開的祕密，就在宋子文在美國簽定平準基金協定之際，重慶先是於三月一日召開國民參政會第二屆第一次大會，二十四日又舉行國民黨五屆八中全會。孔祥熙利用這一機會，不僅在會前會後四處活動，而且還以宴請的形式拉攏與會代表，對宋子文大加攻擊。宋子文聽到這一消息之後立刻致電古達程，要其報告「孔在參政會及大會攻擊之言詞」。古達程隨即於四月十一日覆電云：「孔趁開會時機輪流宴請參政員及中委，席間每以鈞座為攻擊對象，詆蔑棉麥借款及平準基金之辦理不善，又謂鈞座未盡量利用國際局勢，致美方援我不能澈底云云。」

棉麥借款是一九三三年宋子文出訪歐美時與美國金融復興公司簽定的價值五千萬美元的借款，同時這也是南京國民政府成立後向西方舉借的最大一筆借款，平準基金則是中國政府為了穩定美元與法幣間的匯率，剛與美英兩國政府簽訂的一項借款。這兩筆借款都出自宋子文之努力，而孔祥熙卻對此大加攻擊，可見雙方之間積怨已久，矛盾亦已日益明顯。

宋子文生前將這些電報認真加以保管，說明他對此非常重視，並希望以此為歷史留下一個紀錄。宋子文檔案中保存的資料相當豐富，本文只是摘錄了其中幾封未曾公布的電報，希望能引起關注這一問題的學者留意。

唐壽民的落水與入獄

「一把洋傘打天下」

　　唐壽民曾是舊中國一位著名的銀行家，不過因為他在抗戰時期落水出任偽職，抗戰勝利後因此而被捕入獄，從此便消逝於人們的視線之中，今天恐怕已經沒有幾個人知道他了。

　　唐壽民一八九二年生於江蘇鎮江，與同時代著名的銀行家張嘉璈、陳光甫、周作民等人不同的是，他沒有出國留學的經歷，只是幼年時在家鄉讀過幾年私塾，後來便在蕪湖的一家錢莊做學徒。錢莊倒閉之後，唐壽民隻身一人前往南京和上海，用他的話說就是「一把洋傘打天下」，經過多年打拚，終於在金融界中占有一席之位。

　　辛亥革命期間唐壽民參與創辦江蘇銀行，民國成立後他又與陳光甫等人一起創辦上海商業儲蓄銀行，任總行副總經理、漢口分行經理，並任漢口銀行公會會長。大革命時期，唐壽民曾在漢口協助北

▲ 唐壽民。

伐軍籌措軍餉，而宋子文此時正擔任武漢國民政府的財政部長，二人過從甚密，此後宋子文便成為唐壽民政治上的靠山，而他在金融界的地位也不斷上升。

一九二七年十一月唐壽民重返上海，又與人合資創辦了國華銀行，唐本人出任總經理兼副董事長。南京國民政府成立後，交通銀行奉命改組，唐壽民因為與宋子文具有的那種特殊關係，因而被任命為交行官股董事兼上海分行經理，後又相繼擔任過中央造幣廠廠長、中央銀行常務理事兼業務局總經理。此時的唐壽民不僅已成為江浙財團中的重要人物，而且在國民政府中也占有相當的地位。

一九三二年，唐壽民出任交通銀行常務董事兼總經理，他與董事長胡筆江策劃，透過修改交行組織規程，將交行總處改為總行，撤銷發行總庫和上海分行，建立總行業務部和發行部，並由唐、胡分別擔任經理，將各分行頭寸集中於總行，統一調度，從而控制了交行總行和上海分行的業務大權。一九三五年三月，國民政府強迫中國、交通二行增資改組，李銘和張嘉璈被迫辭去了中國銀行董事長和總經理的職務，但是交通銀行最高層的人事卻沒有發生什麼變動，依舊由胡筆江和唐壽民擔任董事長和總經理，這也就說明唐壽民與孔祥熙、宋子文之間的關係並不一般。

香港淪陷，失卻自由

抗戰爆發後，交通銀行總行又改為總處，並奉命隨政府遷往漢口，唐壽民也先到漢口，除了負責各地分行的撤退工作，他還積極策劃在西南各地設立分行事宜。其後唐壽民常住香港，負責總處在港的一切業務。其間雖然曾一度前往上海公幹，但恐被日軍抓捕，逗留未久即返回香港。

一九四一年十二月八日太平洋戰爭爆發，隨後日軍便從水路和陸路向香港進攻。戰事發生後香港與九龍之間的輪渡即時停航，因此居住在九龍的唐壽民無法到港島交行總部上班，只能在家以電話發出指示。他命令下屬迅速將庫存的鈔票和債券「戮角打洞」，盡快銷毀，以免被日軍掠占。由於日軍進攻速度極快，而駐守在九龍的英軍又基本沒有抵抗，以致很快即告淪陷，交行所存之鈔券亦大都來不及銷毀，更無法運出，因而大部落入敵手。

太平洋戰爭爆發前唐壽民對於戰事已有所預感，他曾多次向重慶方面請示應變措施，但總處並未給予明確指示。戰爭爆發後，通訊中斷，唐壽民遂與重慶失去聯絡。當九龍尚未淪陷時，重慶曾連日派出多班飛機前往啟德機場搶送滯港重要人物，據說最初的名單中也有唐的名字，但不知為何未能與他取得聯繫，而其後數班飛機的名單就再也不見他的名字了。眼看著一批批的黨國元老、巨擘大亨陸續離開孤島，此時寸步難移的唐壽民雖然憤憤不平，卻也只能仰天長嘆了。

唐壽民眼見一時無法脫逃，只能搬出自住的豪宅，躲到朋友家暫避風頭，他化名華天福，偽稱是一家藥店的員工，企圖伺機而動。沒想到日本人的情報相當準確，九龍淪陷沒幾天他就被日本憲兵抓獲，十二月二十一日，唐壽民和金城銀行董事長周作民等人一起被日本憲兵帶到尖沙咀的半島酒店，說是要對他們實施保護，從此便完全失卻自由。幾天以後，香港又被攻占，唐壽民又和另外一些滯港的知名人士顏惠慶、許崇智、陳友仁、李思浩等人，一同被監禁在香港酒店。唐壽民後來在談及這段歷史時說：「自是與外界完全隔絕，雖餐食無缺，而行止限於斗室，不能稍越雷池。囚禁期中，百感交集，念及各行之淪陷，同仁之安全與生計，益難自已。」此時唐壽民對日本的態度還是相當強硬的，譬如日方曾叫他發表對「和平」的感想，唐則反駁說：「不平則鳴，強迫是不平，侵略也是不平，如此不平，實無和平可言。」多日的關押讓唐壽民的心情變得十分鬱悶，甚至產生了輕生的念頭。據一起被關押的李思浩後來回憶，唐壽民「時痛憤交集，恆思躍出樓窗，了此生命，言時淚痕被面」。說這話並不是沒有根據，有一次唐壽民真的要打開窗戶往下跳，卻被看守發現而制止，不然的話，他就會成為捨身取義的烈士了。

上海落水，出任偽職

一九四二年四月，日本人將唐壽民、周作民等人押回上海，先在華懋飯店軟禁了一段時間，然後才讓他們分別回家，但還是處於嚴密的監控之下。日軍威逼他們不許與外間聯絡，不許隨意外出，並且要保證隨傳隨到。

此時日本人讓唐壽民他們回上海是有其目的的。日軍發動太平洋戰爭後隨即占領原被稱為「孤島」的上海租界，設於租界的中外銀行即被認定為敵產而被關閉並接受清理，原屬於國家資本的中、交、農四行更是首當其衝，被日本強制接管，並將所有沒來得及轉移的黃金、外匯和債券等全數沒收。為了配合日本政府「以華制華」、「以戰養戰」的侵略政策，並協助汪偽政權發行「中儲券」，日本官方有意讓原中國具有實力的銀行「復業」；但他們又認為，中央銀行和中國農民銀行官方的色彩太濃，應予撤銷，而中國、交通二行不僅歷史悠久，聲名顯著，而且銀行的股份中還有不少商股，因此決定讓其「復業」，但前提是必須與重慶國民政府徹底決裂。然而「復業」還必須要找些銀行界的知名人士出來充充門面，以唐壽民的地位和身分，自然是最合適的人選。因此當唐壽民回到上海之後，日偽高層就不斷有人上門游說，甚至汪偽政府的財政部長周佛海也曾親自登門拜訪，請他務必出來幫忙。在日本軍部和汪偽政府的軟硬兼施之下，唐壽民最終答應「出山」，擔任新復業的「交通銀行」董事長。

對於自己落水出任偽職，唐壽民後來有過一番辯解。他說回到上海後看到交行業務陷於停頓，行中同仁生計艱難，「瞻念前途，危懼莫名，嗣念長此旁觀，殊非得計」。因此他以為「為一身計，當以養痾為上；然若目擊數百同仁悲慘之狀，數千存戶無以維持之苦，則又何忍獨善其身」。但是他又想到，如果僅僅是他一人出來的話肯定是無濟於事，那還不如「寧以不置聞問之為愈」。後來南京方面又來催問，而且告知中國銀行也要復業，並由原中國銀行南京分行的經理吳震修出面。唐壽民心想，既然中國銀行也有人出頭，而且「敵方意在必行，與其事後聽人擺布，不如自我恢復，蓋如是吾行數十年基礎，或猶得保存；數百同仁，亦或得免於凍餓；數千存戶，亦得賴以周轉也」。唐壽民自稱，他雖然對此沒有什麼把握，但「終迫於責任心之驅使，乃不顧毀譽榮辱，挺身而出，為吾行及存戶盡最後之微力焉」。這就是唐壽民對於自己失足落水所作出的解釋。

交通銀行「復業」後不久，一九四三年二月南京汪偽政府又將一份統制計畫的草案帶到上海，讓唐壽民和其他幾個銀行家周作民（金城銀行）、吳震修（中國銀行）一起商量，緊接著汪偽政府重要人物如上海市長陳公博、財政部長周佛海、實業部長梅思平又輪番上陣，約他們幾個一道談話，聲稱這是日本方面的新政策，一旦實行，即可將以往由日軍統制轉交由中國方面民間人士辦理，如此便可以減輕民間的疾苦。對此計畫周、吳不置可否，唐壽民則回答說：「已往統制，病國殃民，殊為非是；今若改由我方辦理，或可免除扞格不入之弊。」他後來解釋這樣回答的原因是為了「減少人民痛苦，並為便利物資內移，暗與我政府經濟政策相吻合」。唐壽民原以為既已表態就算了，沒想到日偽方面對他卻不依不饒，非要他出任商統會的理事長不可。唐趕快解釋，說他如今擔任交行的董事長事務就已夠繁雜了，而且他對於統制一事又毫無經驗，「倘令主持，勢非莫知所指」，故竭力辭謝。但不久日方又派人進行威脅，聲稱此事已經決定，不可能更改，「若必堅絕，則俟軍事當局前來促駕可也」。

周佛海等人也多番相勸，稱此事與中國主權有關，建議唐「毅然擔任，否則因另覓人選，既無相當人員，則改組事恐不易實現也」。

在這種情形之下，唐壽民只好退一步，應允加入商統會，但不擔任理事長。然而到了商統會成立的籌備會上，可能是事先已經商量好了，周作民、林康侯、江上達等二十多名發起人一致推選唐壽民出任理事長，唐壽民以為此事未經同意，故不敢出任理事長，說完即退席而去。此事鬧得愈來愈大，就連南京的汪精衛也多次打來電話，或讓陳公博、周佛海帶口信前來敦勸。唐壽民後來自稱：「余處圍困之中，五衷如焚。乃轉加思念，處此環境，既無可退避，唯有犧牲一己，將計就計，盡我心力而已。蓋自抗戰以來，淪陷區在敵軍統制之下，任意搜刮物資，創鉅深痛，如任其繼續不已，則社會民生，將不堪設想。時至今日，個人毀譽何足惜，一己利害何足計，倘能有補於我國，有裨於吾民，眾人雖將余推入火坑，余亦甘之。敵方所謂新經濟政策，具體內容猶不得知，但余若能善用之，為民間解疾苦，為國家保元氣，則身俘囚如余者，又何足懼哉！」

唐壽民這番話說得如此壯烈，真有一種「我不入地獄誰入地獄」的味道；但實際的情形並不完全如此。汪偽財政部長周佛海的日記對此事有過如實的記載，他說在當天討論有關成立商統會事宜時，「作民、震修只知批評，不肯負責，令人失望；壽民頗有勇氣，擬請其為會長也。」這說明唐壽民與日偽方面的合作已得到他們的認可，此時唐不但早就失足落水，而且已經愈陷愈深了。

抗戰勝利，被捕入獄

一九四五年八月十五日，日本宣布無件條件投降，頃刻間空中飛來的接收大員、地下冒出的「抗日英雄」都現身上海，而那些在戰爭中投降並擔任偽職的漢奸則惶惶不可終日，等待即將到來的審判。九月十一日，唐壽民沉不住氣了，到金城銀行去見周作民，兩人談了很久，周作民在日記中說唐不僅「頗有懺悔意」，而且還對周加以忠告。

其實早在一九四四年六月唐壽民就已經辭去商統會理事長的偽職，基本不問時政，但他在淪陷時期的所作所為並沒有被人遺忘。九月初，軍統局局長戴笠飛往上海，其任務除了維持京滬地區治安、準備復員之外，還有一個重要的工作就是奉蔣介石之命成立肅奸委員會，抓捕各地漢奸。九月二十七日，戴笠下令在上海逮捕犯有漢奸罪的嫌疑份子，唐壽民就在首批名單之中。當天唐壽民就被軍統特務帶走，並與所謂「海上三老」聞蘭亭、袁履登、林康侯等人一起拘解到關押特種刑事犯的看守所中。數月之後，唐壽民等所有被關押的疑犯又相繼移送上海市高等法院接受審理。

檢察官對於唐壽民的起訴內容主要是指控他在擔任「交通銀行」董事長和商統會理事長等偽職期間，曾配合汪偽政府對淪陷區進行種種經濟掠奪。為此唐壽民在獄中曾寫了一份很長的申述資料，除了列舉一些購買棉紗的具體數字加以說明之外，主要內容都是為自己的所作所為進行辯護（前文摘抄的文字即來源於此）。在唐壽民看來，自己根本就算不上是漢奸，出任偽職只是出於無奈，同時也是為了減輕民眾的痛苦。然而一九四六年上海高等法院最終還是以漢奸罪判處他無期徒刑。唐壽民自然不服，要求上訴，他的家人也四處託人，拉關係，找門路，長子唐祖詔更是急忙從美國趕回上海，一九四六年四月九日，他曾親自致函行政院院長宋子文，請他出面說情。

唐祖詔在信的開頭自是一番吹捧，稱「我公完成抗建大業，盛德勛名，永垂宇宙，凡我子民，無不同聲欽幸」，然後他說明其父於香港淪陷後先是被關押一百一十四日，又被敵偽押解來到上海，強迫他辦理交通銀行及商統會之事經過。唐祖詔辯解說，此舉實屬「萬不得已」，而他的父親出任偽職的目的完全是「為國家保存元氣，為商民減輕痛苦，並未以物資資敵」；不僅如此，唐壽民還曾在「暗中參加袁良先生之地下工作，代為調查敵方經濟狀況」，後來「徐子為先生由渝來滬密探敵情，亦由家父供其材料」。因此「跡其行境〔徑〕，從來未叛國殃民，可以鑒諸天日」。唐祖詔在信中說他父親因拘禁太久，目前「精神疲憊，百病叢生」，接著他又回憶起「民國十六年間革命軍興之際，家父在漢適隨我公之後，盡有微勞」等往事。因此希望宋子文能念及舊情，設法出面說情，寬免其父，讓他早獲自由；如果這樣不方便的話，也務必「請代為轉商，准予先行取保，釋出就醫」。

唐祖詔在信中提及有關他的父親曾參加地下工作倒真是確有其事。據原北平市長、戰時曾從事情報工作的袁良提供的證詞稱，一九四五年一月張群曾向他轉達蔣介石的諭令，「設遇滬市有青黃不接之時，由良負責設法暫為維持」，因此他便四處收集資料，並於四月間將敵偽方面有關軍政、金融、經濟及工商各項情報繕具報告送達重慶，這些資料「大部分均由唐壽民君供給」，而且袁良當時在呈蔣介石的報告亦曾「敘明唐君出力情形」。

袁良在證詞中還不惜筆墨，竭力為唐壽民予以開脫。他說香港淪陷後唐壽民不及逃避，終被日軍所俘，關押一百多天後又被押解到上海，失卻自由，最終在日偽的脅迫下出任偽職，若就其事實而論，「原為智者所不取」；但他「赤手周旋，苦心孤詣，為國家保全元氣，為商民減輕痛苦，於強暴之下勉事支吾，與腆顏事仇、存心資助敵者顯有不同」。袁良還列舉若干事例為之辯解，說明唐出任偽職「事非所願，既不獲辭，惟有虛與委蛇，以保全物資為主旨，以明爭暗鬥為辦法」，若「爭之無效，阻之不能，則以延緩拖延為手段」。袁良最後的結論是，唐壽民在被日偽挾持期間出任偽職的所作所為「雖無成仁取義之烈，亦絕無助逆資敵之事」，因此不應將唐壽民判為犯有漢奸條例所列之罪狀。

也不知是不是宋子文真的代為說情，還是唐壽民的「地下工作」得到了某種確認，唐壽民上訴後上海高等法院退回重審，由最初的無期徒刑減為有期徒刑十二年，最後再經最高法院終審判為八年。一九四八年年底，國民黨大赦政治犯，唐壽民亦在其中，並於一九四九年年初出獄，實際蹲了三年半的大牢。

此時國民黨大勢已去，上海的資本家都在考慮後路。唐壽民剛回到家，他的親友已經提前替他準備了去香港的機票，勸他趕快離開上海。但是唐壽民早已心灰意冷，他對家人說：「我跟著國民黨這麼多年，最後還被他們判了八年，如果不是他們打了敗仗，也不會把我放出來，我再也不跟他們跑了。」

上海解放後的最初一段時間，唐壽民足不出戶，生活倒也安穩。可是沒過幾年，隨著「鎮反」、「三反」、「五反」，政治運動一個接著一個，唐壽民的日子又不好過了。一九五三年，上海市人民法院又重新對唐壽民進行起訴，並判處有期徒刑十年，不過這次唐壽民倒是沒有入獄，先是緩刑，後來又改為管制。此時的唐壽民已經年過花甲，對於當年的失足落水深感悔恨，平日裡深居簡出，很少與外人交往，也很少有人知道這位默默無聞的老人竟是當年在上海灘上叱吒風雲的銀行大亨。一九七四年唐壽民於上海病逝，終於走完了他跌宕起伏的人生道路。

戰後接收大員強民營企業之一例
——從王雲五致宋子文的一封親筆函談起

抗戰勝利後，國民政府立即委派大員前往淪陷區各地接收敵偽產業及物資，但因為時間緊迫，計畫欠周，加上接收機關眾多，各自為政，出現了種種混亂局面，特別是接收人員貪贓枉法，以權謀私，一直為人所詬病，這也是導致國民黨日益腐敗、最終失去政權的一個重要原因。

根據當時接收和處理敵偽產業的原則規定，凡是「確由敵偽強占之民有資產應發還人民者，查明原主發還之」。但是在實施過程中，接收大員卻經常藉故刁難，百般拖延，企圖占為己有，其中商務印書館戰前在杭州置辦的產業遲遲不予歸還即為一例。美國史丹佛大學胡佛研究所珍藏的宋子文檔案中收有王雲五的一封親筆函件，可以讓我們對這個問題有更直觀的認識。

商務印書館是民國時期中國出版業之旗艦，以出版圖書的數量而計，一九三四年全國共出版新書六千一百九十七冊，商務印書館出版的新

▲王雲五
（1957年冬攝於美國華盛頓）。

書則為二千七百九十三冊，占總數的百分之四十五；一九三五年全國出版九千二百二十三冊，商務為四千二百九十三冊，占總數的百分之四十六；一九三六年是民國歷史上出版圖書數量最多的一年，全年全國各書店共出版新書九千四百三十八冊，而商務一家就出版了四千九百三十八冊，占全國總出版數的百分之五十二強。然而抗戰爆發後，商務印書館蒙受了嚴重的損失，不僅上海、長沙、香港等地的廠房設備遭到戰火的破壞，其他在淪陷區的產業亦多被日本軍隊強行占領。

戰前商務印書館曾在杭州的迎紫路購置了一塊土地自建房產，剛要落成之際，抗戰即告爆發，隨著杭州的淪陷，該處房產亦被日偽強占。抗戰勝利後，該處房產即被接收大員所占用，商務印書館根據政府有關接收和處理敵偽產業的原則規定，不斷向浙江省黨政接收委員會、杭州市管理被日偽占用民房委員會以及經濟部蘇浙皖特派員辦公處等機構聯絡，要求按規定將房產予以歸還，同時還出具和提供了所有的產權證明。就這樣還是遷延日久，屢次碰釘，最後終經查核無誤，並發出准予發還的證明書。然而行政院敵偽產業管理局杭州分局卻又故意找碴兒，阻攔歸還，他們的藉口是該房產敵人占用期間曾在原有房屋中加造門窗槅隔，因此必須重新加以估價方能發還。經辦人員幾經洽談，據理力爭，但都無法解決。在這種情形之下，商務印書館實在是無計可施，最後只能請王雲五親自出面了。

王雲五早年家境清貧，但他自強不息，依靠半工半讀完成學業。民國成立後，王雲五先後在總統府和教育部擔任要職，自一九二一年被聘為上海商務印書館編譯所所長，一九三〇年出任商務印書館總編輯兼東方圖書館館長之後，更成為出版業之巨擘。抗戰爆發後，王雲五以各界賢達的身分，擔任歷屆國民參政會的參政員，並代表國家出訪英國國會。抗戰勝利後，他主要在重慶籌辦和參加政治協商會議，此時國民政府有意找一些社會賢達參政，以點綴聯合政府的外表，王雲五正是其中一個爭取的目標，而他對於從政似乎亦頗感興趣。

◀王雲五致宋子文親筆函。

此時王雲五正在重慶參加國民參政會四屆二次會議，他得知本館房產遲遲無法接收的消息後十分不滿，即於一九四六年三月二十四日親筆致函行政院長宋子文。王雲五首先介紹了事情的經過，接著便直言寫道：「查敝館在抗戰期間遭遇敵人不斷之摧殘，損失奇重，即以上述產〔房〕產而論，經敵人強占八年，未得絲毫補償，今年勝利來臨，方期自我政府掌握收回原產，以供營業。乃迭經許多政府機關查明，准予發還，忽又有此波折，對於敵人占用時期附加之少許裝置，錙銖必較，而於敝館歷年之損失毫不考慮，似大違我公愛護商民之意。」王雲五的態度相當強硬，除了在信末要求宋子文「飭令該辦事處迅予無條件發還」商務房產之外，還應「勒令各占用機關從速遷出」。

宋子文收到王雲五的來函後倒是相當重視，他立即致電上海的蘇浙皖區敵偽產業處理局局長劉攻芸，曰：「接王雲五兄函，為商務杭州分館房屋業已證明產權，應予發還，惟處理局杭州分處以敵人曾加造門窗槢隔，必須估價繳納，遷延未還，請迅飭發還等語。特電達，希兄迅即查明發還，電覆為要。」

至於劉攻芸收到電報是如何處理該處房產，目前尚無文件說明，但既是行政院長宋子文親自下令，王雲五又是國民黨急欲拉攏的對象，商務印書館的房產得以歸還應該是沒問題的。然而從這件事中卻可以看出當時接收情形之混亂、接收大員之蠻橫無理、假公濟私之一斑，即使如王雲五這麼有地位的人物、商務印書館這麼著名的企業在接收自身房產中還如此費勁周折，那麼一般民營公司和私人房產的遭遇也就可想而知了。

後記

三十多年前，我自南京大學歷史系畢業，分配到中國第二歷史檔案館工作，這是典藏民國時期檔案的國家級檔案館。那時中國剛剛結束文革，撥亂反正，百廢待興，學術界也開始進入一個思想解放的時代，民國史領域更成為極待開發的處女地。身處典藏民國檔案的寶庫，時逢改革開放的春天，從事民國檔案的編輯和出版，從而使我第一次接觸到大量的民國檔案，如同進入一處寶礦。我在二檔工作的時間並不長，前後還不到七年，但從那時起，就確立了我從事民國史研究的終生道路。

上世紀八十年代末，我回到了出生地香港，先是在香港大學研究院學習，不久便應聘來到香港中文大學中國文化研究所工作，自此便有幸一直在這一充滿自由的環境中繼續從事學術研究。二十多年以來，我不僅與南京第二歷史檔案館的老同事和新朋友們保持密切的關係，經常利用開會和探親之機前去查閱檔案，得到他們的幫助，此外我還多次前往中國上海、北京、天津等地檔案館以及台灣的國史館、國民黨黨史館以及中央研究院近代史研究所檔案館查閱檔案，二〇〇六年蔣介石日記開放後，我又抽出時間前往美國史丹佛大學胡佛研究所查閱蔣介石日記和宋子文檔案。我的研究方向是戰前、戰時和戰後國民政府的財政金融政策以及國家資本與官僚資本的消長，在占有檔案史料的基礎上，這些年來，除了出版數部專著外，還先後在中國、台灣和香港等地重要學術期刊上發表了近百篇民國史領域的論文。

也不知道是從什麼時候開始，中國突然興起了一陣民國熱，懷舊的老照片一輯接著一輯不斷出版，蔣介石和民國要人的生平祕聞常被擺放在書店最搶眼的位置，而電視螢幕上有關民國內容的節目更是令觀眾目不暇給，甚至在日常生活中，所謂「民國風」亦成為熱門的話題。大概就是在這種環境下，前幾年不斷有報刊的編輯和朋友約稿，要我寫一些民國時期名人的趣事逸聞。我原本不是撰寫這類文字的高手，但耐不住朋友們的熱情催討，便試著利用以往收集檔案中發現的一些資料，寫了幾篇文章，沒想到反應還不錯，網上不斷有人轉載，這又使得出版界更多的朋友來函索稿，幾年下來，我先後在《歷史學家茶座》、《南方都市報》、《世紀》、《國家人文歷史》以及香港的《明報月刊》、美國的《世界日報》等報刊上發表了十來篇這類的文章。承蒙中華書局（香港）有限公司總經理趙東曉、總編輯李占領諸兄的厚愛，建議我將其結集出版，為此我又將以往撰寫的幾篇論文加以改寫，使它們成為較為通俗的文字。因為這些文章主要源於各個檔案館的資料，而撰寫的對象又多是蔣介石、宋子文、孔祥熙等民國時期官場的重要人物以及圍繞他們所發生的事，一時想不出什麼好的題目，遂將其定名為《檔案中的民國政要》（香港：中華書局（香港）有限公司，二〇一三年），雖說過於平白，但與內容倒還是挺貼切的。

本書所收的文章都是多年來以查閱上述檔案館的資料為基礎而撰寫的，特別是近年來蔣介石日記、蔣中正檔案和宋子文、孔祥熙檔案的公布，以及王世杰、徐永昌、唐縱、陳布雷、王子壯、張發奎、翁文灝、熊式輝、陳克文等眾多民國時期名人日記和回憶錄的出版，都成為本書依據的重要史料。為了適應更多的讀者習慣，本書盡可能採用通俗性的語言，增加些趣味性的情節，少了些學術性的規範，同時也選用了一些圖片，目的自然是希望文字生動，圖文並茂，可讀性高。這些圖片除了選用一些原始檔案外，其他照片源於一些出版物，包括《宋子文與他的時代》（吳景平、郭岱君編著，中國：復旦大學出版社，二〇〇八年）、《中國近代珍貴圖片庫》（中國第二歷史檔案館編，香港：香港商務印書館，一九九四年）等畫冊，還有一些則在網上搜尋而來，恕未一一說明，謹致謝忱。這裡需要強調的是，本書所有內容都有大量史料為依據，決非胡編亂造，無中生有；同時，在注意尋求通俗的要求下，最重要的原則還是堅守真實。由於這些文章發表在不同時期、不同刊物，儘管在結集過程中盡量予以統一和刪節，但為了保持每篇文章的完整，可能還會出現某些重複，這都是要向讀者說明的。

時值拙著出版之際，我要向多年來接待我前去查閱資料的檔案館以及刊登拙文的相關報刊表示感謝，是他們提供了我學術研究的資源，是他們成就了我發表文章的機會。感謝香港中華書局編輯部資深經理黎耀強兄，是他專業的精神和敬業的態度，使拙著能那麼快就展現在諸位讀者面前。

鄭會欣

民國權貴的私密檔案

作　　者　鄭會欣

發行人　林敬彬
主　　編　楊安瑜
責任編輯　王艾維
內頁編排　王艾維
封面設計　王艾維
編輯協力　陳于雯・曾國堯

出　　版　大旗出版社
發　　行　大都會文化事業有限公司
11051 台北市信義區基隆路一段 432 號 4 樓之 9
讀者服務專線：（02）27235216
讀者服務傳真：（02）27235220
電子郵件信箱：metro@ms21.hinet.net
網　　址：www.metrobook.com.tw

郵政劃撥　14050529 大都會文化事業有限公司
出版日期　2015 年 11 月初版一刷
定　　價　350 元
I S B N　978-986-6234-66-8
書　　號　History-074

◎本書由中華書局（香港）有限公司授權繁體字版之出版發行。
◎本書如有缺頁、破損、裝訂錯誤，請寄回本公司更換。

大旗出版
BANNER PUBLISHING
大都會文化

國家圖書館出版品預行編目 (CIP) 資料

民國權貴的私密檔案 / 鄭會欣 作.
-- 初版. -- 臺北市 : 大旗出版 : 大都會文化發行, 2015.11
288 面 ; 17×23 公分

ISBN 978-986-6234-66-8（平裝）
1. 民國史 2. 通俗史話

628　　104021122